TEOLOGÍA ARMINIANA

Mitos y realidades

ROGER E. OLSON

Teología Arminiana: mitos y realidades
© 2022 por Roger E. Olson

Publicado por Editorial Patmos,
Miami, FL. 33169

Publicado originalmente en inglés por InterVarsity Press, P.O. Box 1400, Downers Grove, IL 60515-1426, con el título *Arminian Theology: Myths and Realities* © 2006 Roger E. Olson.

Traducido por Marcos Eduino
Editado por Vanessa Valle
Diseño por Adrian Romano

ISBN: 978-1-64691-200-1

Categoría: Doctrina / Teología

Impreso en Colombia | *Printed in Colombia*

Contenido

Prefacio

SIEMPRE HE SIDO ARMINIANO. Yo fui criado en el hogar de un predicador pentecostal y mi familia era decidida y orgullosamente arminiana. No recuerdo cuando oí el término por primera vez pero primeramente penetró en mi conciencia cuando un líder carismático de renombre y de origen armenio alcanzó prestigio. Mis padres y algunas de mis tíos (misioneros, pastores y líderes denominacionales) hicieron la distinción entre *armenio* y *arminiano*. Con todo, es probable que yo haya escuchado el término aun antes, en algún momento cuando algunos de mis parientes, que eran miembros de las iglesias cristianas reformadas, mis padres y otros parientes, en ausencia de mis tíos, conversaban sobre el calvinismo que estos últimos profesaban, y lo contrastaban con nuestro arminianismo. Recuerdo haber estado en una clase de teología en la facultad y el profesor nos recordó que éramos arminianos, ante lo cual uno de los estudiantes objetó en voz alta: «¿Y quién quiere ser de Armenia?» En una clase leímos los libros *Life in the Son* [La vida en el Hijo] y *Elect in the Son* [Elegidos en el Hijo] del teólogo arminiano Robert Shank (ambos textos de la Editorial Bethany House, 1989). Tuve dificultad para comprenderlos y pienso que eso sucedió, parcialmente, porque la teología del autor era de la Iglesia de Cristo. Luego adquirí otros libros acerca de la teología arminiana en un intento de descubrir "nuestra" teología. Uno de ellos fue *Foundations of Wesleyan Arminian Theology* [Fundamentos de la teología arminiana wesleyana] de la teóloga nazarena Mildred Bangs-Wynkoop (Beacon Hill Press, 2000). Otro libro fue *Introduction to Christian Doctrine* [Introducción a la teología cristiana], un resumen de un volumen sobre doctrina cristiana que fue elaborado por el teólogo nazareno H. Orton Wiley (Beacon Hill Press, 1946). Finalmente, sentí que había llegado a una buena comprensión del tema y lo puse a un lado. Al fin y al cabo, todos a mi alrededor eran arminianos (ya sea que supieran o no) y no había ninguna necesidad específica para defender ese punto de vista.

Las cosas cambiaron cuando me inscribí en un seminario evangélico bautista y empecé a oír el término *arminiano* siendo usado de modo despectivo. En mis estudios en el seminario mi teología era equiparada al semipelagianismo. Ahora yo precisaba descubrir qué era el semipelagianismo. Uno de mis maestros era el ilustre calvinista evangélico James Montgomery Boice, quien en aquel entonces era el pastor de la Décima Iglesia Presbiteriana de Filadelfia. Debatimos un poco sobre el calvinismo y el arminianismo, pero me di cuenta de que él ya había decidido que la teología de mi iglesia era herética. Boice me animó a profundizar el estudio del tema y también a suscribirme a la revista *Eternity* [Eternidad], que era la principal alternativa evangélica a la revista *Christianity Today* [Cristianismo hoy] en la década de los setenta. Yo era un ávido lector de sus publicaciones. Descubrí una ironía fascinante en estas dos revistas evangélicas. Sus políticas editoriales extraoficiales eran claramente orientadas por la teología reformada y la mayoría de los teólogos que escribían para estas revistas eran calvinistas. Pero, por otro lado, estas revistas también incluían voces arminianas de vez en cuando e intentaban ser conciliadoras acerca de las diferencias teológicas entre los evangélicos. Yo me sentía confirmado, y de alguna manera, marginado.

Solo después de que Clark Pinnock, uno de mis mentores teológicos a la distancia (posteriormente llegamos a ser amigos), cambió de manera bastante pública de la teología calvinista al arminianismo, estalló una nueva ronda en la vieja batalla entre el calvinismo y el arminianismo dentro de las filas evangélicas. En aquel entonces, yo anhelaba ser un teólogo evangélico y me di cuenta de que mis opciones estaban, en cierta manera, limitadas a causa de mi arminianismo. La reacción de los calvinistas evangélicos al cambio de mentalidad de Pinnock fue rápida e incisiva y aumentó a medida que él editó dos volúmenes de ensayos defendiendo la teología del arminianismo clásico. Leí los dos volúmenes con gran interés, sin encontrar en ellos o en cualquier otro una exposición directa de la teología del arminianismo clásico en todas sus dimensiones. Durante las décadas de los ochenta y noventa, a medida que mi propia carrera evolucionaba, descubrí que mi mundo evangélico estaba siendo afectado por lo que un amigo reformado llamó «la venganza de los calvinistas». Diversos autores evangélicos y publicaciones empezaron a hacer duros ataques contra la teología arminiana, con informaciones incorrectas e interpretaciones erróneas. Oí y leí que mi propia forma de ser evangélico era llamada «humanista» y «más católica que protestante». ¡Nosotros, mi familia e iglesia, siempre nos consideramos protestantes!

La idea de este libro se formuló cuando leí la edición mayo-junio de 1992 de una interesante y nueva revista llamada *Modern Reformation* [Reforma Moderna]. Esta revista era totalmente dedicada a criticar el arminianismo a partir de la perspectiva reformada. En la revista encontré lo que consideré serias representaciones equivocadas y retratos poco generosos de mi herencia teológica.

Aproximadamente en esta misma época, un alumno solicitó una reunión para conversar conmigo. En mi oficina él dijo de la manera más sincera: «Profesor Olson, siento decírselo, pero usted no es cristiano.» Esto sucedió en el contexto de una facultad cristiana de artes liberales que no tenía una posición confesional con relación al calvinismo o al arminianismo. En realidad, la denominación que controlaba la facultad y el seminario siempre incluyó calvinistas y arminianos en su medio. Entonces le pregunté al estudiante respecto al porqué de su afirmación y me contestó: «Porque mi pastor dice que los arminianos no son cristianos.» El pastor de él era un calvinista muy conocido, quien después se distanció de esa afirmación. Eventos semejantes dentro de mi propio mundo evangélico dejaron claro para mí que algo estaba sucediendo; lo que mi amigo reformado sarcásticamente llamó «la venganza de los calvinistas» estaba dando lugar a una difundida impresión entre los evangélicos donde el arminianismo, en el mejor de los casos, era una clase inferior de evangélicos y, en el peor de los casos, una clara herejía. Decidí no desmayar bajo la presión, sino más bien levantar la voz en pro de una herencia evangélica tan antigua como el mismo calvinismo y tan participante del movimiento histórico evangélico como el calvinismo. Escribí un artículo para *Christianity Today* [Cristianismo hoy] que recibió el desafortunado título «No me odie porque soy arminiano». Sentí que el título falsamente nos retrataba al artículo y a mí como exageradamente defensivos. ¡Jamás pensé que los críticos del arminianismo nos odiaran! Pero estaba descubriendo que algunos líderes evangélicos estaban cada vez más malinterpretando el arminianismo clásico. Un líder se etiquetó a sí mismo como «arminiano en recuperación», mientras dejaba el trasfondo de Santidad [wesleyano] por la teología reformada bajo la influencia de un importante teólogo calvinista. Uno de los autores que yo había leído con gran aprecio en la revista *Eternity* [Eternidad] clasificó a los arminianos como «apenas cristianos» en uno de sus libros de la década de los 90. Un pastor en mi denominación bautista empezó a enseñar que el arminianismo estaba «al borde de la herejía» y «profundamente equivocado». Un colega que frecuentaba la iglesia de aquel pastor me preguntó si yo ya había, en algún momento, considerado la posibilidad de que mi arminianismo era prueba del humanismo latente en mi manera de pensar. Entonces me di cuenta de que muchos de mis amigos arminianos estaban abandonando lo que los identificaba como tales, a favor del «calminiano» o «moderadamente reformado», a fin de evitar conflictos y sospechas que pudieran ser obstáculos a sus carreras en la docencia y en el campo editorial.

Este libro nació del anhelo de limpiar el buen nombre arminiano de las falsas acusaciones y denuncias de herejía o heterodoxia. Mucho de lo que es dicho acerca del arminianismo dentro de los círculos evangélicos, incluso dentro de las congregaciones locales con fuertes voces calvinistas, es simplemente falso y vale la pena enfatizar esto. Espero que este libro no llegue a los lectores como exageradamente defensivo, pues no quiero ser defensivo, mucho menos agresivo. Quiero aclarar la confusión acerca de la teología arminiana y responder a los principales mitos y malentendidos con relación al arminianismo que están difundidos en el mundo evangélico de hoy. Creo que, aunque la mayoría de las personas que se llaman arminianas sean, de hecho, semipelagianas (lo que se explicará en la introducción) tal hecho no convierte al arminianismo en semipelagianismo. (¿A los calvinistas les gustaría que el calvinismo fuera definido y entendido a partir de las creencias mal informadas de algunos laicos reformados?). Creo que debemos volver a la historia a fin de corregir las definiciones y no permitir la utilización popular para redefinir los buenos términos teológicos. Me volveré a los principales teólogos arminianos del pasado y del presente, a fin de definir el verdadero arminianismo.

Mi esperanza y oración es que los lectores se acerquen a este proyecto con mente abierta y que puedan guiar sus opiniones acerca del arminianismo por las pruebas. Anhelo que inclusive los calvinistas más conservadores oponentes de la teología arminiana estén, como mínimo, más inclinados a reconsiderar lo que creen los verdaderos arminianos a la luz de las pruebas aquí reunidas.

La naturaleza de este libro

Algunos capítulos de este libro repiten alguna información y argumentos que se encuentran en capítulos previos, pues creo que no todos lectores leerán el libro de principio a fin de forma continua. Si esta repetición ocasional molesta a aquellos que lean el libro entero, les pido las disculpas del caso con anticipación. Mi meta es que este libro sea lo más accesible y de fácil lectura, a pesar de que en ocasiones el tema es complejo. Quizás algunos críticos eruditos podrían sentirse repelidos por esto, sin embargo, mi meta es alcanzar el máximo de lectores posible, de modo que el libro no está escrito, en primer lugar, para expertos (aunque espero que estos se beneficien y les guste la lectura). Decidí intencionalmente no seguir temas paralelos que se alejen demasiado de los argumentos principales de este libro. Los lectores que esperan más discusiones sobre el conocimiento medio o el teísmo abierto (ver cap. 8), por ejemplo, de seguro quedarán decepcionados, pero este libro tiene un propósito principal explicar la teología arminiana como lo es en realidad. Y yo, de manera intencional, mantuve el tema relativamente conciso a fin de hacerlo accesible a un público más amplio.

Este proyecto fue llevado a cabo con la ayuda de numerosos amigos y conocidos. Quiero agradecer a mis muchos amigos calvinistas por sus contribuciones por medio de discusiones vía correo electrónico y conversaciones cara a cara. También agradezco a mis amigos arminianos por su ayuda. Durante la última década participé en muchas discusiones acaloradas y debates con proponentes de ambos campos dentro del movimiento teológico. Ellos me indicaron buenas fuentes y me proveyeron sus percepciones y opiniones eruditas. Agradezco de manera especial a William G. Witt, quien gentilmente compartió conmigo su investigación del PhD. en la Universidad de Notre Dame, su disertación me fue un recurso inestimable. Él es inocente de cualquier error que yo haya cometido.

También agradezco a la administración y a los miembros del consejo de la Universidad Baylor, al Decano Paul Powel y al Decano adjunto David Garlang del Seminario Teológico George W. Truett (Seminario de Baylor) por proporcionarme veranos sabáticos y una licencia de investigación. Además, agradezco a Keith Johnson y a Kyle Steinhouser por crear los índices de nombre y de tema.

Este libro está dedicado a tres teólogos que fallecieron mientras yo investigaba y escribía este libro. Cada uno aportó a esta obra de manera bastante sustancial ofreciendo perspectivas y críticas, ellos son mis colegas de teología: A. J. (Chip) Conyers quien fuera mi primer profesor de teología, Ronald G. Grantz, y mi querido amigo y colaborador Stanley J. Grenz. Ellos fallecieron con algunos meses de diferencia y me dejaron empobrecido por sus ausencias, pero la presencia de ellos enriqueció mi vida y a ellos, les dedico muy agradecido este libro.

Introducción

Un manual sobre el arminianismo

ESTE LIBRO ES PARA DOS TIPOS DE PERSONAS: (1) Aquellas que no conocen la teología arminiana, pero les gustaría conocerla y (2) aquellas que piensan que saben sobre el arminianismo, pero que, de hecho, no lo conocen. Muchas personas están incluidas en estas dos categorías. Todo estudiante de teología, laica, pastoral y profesional debería conocer acerca de la teología arminiana, pues ella ejerce una tremenda influencia en la teología de muchas denominaciones protestantes. Algunos de ustedes que están decidiendo si leerán este libro son arminianos, pero no lo saben. El término *arminiano* no es tan comúnmente utilizado en el siglo XXI.

La reciente ola de interés en el calvinismo ha producido bastante confusión sobre el arminianismo; muchos mitos e ideas erróneas circundan el arminianismo, puesto que tanto sus críticos (sobre todo cristianos reformados) como muchos de sus defensores, lo entienden mal. A raíz de la ola de interés en el calvinismo y en la teología reformada, cristianos de ambos lados quieren saber más sobre la controversia entre los que abrazan la creencia en la predestinación absoluta e incondicional y los que no la abrazan. Los arminianos afirman la predestinación de otra manera, la afirman en el libre albedrío y la predestinación condicional.

Este libro pretende llenar un vacío en la literatura teológica actual. Hasta donde sé, no hay ningún libro impreso en inglés que se dedique exclusivamente a la explicación del arminianismo como un sistema de teología. Algunos de los más severos críticos del arminianismo (que son numerosos entre los calvinistas evangélicos) seguramente considerarán este vacío como algo bueno. Sin embargo, tras la aparición de mi artículo «No me odie porque soy arminiano» en la revista *Christianity Today* [Cristianismo hoy] en 1999, recibí numerosos mensajes pidiendo información acerca del arminianismo y de la teología arminiana.[1] Muchos de los interesados querían leer un libro entero sobre el tema. Desafortunadamente no hay ninguno publicado y los que se encuentran en las bibliotecas son, por lo general, antiguos volúmenes que profundizan mucho más en el tema de lo que el estudiante promedio de teología desea. Los arminianos, o los que sospechan que podrían serlo, quieren llenar el vacío y muchos calvinistas también quieren saber más respecto al arminianismo directamente de la fuente. Por supuesto que estos han leído capítulos aislados acerca del arminianismo en libros de teología calvinista (que es la única fuente que muchos calvinistas tienen sobre el tema), pero que, queriendo ser justos e imparciales, les gustaría leer una autodescripción arminiana completa. Esto será ventajoso para todos. Todo estudiante de teología debería, preferiblemente, leer libros escritos por los mismos proponentes de las diversas teologías en vez de simplemente leer sobre tales teologías a través de los lentes de sus críticos.

Un breve resumen de este libro

Primero necesitamos aclarar un punto importante, el arminianismo no tiene nada que ver con el país de Armenia. Muchas personas pronuncian la palabra erróneamente como si estuviera de algún modo asociada a Armenia, el país de Asia central. La confusión es c- omprensible por la mera semejanza accidental entre el término teológico y la definición geográfica. Los arminianos no son los que nacieron en Armenia. El arminianismo proviene del nombre Jacob (o James) Arminius (1560-1609), Jacobo Arminio como se le conoce en español. Arminio (cuyo nombre de nacimiento era Jacob Harmensz o Jacob Harmenenszoon) fue un teólogo holandés que no tenía ascendencia armenia. Arminio es simplemente la forma latinizada de Harmensz; muchos eruditos de aquella época latinizaban sus nombres, y los miembros de la familia Harmensz, con admiración, homenajearon el líder tribal germánico que resistió a los romanos cuando estos invadieron la Europa Central.

---

[1] Olson, R. (1999). Don´t Hate Me Because I´m An Arminian. *Christianity Today,* 87-94. El desafortunado título fue decidido por los editores de la revista, no fui yo quien lo eligió.

Segundo, Jacobo Arminio es recordado en los anales de la historia de la iglesia como el controvertido pastor y teólogo holandés que escribió innúmeras obras, acumulando tres grandes volúmenes, donde defiende una forma evangélica de sinergismo (creencia en la cooperación divino-humana en la salvación) contra el monergismo (creencia en que Dios es la realidad totalmente determinante en la salvación, que excluye la participación humana). Sin duda alguna, Arminio no fue el primer sinergista de la historia del cristianismo, todos los padres de la iglesia, los griegos de los primeros siglos cristianos y muchos de los católicos eran sinérgicos de algún tipo. Por otra parte, como a Arminio y a sus primeros seguidores conocidos como los «Remonstrantes» les gustaba enfatizar, muchos protestantes antes de él fueron sinergistas en cierto sentido de la palabra. (Al igual que la mayoría de los términos teológicos, el *sinergismo* tiene muchas facetas de significados, y no todas son positivas, en este caso simplemente significa cualquier creencia en la responsabilidad humana y en la libertad humana de aceptar o rechazar la gracia de la salvación). Philip Melanchton (1497-1560), el representante de Martín Lutero en la Reforma Alemana era sinergista, pero Lutero no lo era. A raíz de la influencia de Melanchton en el luteranismo post-Lutero, muchos luteranos en toda Europa adoptaron una perspectiva sinergista acerca de la salvación, absteniéndose de la predestinación incondicional y afirmando que la gracia es resistible. En un principio, la teología arminiana fue suprimida en las Provincias Unidas (conocidas actualmente como Países Bajos), pero fue entendida posteriormente ahí y diseminada en Inglaterra y las colonias americanas, sobre todo a través de la influencia de John Wesley y de los metodistas. Muchos de los primeros bautistas (bautistas generales) eran arminianos, así como muchos lo son actualmente. Muchas denominaciones están dedicadas a la teología arminiana, aun donde la terminología no es utilizada. Entre estas denominaciones están todas las pentecostales, restauracionistas (Iglesias de Cristo y otras denominaciones originadas en los avivamientos de Alexander Campbell), los metodistas (y todas las ramificaciones del metodismo, incluso el gran movimiento de Santidad) y muchos, si no todos, bautistas. La influencia de Arminio y de la teología arminiana es profunda y amplia en la teología protestante. Este libro no es esencialmente acerca de Arminio per se, sino sobre la teología que se deriva de su obra teológica en Holanda.

Finalmente, el contexto de este libro es la controversia entre el calvinismo y el arminianismo; si bien es cierto que ambas son formas de protestantismo (aunque algunos calvinistas nieguen que el arminianismo sea auténticamente protestante), estos planteamientos poseen perspectivas bien distintas con relación a las doctrinas de la salvación (soteriología). Ambas posturas creen en la salvación por la gracia, solamente por medio de la fe (*sola gratia et fides*) en oposición a la salvación por medio de la fe y buenas obras. Ambos enfoques niegan que cualquier parte de la salvación pueda estar basada en el mérito humano. Ambos abordajes afirman la única y suprema autoridad de las Escrituras (*sola scriptura*) y el sacerdocio de todos los creyentes. Arminio y todos sus seguidores eran y son protestantes hasta la médula. Con todo, los arminianos siempre se han opuesto a creer en la reprobación incondicional, esto es la selección de algunas personas por parte de Dios, para pasar la eternidad en el infierno. Entones al oponerse a eso, ellos también se oponen a la elección incondicional, es decir la selección de algunas personas entre la masa de pecadores para ser salvos independientemente de cualquier cosa que Dios vea en ellos. De acuerdo con los arminianos, las dos cosas están íntimamente conectadas ya que es imposible afirmar la selección incondicional de algunos para la salvación sin que a la vez se afirme la selección incondicional de algunos para la reprobación, lo cual, según creen los arminianos, impugna el carácter de Dios.

La controversia que estalló sobre Arminio en su época sigue hasta el siglo XXI, mayormente entre cristianos protestantes evangélicos en todo el mundo. La tesis de este libro es que el arminianismo está en desventaja en esta polémica porque es poco entendido y a menudo mal representado, tanto por sus críticos como por sus supuestos defensores.

Las muy difundidas malas representaciones del arminianismo, que tenemos en el contexto del continuo debate evangélico sobre la predestinación y el libre albedrío, son una caricatura. Las personas de bien que están implicadas en el debate deben buscar entender de forma correcta ambos lados de la moneda. De manera usual, se dan muchas malas representaciones en los debates intensos y, a veces enérgicos acerca del arminianismo, que tienen lugar en el internet, en pequeños grupos y en publicaciones evangélicas. El arminianismo es tratado como un argumento débil y defectuoso que es fácilmente refutado y destruido por el hecho de no ser descrito de manera justa. Este libro se concentra en los mitos más comunes que lo circundan y en las verdades correspondientes de la teología arminiana. Los amantes de la verdad desearán estar informados de manera adecuada sobre el arminianismo antes de involucrarse o ser persuadidos por argumentos polémicos en contra o a favor de este.

Algunas palabras importantes sobre las palabras

La causa más común de confusión en la teología es el entendimiento equivocado de los términos. El discurso teológico está lleno de dicha confusión, y es por esto que para evitar añadir aún más confusión, se necesitan algunas aclaraciones de terminología. Debido a que algunas discusiones sobre los puntos de vista y los movimientos teológicos distintos al arminianismo son inevitables, y como por lo general se prefiere la autodescripción en relación con las descripciones de adeptos de otras teologías, yo dejaré claro cómo serán utilizados los términos teológicos al describir tanto la teología arminiana como a la no arminiana. Espero que los partidarios de estas teologías encuentren sus puntos de vista representados de manera justa.

El *calvinismo* es utilizado para indicar las creencias soteriológicas compartidas por personas que consideran a Juan Calvino (1509-1564), de Ginebra, como el mayor organizador y proveedor de verdades bíblicas durante la Reforma Protestante. El calvinismo es la teología que enfatiza la soberanía absoluta de Dios como la realidad totalmente determinante, sobre todo en lo referente a la salvación. La mayoría de los calvinistas clásicos o calvinistas rígidos está de acuerdo en que los seres humanos son totalmente depravados (incapaces de hacer alguna cosa espiritualmente buena, incluso el ejercicio de la buena voluntad para con Dios), que son elegidos (predestinados) de forma incondicional tanto para la salvación como para la condenación (aunque muchos calvinistas rechacen el «horrible decreto» de Calvino de la reprobación), que la muerte expiatoria de Cristo en la cruz se destinó solo a los elegidos (algunos calvinistas se oponen), que la gracia salvadora de Dios es irresistible (muchos calvinistas prefieren el término *eficaz*) y que las personas salvas perseverarán hasta la salvación final (seguridad eterna). El calvinismo es el sistema soteriológico que surge de Calvino, que es generalmente conocido por el acróstico TULIP:

Total depravity [Depravación total]
Unconditional election [Elección incondicional]
Limited atonement [Expiación limitada]
Irresistible grace [Gracia irresistible]
Perseverance of the saints [Perseverancia de los santos].[2]

El término *teología reformada* será usado para designar algo más amplio que el calvinismo, aunque los dos sean intercambiables. La teología reformada se origina no solo de Calvino, sino que también surge de innumerables contemporáneos suyos, incluso Ulrico Zwinglio y Martin Bucer. Esta teología reformada fue ampliada para incorporar muchos pensadores y denominaciones representadas por la Alianza Mundial de Iglesias Reformadas, siendo que no todas estas denominaciones son calvinistas en el sentido estricto o clásico.[3]

A lo largo de todo este libro el *arminianismo* será utilizado como sinónimo de la teología arminiana. Esta teología define no tanto un movimiento, sino una perspectiva acerca de la salvación (y otros temas teológicos) que es compartida por personas que difieren entre sí en otros temas. El arminianismo no tiene sede y no está, sobre todo, asociado a alguna organización. En este sentido es muy parecido al calvinismo. Ambos son puntos de vista teológicos o aún sistemas originarios de escritos de un pensador seminal. No se trata de un movimiento u organización.

Cuando el término *arminianismo* fuere utilizado, remitirá a aquella forma de teología protestante que rechaza la elección incondicional (y, sobre todo, la reprobación incondicional), expiación limitada y gracia irresistible, puesto que el arminianismo afirma que el carácter de Dios

---

[2] Debe mencionarse que es discutible si el mismo Calvino enseñó la expiación limitada. Para una declaración contemporánea del calvinismo, consulte a Edwin H. Palmer, (1972). *The Five Points of Calvinism*. Grand Rapids: Baker. Por supuesto que existen otras innumerables y tal vez más académicas y detalladas descripciones del calvinismo. Entre algunos importantes autores calvinistas evangélicos modernos que describen y defienden el calvinismo rígido están Anthony Hoekema y R. C. Sproul. Para un relato más reciente y detallado del calvinismo, consulte a David Steele, Curtis Thomas y S. Lance Quinn. (2004). *The Five Points of Calvinism* 2nd ed. [Los cinco puntos del calvinismo, 2da edición] Phillipsburg, Penn.: Presbiteryan and Reformed.

[3] ¡Una de las grandes ironías de este contexto de disputa entre calvinistas y arminianos es que la denominación holandesa contemporánea, conocida como La Hermandad Remonstrante, que nace de la obra de Arminio y sus seguidores, es miembro de la Alianza Mundial de Iglesias Reformadas! Las personas que equiparan el calvinismo a la teología reformada pueden estar en terreno movedizo, a la luz de la amplia extensión del pensamiento reformado en el mundo moderno.

es compasivo, tiene amor universal por todo el mundo y por todos en el mundo, y concede el libre albedrío restaurado por la gracia para aceptar o rechazar la gracia de Dios, lo que conduce a la vida eterna o destrucción espiritual. El arminianismo bajo consideración, es el arminianismo de corazón en oposición al arminianismo de cabeza, una diferencia introducida por el teólogo reformado Alan Sell en el libro *The Great debate: Calvinism, Arminianism and Salvation* [El gran debate: calvinismo, arminianismo y la salvación].[4] El arminianismo de la cabeza posee un énfasis en el libre albedrío que está basado en el iluminismo y es más comúnmente encontrado en los círculos protestantes liberales (inclusive entre personas reformadas liberalizadas).[5] Su marca característica es una antropología optimista que niega la depravación total y la absoluta necesidad de gracia sobrenatural para la salvación. Es optimista con relación a la habilidad de los seres humanos en ejercer una buena voluntad para con Dios y sus semejantes sin la gracia preveniente (capacitadora, auxiliadora) sobrenatural, es decir, es pelagiano o, como mínimo, semipelagiano.

El arminianismo de corazón es el objeto de estudio de este libro y es el arminianismo original de Arminio, Wesley y sus herederos evangélicos. Los arminianos de corazón no niegan la depravación total (aunque prefieren otro término para designar la incapacidad espiritual humana), o la absoluta necesidad de la gracia sobrenatural para aun el primer ejercicio de una buena voluntad para con Dios. Los arminianos de corazón son los verdaderos arminianos, puesto que son fieles a los impulsos originales de Arminio y sus primeros seguidores, en oposición a los remonstrantes posteriores (que se distanciaron de las enseñanzas de Arminio y entraron en la teología liberal) y a los arminianos modernos de la cabeza, que glorifican la razón y la libertad sobre la revelación divina y la gracia sobrenatural.

El *sinergismo* y el *monergismo* son términos con muchos matices en

---

[4] Sell, A. P. F. (1983). *The Great Debate: Calvinism, Arminianism, and Salvation.* (Grand Rapids: Baker)

[5] La teología liberal es notoriamente difícil de definir, pero en este contexto significa cualquier teología que permita reconocimiento máximo de las alegaciones de la modernidad dentro de la teología cristiana, sobre todo al afirmar una visión positiva de la condición de la humanidad y por una tendencia a negar o seriamente debilitar el sobrenaturalismo tradicional del pensamiento cristiano. Para un relato detallado de la teología liberal, consulte el capítulo 2 de Stanley J. Grenz y Roger E. Olson. (1992). *20th-Century Theology* [Teología del Siglo 20]. Downers Grove, Ill.: Intervarsity Press.

el significado. Ambos son conceptos esenciales en esta discusión, pero ambos se aplican a esferas más amplias que el calvinismo y el arminianismo. El sinergismo es cualquier creencia teológica en la libre participación humana en la salvación. Sus formas heréticas en la teología cristiana son el pelagianismo y el semipelagianismo. El primero niega el pecado original y eleva las habilidades humanas morales y naturales para vivir vidas espirituales completas. El segundo abraza una versión modificada del pecado original, pero cree que los seres humanos tienen habilidades, aun en su estado caído, para iniciar la salvación al ejercer una buena voluntad para con Dios.[6] Cuando los teólogos conservadores declaran que el sinergismo es una herejía, a menudo se están refiriendo a estas dos formas pelagianas de sinergismo. ¡Contrario a los críticos confusos, el arminianismo clásico no es pelagiano ni semipelagiano! pero *es* sinérgico. El arminianismo es el *sinergismo evangélico* en oposición al sinergismo herético y humanista. El término *sinergismo* será utilizado a lo largo de todo este libro y el contexto aclarará a que tipo de sinergismo se refiere. Cuando me refiera al sinergismo arminiano estaré apuntando al sinergismo evangélico que afirma la anticipación de la gracia para que todo ser humano ejerza una buena voluntad para con Dios, incluso la simple no resistencia a la obra salvadora de Cristo.

El *monergismo* también es un término amplio y, a veces, confuso. Su sentido más amplio señala a Dios como la realidad que todo lo determina, lo cual significa que todas las cosas en la naturaleza y en la historia están bajo el control directo de Dios. No necesariamente implica que Dios sea la causa directa de todas las cosas, pero necesariamente implica que nada puede suceder contra la voluntad de Dios y que Dios está íntimamente involucrado (aunque trabajando por medio de causas secundarias) en todo, por tanto en la naturaleza e historia se refleja la voluntad primaria de Dios. Por consiguiente muchas veces se toma el monergismo para decir que inclusive la Caída de la humanidad en el huerto del Edén fue planeada y dirigida por Dios.[7] (Por lo general, el sinergismo de todas las va-

---

[6] Toda la historia del pelagianismo y del semipelagianismo es recontada en el libro de Rebbeca Harden Weaver. (1996). *Divine Grace and Human Agency* [Gracia Divina y la Voluntad Humana] Macon, Ga.: Mercer University Press. Acepto el abordaje de Weaver de estos conceptos porque ella es fiel a las fuentes originales y consistente con la mayoría de las otras fuentes contemporáneas que son autoridad en la historia y el desarrollo de estos movimientos.

[7] Es cierto que algunos teólogos que se proclaman *monergistas* matizan la afirmación de que la

riantes rechaza tal visión y vincula la Caída con un riesgo que Dios tomó en la creación y que resultó en el mal uso del libre albedrío por parte de la humanidad). En esencia el monergismo significa que Dios es la única agencia determinante en la salvación. Por ejemplo, no hay cooperación entre Dios y la persona que está siendo salva que no esté determinada por Dios, al actuar en la persona por medio de la gracia regeneradora. El monergismo es mayor que el calvinismo, lo vemos con Martín Lutero quien fue un monergista (aunque de modo inconsistente), y con Agustín quien lo fue también en sus escritos posteriores. Algunos pensadores católicos fueron monergistas, aunque la teología católica tiende a favorecer una forma de sinergismo. En este libro utilizo el término *monergismo* para describir la voluntad y el poder de Dios totalmente determinantes excluyendo la libre cooperación o resistencia humana.

A menudo se dice que el debate entre el calvinismo y el arminianismo está basado en la discordia acerca de la predestinación y el libre albedrío, este es el mito común y casi folclórico con relación a todo este tema. En un nivel más polémico, algunos afirman que el desacuerdo está más relacionado a la gracia (calvinismo) y las buenas obras (arminianismo). ¡Los arminianos se ofenden con esto! Ellos afirman la gracia tan

Caída fue preordenada por Dios. El teólogo calvinista R. S. Sproul lo señala en (entre otros libros) *Chosen by God*, (Wheaton, Ill.: Tyndale House, 1988). Que Sproul es monergista, pocos lo negarían. Según él y otros calvinistas, Dios preordenó la Caída «en el sentido de que él escogió permitirla, pero no en el sentido de que él escogió forzarla» (p. 97). Sin embargo, muchos calvinistas (quizás la mayoría) siguen a Calvino al decir que Dios preordenó la Caída en un sentido mayor que permitiéndola o consintiéndola. (Consulte Calvino, J. *Institutes of the Christian Religion* 3.23.8). No es necesario que alguien diga que Dios forzó la caída para decir que Dios la preordenó. Como veremos posteriormente en este libro, muchos calvinistas creen que Dios determinó la caída y la hizo realidad, pero no la causó. El gran teólogo calvinista estadunidense Charles Hodge afirmó la naturaleza eficaz de todos los decretos de Dios (incluso el decreto de Dios de permitir la Caída) en el primer volumen de su libro *Systematic Theology*, (Gran Rapids: Eerdmans, 1973). Allí él señaló que, aunque el decreto eterno de Dios, de permitir la Caída, no haga a Dios el autor del mal, de hecho, la hace innegable. Los arminianos se preguntan cómo funciona esto; si Dios determinó la Caída, la decretó y la hizo realidad (aun por «permiso eficaz»), ¿cómo no sería el autor del pecado? Hodge escribió sobre la caída y todos los demás eventos: «Todos los eventos adoptados en el propósito de Dios son igualmente indiscutibles, sea que él haya determinado realizarlos por su propio poder o simplemente por que permitió que ocurrieran por medio de la intervención de sus criaturas... Él se propone hacer algunas cosas, en otros casos el decreta el permiso para que sean hechas» (p. 541). De todas maneras, si Dios preordena la Caída en un sentido mayor que el mero permiso (como dice Calvino) o preordena permitir la Caída con permiso eficaz, para los monergistas Dios planea y hace cierta la Caída. El efecto parece ser que Adán y Eva fueron predestinados por Dios a pecar y luego toda la humanidad con ellos. Los arminianos temen que una consecuencia adecuada y necesaria de esta visión es que Dios es el autor del mal.

incisivamente como cualquier otra rama del cristianismo, y mucho más que algunas. Pero los arminianos también afirman la predestinación, tanto como muchos calvinistas afirman el libre albedrío en algún sentido. A lo largo de este libro se hace un intento por aclarar algunos de los usos inadecuados de conceptos y términos que afectan los diálogos entre calvinistas y arminianos. Las personas que dicen que el calvinismo enseña la predestinación y niega el libre albedrío y que los arminianos niegan la predestinación y enseñan el libre albedrío están totalmente equivocadas. ¡Ambos enseñan ambas cosas! Ambos las interpretan de modo distinto. Los arminianos creen en la elección y la predestinación, porque la Biblia lo enseña. Estas son buenas verdades bíblicas que no pueden ser desechadas, así como los calvinistas generalmente también enseñan sobre el libre albedrío (aunque algunos se sientan menos cómodos con el término que otros).

Lo que los arminianos niegan no es la predestinación, sino la predestinación *incondicional*; ellos abrazan la predestinación condicional basada en la presciencia de Dios de aquellos que libremente responderán de manera positiva a la misericordiosa oferta de Dios y a la habilitación preveniente para aceptarla. Los calvinistas niegan que el libre albedrío implique la habilidad de una persona de hacer más allá de lo que él o ella, de hecho, hacen. Cuando los calvinistas utilizan el término *libre albedrío* de manera positiva, quieren decir lo que los filósofos llaman el libre albedrío compatibilista, en otras palabras el libre albedrío que es compatible con el determinismo. El libre albedrío es simplemente hacer lo que se quiere hacer, aun si ello está determinado por alguna fuerza interna o externa a la voluntad de la persona. Los calvinistas, por supuesto, no encuentran adecuada la explicación arminiana de la predestinación y los arminianos no creen que la explicación calvinista del libre albedrío sea adecuada. ¡Pero es simplemente un error afirmar que cualquiera de los grupos niega alguno de los dos conceptos! Por tanto, cuando se utilice el término *libre albedrío* en este libro, será modificado por *compatibilista* o *no compatibilista* (o *incompatibilista*), dependiendo del contexto. (El libre albedrío no compatibilista es la libre agencia que permite que las personas hagan lo contrario de lo que hacen; también puede ser llamado de libre albedrío libertario. Por ejemplo, una persona puede elegir libremente entre pizza o espagueti para la cena (presumiendo que ambos estén disponibles). Si alguien decide el espagueti, la elección es libre en el sentido no compatibilista de que la pizza también podría haber sido escogida. Nada determinó la elección del espagueti, excepto la decisión de la persona. Los arminianos creen que tal libre albedrío libertario en asuntos espirituales es un don de Dios por medio de la gracia preveniente, o sea la gracia que precede y capacita los primeros indicios de una buena voluntad para con Dios). Cuando el término *predestinación* fuere utilizado, será modificado ya sea por *condicional* (forma arminiana) o *incondicional* (forma calvinista), dependiendo del contexto.

Crónica de la teología arminiana

Empezaré el relato de la teología arminiana con Arminio, y sus primeros seguidores, conocidos como los remonstrantes, seguiré con John Wesley y los principales teólogos evangélicos metodistas del siglo xix, y luego examinaré una variedad de protestantes arminianos clásicos conservadores de los siglos xx y xxi.

Primero, un recordatorio y una aclaración, debido a que el arminianismo se ha vuelto un término de reprobación en los círculos teológicos evangélicos, muchos arminianos no utilizan esa distinción. En una ocasión le informé a un prominente teólogo evangélico que su reciente publicación de teología sistemática era arminiana, aunque que él no hubiese mencionado el término y su respuesta fue: «¡Sí, pero no se lo diga a nadie!» Varios (probablemente muchos) libros teológicos de los siglos xx y xxi son completamente compatibles con el arminianismo clásico y algunos incluso son instruidos por la misma teología de Arminio sin jamás mencionar el arminianismo. ¡Dos teólogos evangélicos metodistas muy influyentes niegan de modo bastante contundente que son arminianos, aunque históricamente es ampliamente conocido que todos los metodistas son arminianos! ¿Por qué pasa esto? Porque ellos no quieren ser considerados, de alguna manera, menos que totalmente bíblicos y evangélicos. Algunos críticos lograron convencer a algunos arminianos de que el arminianismo es heterodoxo, es decir menos que totalmente ortodoxo o bíblico. Además, estos críticos equiparan con éxito, al arminianismo con el semipelagianismo (si no totalmente pelagianismo), de manera que aun a muchos metodistas, pentecostales y miembros de los movimientos de santidad no les gusta ser llamados arminianos.

La cuestión es que, principalmente a mediados del siglo pasado, desde la ascendencia del evangelicalismo post fundamentalista (cuya teología es ampliamente dominada por calvinistas), los arminianos se han esforzado para alcanzar respeto en el círculo teológico y académico evangélico más amplio; algunos simplemente abandonaron el llamarse de esa manera. No es inusual oír a los arminianos describirse a sí mismos como «moderadamente reformados» a fin de agradar a los poderosos e influyentes del movimiento evangélico. Declararse arminiano es atraer para sí una lluvia de preguntas (o simplemente una sospecha disimulada) con relación a la herejía. Muchos líderes evangélicos desinformados simplemente presumen que los arminianos no creen en la absoluta necesidad de la gracia sobrenatural para la salvación. Algunos evangélicos declaran de manera abierta que, si los arminianos evangélicos ya no están en herejía, van caminando hacia ella. Un apologista evangélico prominente declaró de forma pública que los arminianos son cristianos, pero «apenas cristianos». Otro teólogo evangélico influyente sugirió que el engaño satánico puede que sea la causa del arminianismo. Por tanto, aunque algunas de mis fuentes no se autodenominen explícitamente arminianas, todas ellas son, de hecho, arminianas.

Arminio. La fuente primaria de toda la teología arminiana es el mismo Jacobo Arminio. Los tres volúmenes de su colección, en inglés, han sido editados casi ininterrumpidamente por más de un siglo.[8] Estos textos contienen discursos ocasionales, comentarios y cartas. Los escritos no son una teología sistemática, aunque algunos de los tratados más largos de Arminio abarquen una gran porción de temas teológicos. Casi todos sus escritos fueron concebidos en el calor de la controversia; él a menudo estaba bajo ataque de los críticos y líderes del estado además de la Iglesia de Holanda, quienes exigían que se explicara. Su célebre debate con un colega calvinista Francisco Gomar, en la Universidad de Leiden, fue la causa de mucha de esa controversia. Arminio fue acusado de todos los tipos de herejía, pero tales acusaciones nunca se sustentaron en ninguna investigación oficial. Pesaban sobre él acusaciones ridículas de

---

[8] Arminius, J. (1996). *The works of James Arminius*. London Ed., trad. James Nichols y William Nichols, 3 v. Grand Rapids: Baker. Esta edición de la editorial Baker es una republicación, con una introducción de Carl Bangs, erudito en Arminio, de la traducción de Londres y edición publicada en 1825, 1828 y 1875. Todas las citas de Arminio en este libro son de esta edición y serán indicadas simplemente como *Works* [Obras]con volumen y número de página.

que era un agente secreto del papa y de los jesuitas españoles e incluso del gobierno español (las Provincias Unidas se habían liberado reciente-mente de la dominación católica española), ninguna de las acusaciones era verdadera. Arminio falleció en la cumbre de la controversia de 1609 y sus seguidores, los remonstrantes, asumieron la causa desde donde él la dejó, intentando ampliar las normas teológicas de la iglesia-estado de las Provincias Unidas para permitir el sinergismo evangélico.[9]

Arminio no creía que estuviese añadiendo nada nuevo a la teología cristiana y en realidad si de hecho lo hizo es discutible. Él explícitamente apeló a los padres de la iglesia, echó mano de métodos y conclusiones teológicas medievales y apuntó a los sinergistas protestantes que lo ante-cedieron. Sus seguidores dejaron claro que Melanchthon, un líder lutera-no ortodoxo, y otros luteranos, mantenían visiones similares, si no idén-ticas. Aunque no haya mencionado por nombre al reformador católico Erasmus, queda claro que la teología de Arminio era semejante a la de él. Balthasar Hubmaier y Menno Simons, líderes anabaptistas del siglo xvi, también presentaron teologías sinergistas que precedieron la de Arminio.

Las obras teológicas más importantes de Arminio incluyen la *Declaration of Sentiments* [Declaración de sentimientos], *Modest Examination of Dr. Perkins's Pamphlet* [Un análisis modesto del folleto del doctor Perkins], *Examination of the Theses of Dr. F. Gomarus Respecting Predestination* [Análisis de las tesis del doctor F. Gomar respecto a la predestinación], *A Letter to Hippolytus A Collibus* [Una carta dirigida a Hipólito A. Collibus] y *Certain Articles to Be Diligently Examined and Weighed* [Artículos que deben ser diligentemente examinados y ponderados].

La relación de Arminio con el arminianismo debe ser tratada con la misma intensidad que la relación de Calvino con el calvinismo. No todo calvinista concuerda totalmente con todo lo encontrado en Calvino y los calvinistas a menudo debaten el significado de Calvino. Tras la muerte de Calvino, el calvinismo se hizo más amplio y ahora incluye, verdade-ramente, una diversidad. Entre los seguidores de Calvino encontramos supralapsarianos e infralapsarianos (debatiendo el orden de los decretos

[9] La historia de la vida y carrera de Arminio, incluso el debate con Gomar, se puede ver en Bangs, C. (1985). *A Study in the Dutch Reformation*. Grand Rapids: Zondervan. La historia del conflicto Remonstrante post-Arminio hasta los efectos del Sínodo de Dort (1619) es relatada en Harrison A.W.(1926). *The Beginnings of Arminianism to the Synod of Dort*. London: University of London Press.

divinos con relación a la predestinación) y divergencias acerca de la expiación y de otros temas importantes relacionados a la salvación. A pesar de esto, todos lo tienen como su origen común y se esfuerzan para serle fieles en el espíritu y en cada detalle. Lo mismo sucede con Arminio y los arminianos, él es la raíz y ellos son las ramas.

Los remonstrantes. Tras la muerte precoz de Arminio en 1609, cuando tenía 49 años y estaba en el apogeo de su carrera, aproximadamente 45 ministros y teólogos de las Provincias Unidas formaron un frente que vino a ser conocido como «los Remonstrantes». Ellos recibieron este nombre a causa del título de la exposición teológica presentada por ellos, conocida como la Remonstrancia, que resumió en algunos puntos esenciales lo que Arminio y ellos creían acerca de la salvación, incluso la elección y la predestinación. Entre los líderes de este movimiento estaba Simon Episcopius (1583-1643), Simón Episcopio como se le conoce en español, que llegó a ser el conocido líder de los arminianos antes y después del exilio de ellos de las Provincias Unidas, de 1619 a 1625. Episcopio es, probablemente, autor de los principales documentos de los remonstrantes y eventualmente llegó a ser el primer profesor de teología del seminario Remonstrante fundado después de que recibieron el permiso de regreso del exilio (este seminario, conocido como Seminario Remonstrante, existe aún hoy día en Holanda). Otro líder remonstrante importante fue Hugo Grocio, el estadista y científico político más influyente de Europa (1583-1645), que fue preso por el gobierno holandés tras el Sínodo de Dort, que condenó el arminianismo; sin embargo Hugo logró escapar. Un remonstrante posterior llamado Philip Limborch (1633-1712) llevó el arminianismo más cerca del liberalismo, con el subsiguiente «arminianismo de la cabeza.» Desafortunadamente, muchos críticos del arminianismo del siglo XVIII conocían sólo el arminianismo de Limborch, que estaba más cerca del semipelagianismo que de las enseñanzas del mismo Arminio.

El siglo XVIII. A partir de la época de Limborch, muchos arminianos, especialmente los de la iglesia de Inglaterra y en las iglesias congregacionales, mezclaron el arminianismo con la nueva religión natural de la Ilustración; ellos se convirtieron en los primeros liberales dentro del protestantismo. En Nueva Inglaterra, John Taylor (1694-1761) y Charles Chauncy (1705-1787), de Boston, representaban el arminianismo de cabeza que, a menudo y peligrosamente, se inclinaba bien cerca del pelagianismo, universalismo y aun el arrianismo (negación de la plena deidad de Cristo). El gran predicador puritano y teólogo calvinista Jonathan Edwards (1703-1758) se opuso de manera vehemente a estos hombres y contribuyó para la costumbre de los calvinistas estadounidenses de equiparar el arminianismo a este tipo de teología liberalizante. De manera indudable muchos arminianos estadounidenses e ingleses (sobre todo congregacionalistas y bautistas) se convirtieron a la teología liberal y aun al unitarismo. Si el arminianismo clásico fue el responsable de eso, está en tela de duda. Estas personas abandonaron radicalmente a Arminio y a los primeros remonstrantes, así como Friedrich Schleiermacher, el padre de la teología liberal alemana, abandonó a Calvino sin jamás haber estado bajo la influencia del arminianismo. Schleiermacher, a quien se le acredita por liberalizar la teología protestante en el continente europeo, permaneció como un calvinista de una orden diferente hasta el día de su muerte. Es tan injusto acusar a Arminio o al arminianismo por la deserción de los remonstrantes posteriores como acusar a Calvino o al calvinismo por la deserción de Schleiermacher de la ortodoxia.

Una prueba evidente de que no todos los arminianos se convirtieron en liberales es John Wesley (1703-1791), que se declaraba arminiano y combatió las acusaciones de que el arminianismo llevaba a la heterodoxia y si no, a la total herejía. Fue víctima del tratamiento de los calvinistas con relación al arminianismo y su respuesta al calvinismo fue generalmente muy incisiva. Debido a que él sentía que la mayoría de los críticos del arminianismo poseía poco conocimiento del tema, escribió en 1778: «Que nadie levante la voz en contra el arminianismo, a menos que sepa lo esta palabra significa».[10] En «La pregunta: "¿Qué es un arminiano?" contestada por un amante de la gracia,» Wesley escribió que: «Decir "este hombre es un arminiano" tiene el mismo efecto, en muchos oyentes, que decir "este hombre es un perro rabioso"».[11] Él continuó exponiendo los principios básicos del arminianismo y desmintió la noción popular de que el arminianismo equivale al arrianismo u otras herejías. En este y en otros escritos, Wesley defendió el sinergismo evangélico al enfatizar que

---

[10] Wesley, J. (1978) *The Works of John Wesley*. Ed. Thomas Jackson, 14 Vols. Grand Rapids: Baker. Vol. 10, p. 360.

[11] Ibid., p. 358.

la gracia previniente de Dios es absolutamente necesaria para la salvación. Wesley es la mayor fuente del arminianismo de corazón; él jamás se apartó de la creencia protestante clásica ortodoxa; pese a su rechazo al calvinismo, él afirmaba de forma apasionada y seria la justificación por la gracia solo a través de la fe, solo por causa de lo que Cristo realizó en la cruz. Los calvinistas a menudo acusan a Wesley de haber desertado del verdadero protestantismo por el hecho de hacer énfasis en la santificación, pero aun eso, según Wesley, es una obra de Dios dentro de una persona, obra que es recibida únicamente por la fe.[12]

Después de la muerte de Wesley, la mayoría de los teólogos arminianos prominentes se convirtieron en sus seguidores. Todo el movimiento metodista y sus ramificaciones (por ejemplo, el multifacético movimiento de Santidad) adoptaron la versión de Wesley de la doctrina arminiana, que apenas se diferenciaba del mismo Arminio.[13] El primer teólogo sistemático del metodismo fue John Fletcher (1729-1785), un contemporáneo más joven de Wesley, cuyas obras escritas llenan nueve tomos. John produjo polémicas cuidadosamente elaboradas contra el calvinismo y a favor del arminianismo. Uno de los teólogos más influyentes del siglo XIX fue el metodista británico Richard Watson (1781-1833), cuyos *Christian Institutes* [Institutos Cristianos] (1823) proveyeron al metodismo su primer texto autoritativo de teología sistemática. Watson citó a Arminio libre y claramente, además se consideraba a sí mismo y a todos los metodistas wesleyanos como arminianos. Él demostró de manera cuidadosa la deserción de los remonstrantes posteriores, tal como la de Limborch,

---

[12] El compromiso de Wesley con la ortodoxia protestante ha sido un punto de polémica por mucho tiempo; los calvinistas, especialmente (a lo mejor sólo ellos), lo han acusado de enseñar la salvación por las obras. Esto sucede debido a una lectura errónea de Wesley, cuyos sermones: «Gracia libre», «Operando nuestra propia salvación», «Salvación por la fe» y «Justificación por la fe» no pueden haber sido leídos por ellos. Tales prédicas se encuentran en varias ediciones de la colección de Wesley, tal como Outler.A. (1996). *The Works of John Wesley*. Nashville: Abingdon. Los más importantes se pueden encontrar en muchas colecciones de un volumen, tal como Rost. S. (1989). *The Works of John Wesley*. Nashville: Thomas Nelson.

[13] Se debe señalar aquí que George Whitefield, evangelista amigo de Wesley, fue importante en el liderazgo de una conexión (red) metodista calvinista en el siglo XVIII; esta red sobrevivió hasta el siglo XX y aún puede tener algunas pocas pequeñas iglesias distribuidas en Gran Bretaña y Norteamérica. Por lo general, con todo, el metodismo está marcado con el arminianismo de Wesley. Wesley enseñó la posibilidad de la plena santificación, que no es típica de todo arminiano, pero que sí es consistente con las enseñanzas del propio Arminio, quien interpretaba Romanos 7 como reflejando la experiencia de guerra entre carne y espíritu antes de la conversión de Pablo.

de la verdadera herencia arminiana. El arminianismo de Watson provee una especie de modelo de excelencia para los arminianos evangélicos, aunque en gran parte no está disponible hoy.

El siglo XIX. Otros metodistas importantes y teólogos arminianos del siglo XIX incluyen a Thomas Summers (1812-1882) y William Burton Pope (1822-1903). Summers produjo *Systematic Theology: A Complete Body of Wesleyan Arminian Divinity* [Teología Sistemática: Una guía completa de la teología arminiana wesleyana], que se convirtió en una obra de referencia para los arminianos en la última mitad del siglo XIX. Summers representó en esa época lo que Watson representó en la primera mitad del siglo, y al igual que Watson demuestra la deserción de Limborch y otros remonstrantes posteriores de Arminio (y de los primeros remonstrantes) hacia el semipelagianismo y a la teología liberal. Summers se sentía indignado con los teólogos calvinistas evangélicos de su época, que distorsionaban el arminianismo como si fuera herético: «Que ignorancia o descaro tienen esos hombres que acusan a Arminio de pelagianismo o de cualquier inclinación de ese tipo.»[14] Por otro lado, Pope contribuyó con un sistema de teología de tres volúmenes, *A Compendium of Christian Theology* [Un compendio de teología cristiana] (1874), donde presenta una descripción detalladamente protestante de la teología arminiana que no deja duda alguna con respecto a su compromiso con la teología reformada, incluso sobre la salvación por gracia solo por medio de la fe. Él explora la naturaleza de la gracia preveniente de manera más plena y profunda que cualquier otro teólogo arminiano antes de él o durante el periodo de su vida.

Uno de los teólogos arminianos más polémicos del siglo XIX fue el sistemático metodista John Miley (1813-1895), cuya *Systematic Theology* [Teología Sistemática] llevó a B. B. Warfield, teólogo calvinista de Princeton, a publicar un extenso ataque. Miley presentó una tendencia ligeramente liberalizante en la teología arminiana wesleyana, aunque sea bastante blanda si se le compara con los arminianos de cabeza que, a menudo, cayeron de manera impetuosa en el deísmo, el unitarismo y de forma completa en la teología liberal. Aunque haya alterado algunas posiciones arminianas tradicionales hacia una dirección más moderna,

---

[14] Summers, T. (1888) *Systematic Theology: A Complete Body of Wesleyan Arminian Divinity*. Nashville: Publishing House of the Methodist Episcopal Church, Vol. 2, p. 34.

Miley mantuvo un arminiano evangélico. De alguna forma él presenta un puente entre el arminianismo evangélico y conservador (Arminio, Wesley, Watson, Pope, Summers) y la subsiguiente teología metodista liberalizada convencional en el siglo xx (L. Harold DeWolf). Sin embargo, Miley se aferró de manera firme a la supremacía de las Escrituras y siempre argumentó, a partir de la Biblia, al replantear las posiciones teológicas personales. Él afirmaba el pecado original, incluso la «depravación natural» (la incapacidad en temas espirituales) mientras que rechazaba el «demérito innato» (la culpa heredada). Él defendía la teoría gubernamental de la expiación, retornando a Hugo Grocio (no todos los arminianos adoptaron esta visión). Y Miley definía la justificación simplemente como perdón, en vez de una imputación de la obediencia (justicia) pasiva y activa de Dios. Algunas de las críticas de Warfield a Miley fueron válidas, pero fueron afirmadas de manera extrema, a fin de levantar dudas acerca de la propia generosidad de interpretación y trato de sus semejantes cristianos. Muchos calvinistas del siglo xx conocen poco acerca del arminianismo, excepto lo que leyeron de Charles Hodge y de B. B. Warfield, teólogos calvinistas del siglo xix, quienes fueron críticos mordaces, y no se permitían ver alguna cosa buena en el arminianismo, por lo que le atribuían toda consecuencia maligna posible que pudieran ver que tuviese.

Antes de dejar el siglo xix atrás en el relato de la historia del arminianismo, es importante detenerse y discutir brevemente la teología del promotor de avivamiento, teólogo y presidente universitario Charles Finney (1792-1875). La carrera de Finney es una de las más fascinantes en la historia de la iglesia moderna. Él fue un abogado que se convirtió al cristianismo evangélico únicamente para volverse el avivador más destacado del entonces llamado el Segundo Gran Despertar.[15] Finney llegó a ser presidente del *Oberlin College* [Universidad de Oberlin] en Ohio, en 1835, y publicó una serie de conferencias influyentes sobre avivamiento y teología sistemática. Sus *Lectures on Systematic Theology* [Conferencias sobre teología sistemática] primero fueron publicadas en 1846, y tuvieron

---

[15] Esto depende mucho de cómo definimos el Segundo Gran Despertar. Una definición más restrictiva lo limita a las primeras décadas del siglo xix y lo ve centrado únicamente en los avivamientos de la Facultad Yale y a lo largo de las fronteras de Virginia y Kentucky (por ejemplo, el famoso avivamiento de Cane Ridge en Kentucky en 1801). Una definición más amplia lo extiende hasta los avivamientos de Finney en Nueva Inglaterra y en Nueva York en las décadas de 1820 y 1830.

ediciones ampliadas posteriormente. Finney rechazaba el calvinismo rígido y estaba a favor de una versión vulgarizada del arminianismo estando más cerca del semipelagianismo. Su legado en la religión popular estadounidense es profundo. Él negaba el pecado original, excepto como una pena que vino sobre la mayoría de los seres humanos y que se traspasa por medio de malos ejemplos («tentación agravada»). Finney creía que toda persona posee la habilidad y responsabilidad, más allá de cualquier ayuda o gracia divina (gracia previniente), a no ser la iluminación y persuasión, para de manera libre aceptar la gracia perdonadora de Dios a través del arrepentimiento y obediencia al gobierno moral revelado de Dios. Él escribió: «No hay ningún grado de logro espiritual requerido de nuestra parte, que no pueda ser alcanzado directa o indirectamente por la voluntad correcta» y «El gobierno moral de Dios en todos los lugares presume e implica la libertad de la voluntad humana, y la capacidad natural de los hombres de obedecer a Dios.»[16]

Finney vulgarizó la teología arminiana al negar algo que Arminio, Wesley y todos los arminianos fieles antes de él habían afirmado y protegido tanto como al mismo evangelio, esto es la inhabilidad moral en asuntos espirituales y la absoluta necesidad de la gracia previniente sobrenatural para cualquier respuesta correcta a Dios incluso las primeras inclinaciones de una buena voluntad para con Dios. Según Finney, a diferencia del arminianismo clásico (más cerca al remonstrantismo posterior de Limborch), la única obra de Dios necesaria para el ejercicio de una buena voluntad para con Dios y la obediencia a la voluntad de Dios, es la acción del Espíritu Santo de iluminar la razón humana que está nublada por intereses propios y en un estado de miseria debido al egoísmo común de la humanidad: «El Espíritu toma las cosas de Cristo y las revela a la mente. La verdad es utilizada o es la verdad la que debe ser usada como un instrumento para inducir el cambio de elección.»[17] Arminio, Wesley y el arminianismo clásico, en general, afirmaron la depravación total heredada como una absoluta impotencia aparte del despertar sobrenatural llamado gracia previniente. Pero Finney negaba la necesidad de la gracia previniente, para él, la razón, impulsada por el Espíritu Santo, hace que

---

[16] Finney, C. (1976) *Systematic Theology*. Ed. J. H. Fairchild, abrev. Minneapolis: Bethany Fellowship, pp. 299, 261.

[17] Ibid., p. 224.

el corazón se vuelva hacia Dios. Él llamó a la doctrina arminiana clásica de la habilidad misericordiosa (la capacidad de ejercer una buena voluntad para con Dios otorgada por el Espíritu santo a través de la gracia preveniente) como un «absurdo».[18]

Desafortunadamente, los calvinistas tienden a mirar hacia Finney ya sea como un modelo de verdadero arminiano o como la estación final del trayecto teológico arminiano. Ambas visiones están equivocadas. Los arminianos clásicos admiran a Finney por su pasión de avivamiento, no obstante, de igual manera lo deploran por su mala teología. El mismo Finney dijo respecto a Jonathan Edwards: «A Edwards yo lo reverencio, pero condeno sus errores.»[19] Un arminiano clásico puede decir: «A Finney yo lo reverencio, pero condeno sus errores.»[20]

El siglo xx. El siglo xx fue testigo del fin del sinergismo evangélico entre las principales denominaciones, incluyendo el metodismo, en la medida en que cayeron en la teología liberal. El arminianismo implacablemente no conduce al liberalismo, y ello está comprobado por el crecimiento de las formas conservadoras del arminianismo, entre ellas los nazarenos (una ramificación evangélica del metodismo), los pentecostales, los bautistas, las iglesias de Cristo y otros grupos evangélicos. No obstante, muchos de estos arminianos del siglo xx descuidan o incluso rechazan la etiqueta de arminiano por una variedad de razones, no siendo una de las menos importantes el éxito de los calvinistas en pintar al arminianismo con los colores de Finney y de los arminianos de cabeza, tal como los remonstrantes posteriores. Un teólogo del siglo xx que se mantuvo identificado como arminiano fue H. Orton Wiley (1877-1961), líder de la Iglesia del Nazareno, que produjo la obra de tres volúmenes *Christian Theology* [Teología Cristiana] y además un volumen que resume la doctrina cristiana. El arminianismo de Wiley es una forma

---

[18] Ibid., p. 278.

[19] Ibid., p. 269.

[20] Indudablemente, algunos admiradores de Finney encontrarán muy duro este relato de su teología mientras muchos críticos reformados lo considerarán muy generoso. El problema es que Finney no era totalmente consistente en sus explicaciones de pecado y salvación; en algunas ocasiones él tendía más al semipelagianismo y en otras ocasiones, parecía más dispuesto a afirmar la iniciación divina de la salvación. Sin embargo, en general, encuentro que el relato de Finney sobre del pecado y la salvación está más cerca del semipelagianismo que del arminianismo clásico, por las razones presentadas aquí.

particularmente pura del arminianismo clásico con la añadidura del perfeccionismo wesleyano (que no todos los arminianos aceptan). Toda la bondad, incluso las primeras inclinaciones del corazón para con Dios, es atribuida únicamente a la gracia de Dios. Al igual que Watson, Summers, Pope y Miley, Wiley insiste en una diferencia entre el semipelagianismo y el verdadero arminianismo, y demuestra la diferencia en sus propias afirmaciones doctrinales. La teología de Wiley se convirtió en modelo de excelencia para la educación teológica en la Iglesia del Nazareno y en otras denominaciones del movimiento de Santidad durante el siglo xx.

Otro teólogo arminiano del siglo xx cuya obra demuestra poderosamente la ortodoxia del arminianismo clásico es el metodista evangélico Thomas Oden. Oden no acepta la etiqueta de arminiano para sí ni para su teología, pues prefiere su propio término, *paleo-ortodoxia*. Él apela al consenso de los primeros padres de la iglesia. ¡Pero igualmente lo hicieron Arminio y Wesley! La obra *The Transforming Power of Grace* [El poder transformador de la gracia] de 1993, es una piedra preciosa de la soteriología arminiana; es el primer libro que recomiendo a los que buscan un relato sistemático de la verdadera teología arminiana. ¡Desafortunadamente, Oden no la considera como tal! Sin embargo, el arminianismo clásico de Oden se manifiesta en su entusiasta respaldo a la teología de Arminio como una restauración del consenso de los primeros cristianos acerca de la salvación y en declaraciones como esta:

> Si Dios, de manera absoluta y pretemporal, decreta que ciertas personas sean salvas y otras condenadas, independientemente de cualquier cooperación de la libertad humana, entonces Dios no puede, en ningún sentido, querer que todos sean salvos, conforme 2 Timoteo 4:10. La promesa de gloria tiene por condición la gracia que se recibe por la fe activa en amor.[21]

Oden también produjo la sólida *Teología Sistemática*, de tres volúmenes, que reconstruye el consenso doctrinal cristiano primitivo y es completamente consistente con la propia teología de Arminio. La deuda de Oden a Arminio y a Wesley es incuestionable.

---

[21] Oden, T. (1995). *The Transforming Power of Grace*. Nashville: Abingdon, p. 135.

Otros teólogos arminianos del siglo xx (algunos de los cuales no quieren ser llamados de arminianos) son los bautistas Dale Moody, Stanley Grenz, Clark Pinnock y H. Leroy Forlines; el teólogo de la Iglesia de Cristo Jack Cotrell y los metodistas I. Howard Marshal y Jerry Walls. Considero una gran tragedia y una farsa, que una herencia histórica como la del arminianismo sea una y otra vez negada por sus adeptos debido a una necesidad política. No tengo duda de que algunos administradores de organizaciones evangélicas no específicamente comprometidos con el calvinismo tienden a menospreciar el arminianismo y a ver a los arminianos como «teológicamente insustanciales» y en una trayectoria de herejía. ¡Bajo la influencia de un prominente estadista calvinista evangélico, el presidente de una facultad evangélica de herencia del movimiento de Santidad se declaró un «arminiano en recuperación!» Una importante publicación calvinista evangélica negó la existencia de arminianos «evangélicos» y lo denominó una contradicción. Bajo este tipo de calumnias severas e ignorantes, no sorprende que el término *arminianismo* no sea utilizado ni aun por sus proponentes más apasionados. Aun así, el arminianismo permanece y la teología arminiana continúa practicándose en una variedad de círculos denominacionales.

Una sinopsis de la teología arminiana

Uno de los mitos más predominantemente diseminados por los calvinistas dice que el arminianismo es el tipo de teología más popular en los púlpitos y entre los creyentes evangélicos. Mi experiencia contradice esta opinión, mucho de eso depende de cómo entendemos la teología arminiana. Los críticos calvinistas estarían en lo correcto si el arminianismo fuese semipelagianismo, pero no lo es, según espero demostrar. El evangelio predicado y la soteriología enseñada detrás de muchos púlpitos y tribunas evangélicas, y que se creen en la mayoría de los ambientes evangélicos, no corresponden al arminianismo clásico, sino más bien al semipelagianismo, o a un completo pelagianismo. ¿Cuál es la diferencia? Wiley, teólogo de la iglesia del Nazareno, define de manera correcta el semipelagianismo al decir: «Sostenía que quedaba suficiente poder en la voluntad depravada para iniciar o poner en movimiento los comienzos de la salvación, pero no tenía lo suficiente para llevarla a término. Esto debe ser hecho por la gracia divina.»[22] Esta antigua herejía proviene de los entonces llamados masilianos, liderados principalmente por Juan Casiano (433 d.C.), quien intentó construir un puente entre el pelagianismo que negaba el pecado original, y Agustín, quien defendía la elección incondicional basado en el hecho de que todos los descendientes de Adán nacen espiritualmente muertos y culpables del pecado de Adán. Casiano creía que las personas eran capaces de ejercer una buena voluntad para con Dios aun independientemente de cualquier infusión de gracia sobrenatural. Tal creencia fue condenada por el Segundo Concilio de Orange en 529 (sin la acreditación de la fuerte doctrina de la predestinación de Agustín).

El semipelagianismo se convirtió en la teología popular de la Iglesia Católica Romana en los siglos que precedieron la Reforma Protestante, pero fue completamente rechazado por todos los reformadores, excepto los entonces llamados racionalistas o antitrinitarios, tal como Fausto Socino. Algunos calvinistas adoptaron la práctica de llamar semipelagiana a toda teología que no atendiese las exigencias de calvinismo rígido (TULIP). Tal noción, con todo, es incorrecta. Actualmente el semipelagianismo es la teología estándar de la mayoría de los cristianos evangélicos estadounidenses.[23]

Esta percepción se revela en la popularidad de los clichés, tales como: «Da un paso hacia Dios y él dará dos hacia ti» y «Dios vota por ti, Satanás vota contra ti y tú tienes el voto decisivo», clichés que están aliados con el casi total descuido de la depravación humana e incapacidades en cuestiones espirituales.

En el cristianismo evangélico popular el arminianismo es casi totalmente desconocido y mucho menos creído. Una de las finalidades de este libro es la de vencer este déficit. Un mito predominante sobre el arminianismo es que la teología arminiana equivale al semipelagianismo. Esto será contradicho en el proceso de refutación de varios otros mitos que tratan de la condición humana y de la salvación. Aquí solo se proporcionará una breve descripción general del punto de vista arminiano como un anticipo de lo que será presentado más adelante.

Primero, es fundamental comprender que el arminianismo no posee

---

[22] Wiley, H. Orton. (1941). *Christian Theology*. Kansas City, Mo.: Beacon Hill. Vol. 2, p. 103.

[23] No puedo decir lo mismo de los cristianos evangélicos en otros países, puesto que no sé lo suficiente al respecto como para hacer tal alegación.

una doctrina o punto de vista distintivo sobre todo en el cristianismo. No hay ninguna doctrina arminiana especial de las Escrituras. Los arminianos de corazón, arminianos evangélicos, creen en las Escrituras y tienen la misma gama de opiniones sobre los detalles bíblicos, al igual que los calvinistas. Algunos arminianos creen en la inerrancia bíblica, otros no. Todos los arminianos evangélicos están comprometidos con la autoridad y la inspiración sobrenatural de la Biblia en lo tocante a todos los asuntos de fe y práctica. Del mismo modo no existe una eclesiología o escatología arminiana distintiva; los arminianos expresan el mismo espectro de interpretaciones que los demás cristianos. Un mito popular promovido por algunos calvinistas es que todos los arminianos son adeptos de la teoría gubernamental de la expiación y que rechazan la teoría de la sustitución penal. Tal afirmación es simplemente falsa. Los arminianos creen en la trinidad, en la divinidad y humanidad de Jesucristo, en la depravación de la humanidad por causa de la caída primitiva, en la salvación solo por gracia a través de la fe únicamente, y en todas las demás creencias protestantes imprescindibles. Los arminianos clásicos afirman la justificación como justicia imputada siguiendo al propio Arminio. Las doctrinas características del arminianismo tienen que ver con la soberanía de Dios sobre la historia y la salvación; la providencia y la predestinación son las dos doctrinas clave donde los arminianos se separan de los calvinistas clásicos.

No hay mejor punto de partida para examinar las cuestiones de la providencia y la salvación que la propia Remonstrancia, el documento constitutivo del arminianismo clásico (además de los escritos de Arminio). La Remonstrancia fue preparada por alrededor de 43 (el número exacto se debate) pastores y teólogos reformados holandeses después de la muerte de Arminio, en 1609. El documento fue presentado en 1610 para una conferencia de líderes de la iglesia y del estado en Gouda, Holanda, con el fin de explicar la doctrina arminiana. Su eje fundamental son los asuntos relacionados con la salvación y, especialmente, la predestinación. Existen varias versiones de la Remonstrancia (de la cual los remonstrantes recibieron su nombre), acá usaremos una traducción al inglés hecha a partir del original en latín que se presentó de modo algo condensado por el experto inglés en arminianismo A. W. Harrison:

1. Que Dios, por un decreto eterno e inmutable en Cristo antes de que el mundo existiera determinó elegir, entre la raza caída y pecadora, para la vida eterna, los que, a través de su gracia creen en Jesucristo y perseveran en la fe y obediencia; y que, por el contrario, resolvió rechazar los inconversos y no creyentes a la condenación eterna (Juan iii,36).

2. Que, en consecuencia, Cristo el Salvador del mundo murió por todos y cada uno de los hombres, de manera que Él obtuvo, por medio de la muerte en la cruz, la reconciliación y el perdón de los pecados para todos los hombres; de tal manera, sin embargo, que nadie, sino los fieles, de hecho, disfruten de estas bendiciones (Juan iii:16; 1Juan ii,2).

3. Que el hombre no podía obtener la fe salvadora por sí mismo ni por la fuerza de su libre albedrío, sino que necesitaba la gracia de Dios por medio de Cristo para ser renovado en pensamiento y voluntad (Juan xv,5).

4. Que esta gracia fue la causa del principio, progreso y consumación de la salvación del hombre; de tal manera que nadie podría creer ni perseverar en la fe sin esta gracia cooperante, y en consecuencia que todas las buenas obras deben atribuirse a la gracia de Dios en Cristo. Sin embargo, en cuanto a la manera de operar de esa gracia, no es irresistible (Hechos vii,51).

5. Que los verdaderos cristianos tienen fuerza suficiente, a través de la gracia divina, para luchar contra Satanás, el pecado, el mundo, su propia carne y vencerlos a todos; pero que, si por descuido sea el caso que apostaten de la verdadera fe, pierden la felicidad de una buena conciencia y dejan de tener esta gracia, tal asunto debería ser más profundamente investigado acorde con las Sagradas Escrituras.[24]

Observe que los remonstrantes, al igual que Arminio antes de ellos, no tomaron una postura con respecto a la pregunta sobre la seguridad eterna de los creyentes. Es decir, ellos dejaron abierto el cuestionamiento

---

[24] The Remonstrance, en HARRISON, *Beginnings of Arminianism*, p. 150-51.

de si una persona verdaderamente salva podría o no caer de la gracia, y además tampoco siguieron el estándar del TULIP. A pesar de que la forma de expresar la creencia calvinista (por el acróstico de los cinco puntos) haya sido desarrollada luego, la negación de los tres puntos del centro del acróstico es bastante clara en la Remonstrancia. Por otra parte, muy por el contrario de la idea popular sobre el arminianismo (más que todo entre los calvinistas), ni Arminio ni los remonstrantes negaron la depravación total, sino que más bien la afirmaron. Por supuesto que la Remonstrancia no es una declaración completa de la doctrina arminiana, pero aborda bien la esencia. Ahora, hay que estar claros que más allá de lo que dice esta médula del arminianismo hay un campo de interpretación donde los arminianos a veces discrepan entre sí, pero con todo y ese terreno de discrepancias, hay un consenso arminiano general y es lo que esta síntesis explicará, al recurrir de manera amplia al teólogo nazareno Wiley, quien a su vez se apoyó en gran medida en Arminio, Wesley y los principales teólogos metodistas del siglo XIX mencionados con anterioridad.

El arminianismo enseña que todos los seres humanos nacen moral y espiritualmente depravados, además que son incapaces de hacer alguna cosa buena o digna a los ojos de Dios, a menos que se reciba una infusión especial de la gracia divina para superar las inclinaciones del pecado original. «Todos los hombres no sólo nacen bajo pena de muerte, como consecuencia del pecado, sino que también nacen con una naturaleza depravada, que en contraposición al aspecto legal de la pena, se denomina usualmente pecado innato o depravación heredada.»[25] En general, el arminianismo clásico está de acuerdo con la ortodoxia protestante en que la unidad de la raza humana en el pecado da como resultado que todos nazcan «hijos de ira». No obstante, los arminianos creen que la muerte de Cristo en la cruz provee una solución universal para la culpa del pecado heredado, de manera que no se imputen a los infantes por causa de Cristo. Así es como los arminianos, en acuerdo con los anabaptistas (por ejemplo los menonitas) interpretan los pasajes universalistas del Nuevo Testamento como Romanos5, donde todos están incluidos bajo el pecado, de igual forma todos están incluidos en la redención por medio de Cristo. Esta también es la interpretación arminiana de 1 Timoteo 4:10, que indica dos salvaciones

---

[25] Wiley, H.O. (1941) *Christian Theology*. Kansas City, Mo.: Beacon Hill. Vol. 2, p. 98.

por medio de Cristo: una universal para todas las personas y una especial para todos los que creen. La creencia arminiana en la redención general no es salvación universal, sino redención universal del pecado adámico. Por lo que en la teología arminiana todos los niños que mueren antes de alcanzar la edad del despertar de la consciencia y de caer en pecado real (en oposición al pecado innato) son considerados inocentes por Dios y llevados al paraíso. Ahora, entre aquellos que hayan cometido pecado real, solo los que se arrepienten y creen, tienen a Cristo como Salvador.

El arminianismo considera el pecado original, primero, como una depravación moral que surge como resultado de la privación de la imagen de Dios, que es la pérdida del poder para evitar el pecado real. «La depravación es total en la medida en que afecta a todo el ser del hombre.»[26] Esto implica que todas las personas nacen con inclinaciones alienadas, intelecto oscurecido y voluntad corrompida.[27] Pero para esta condición existe una cura universal que a la vez es un remedio particular: la muerte expiatoria de Cristo en la cruz removió la penalidad del pecado original y liberó un nuevo impulso en la humanidad que empieza a revertir la depravación con la cual todos vienen al mundo. Cristo es el nuevo Adán (Romanos 5), el nuevo líder de la raza; él no vino sólo para salvar a algunos, sino para proveer un nuevo comienzo para todos. Esta es una medida de gracia preveniente que se extiende por medio de Cristo a toda persona que nace (Jn 1).

> De este modo, la verdadera posición arminiana admite la completa penalidad del pecado y, en consecuencia, no minimiza *[sic]*la excesiva pecaminosidad del pecado ni menosprecia la obra expiatoria de nuestro Señor Jesucristo. Sin embargo, lo hace no negando toda la fuerza de la pena, como hacen los semipelagianos, sino magnificando la suficiencia de la expiación y la consiguiente comunicación de la gracia preveniente a todos los hombres a través de la autoridad del último Adán.[28]

La autoridad de Cristo es coextensiva con la de Adán, pero las personas tienen que aceptar (al no resistir) esta gracia de Cristo a fin de beneficiarse en forma plena de ella.

---

[26] Ibid., p. 128.

[27] Ibid., p. 129.Wiley siguió a John Fletcher en esta creencia.

[28] Ibid., p. 132-33.

El hombre es condenado únicamente por sus propias transgresiones. El don gratuito removió la condenación original y abunda para muchas ofensas. El hombre se vuelve responsable por la depravación de su propio corazón sólo cuando rechaza la solución para la misma y de forma consciente la confirma como suya propia, con todas sus consecuencias penales.[29]

La depravación heredada incluye la esclavitud de la voluntad al pecado, que sólo es superada por la gracia previniente sobrenatural. Esta gracia empieza a actuar en todos por medio del sacrificio de Cristo (y el Espíritu Santo enviado al mundo por Cristo), pero gana poder especial a través de la predicación del Evangelio. Wiley, siguiendo Pope y a otros teólogos arminianos, llama a la condición humana, por causa del pecado heredado, «impotencia para el bien» y rechaza cualquier posibilidad de bondad espiritual independientemente de la gracia especial que viene de Cristo.

Debido a que Dios es amor (Jn 3:16; 1 Jn 4:8), y no quiere que nadie perezca, sino que todos lleguen al arrepentimiento (1 Ti 2:4; 2 P 3:9), la muerte expiatoria de Cristo es universal, algunos de sus beneficios son automáticamente desplegados para todos (por ejemplo, la liberación de la condenación del pecado adámico) y todos los beneficios son para aquellos que los acepten (por ejemplo, el perdón de los pecados y la imputación de la justicia).

La expiación es universal, esto no significa que toda la humanidad será incondicionalmente salva, pero implica que la ofrenda expiatoria de Cristo satisfizo tanto las exigencias de la ley divina como para hacer de la salvación una posibilidad para todos. La redención, por tanto, es universal o general en sentido provisional, pero especial o condicional en su aplicación al individuo.[30]

Sin embargo, sólo serán salvos los que fueran predestinados por Dios para la salvación eterna. Estos son los elegidos. ¿Quién está incluido dentro de los elegidos? Todos aquellos a quienes Dios previó que aceptarán

[29] Ibid., p. 135.
[30] Ibid., p. 295.

su oferta de salvación por medio de Jesucristo al no resistir a la gracia que les fue extendida mediante la cruz y el Evangelio. De esta manera, la predestinación es condicional en vez de ser incondicional; la presciencia electiva de Dios es causada por la fe de los elegidos.

En oposición a esto (el esquema calvinista), el arminianismo sostiene que la predestinación es el propósito misericordioso de Dios para salvar a toda la humanidad de la ruina completa. No es un acto indiscriminado y arbitrario de Dios que pretende garantizar la salvación a cierto número de personas y a nadie más. Esta predestinación incluye de manera provisional a todos los hombres en su alcance, y está condicionada únicamente por la fe en Cristo.[31]

El Espíritu Santo opera en los corazones y en las mentes de todas las personas hasta cierto punto, ya que les provee cierta consciencia de las expectativas y provisión de Dios, siendo así que las llama al arrepentimiento y a la fe. De esta manera, «la Palabra de Dios es, en cierto sentido, predicada de forma universal, aun cuando no haya sido registrada en lenguaje escrito.» «Los que oyen la proclamación y aceptan el llamado son conocidos en las Escrituras como los elegidos.»[32] Los réprobos son los que resisten al llamado de Dios.

La gracia preveniente es una doctrina arminiana crucial, en la que los calvinistas también creen, pero los arminianos la interpretan de modo distinto. La gracia preveniente es simplemente la gracia convincente de Dios, invitadora, iluminadora y capacitadora, que precede a la conversión y hace que el arrepentimiento y la fe sean posibles. Los calvinistas la interpretan como irresistible y eficaz, es decir la persona en la que esta gracia opera se arrepentirá y creerá para salvación. Los arminianos la interpretan como resistible, en otras palabras, las personas siempre son capaces de resistir a la gracia de Dios, según nos advierten las Escrituras (Hch 7:51). Pero sin la gracia preveniente las personas de forma inevitable e implacable resistirán a la voluntad de Dios por causa de la esclavitud al pecado.

---

[31] Ibid., p. 337.
[32] Ibid., p. 341, 343.

La gracia preveniente, según el término implica, es aquella gracia que «precede» o prepara el alma para la entrada en el estado inicial de salvación. Es la gracia preparatoria que el Espíritu Santo ejerce en el hombre indefenso ante el pecado. En lo tocante a la culpa, puede ser considerada como misericordia; con relación a la impotencia, es el poder capacitador. Puede, por tanto, ser definida como la manifestación de la influencia divina que precede a la vida regenerada plena.[33]

Entonces en cierto sentido, los arminianos al igual que los calvinistas creen que la regeneración precede a la conversión; el arrepentimiento y la fe solamente son posibles porque el Espíritu de Dios vence a la vieja naturaleza. La persona que recibe la plena intensidad de la gracia preveniente (por ejemplo, a través de la predicación de la Palabra y el llamado interno correspondiente de Dios) ya no está muerta en delitos y pecados. Sin embargo, esta persona todavía no está regenerada por completo. El puente entre la regeneración parcial por la gracia preveniente y la plena regeneración del Espíritu Santo es la *conversión*, que incluye el arrepentimiento y la fe. Todas estas cosas se vuelven posibles por el don de Dios, pero son respuestas libres de parte del individuo. «Las Escrituras representan al Espíritu obrando [en la conversión] a través y con la concurrencia del hombre. No obstante, siempre se da preeminencia a la gracia divina.»[34]

El énfasis en la precedencia y superioridad de la gracia conforma el punto en común entre el arminianismo y el calvinismo, esto es lo que hace al sinergismo arminiano «evangélico». Los arminianos toman extremadamente en serio el énfasis neotestamentario en la salvación como un don de la gracia que no puede ser merecido (Ef 2:8). Sin embargo, la teología arminiana y la calvinista, al igual que todos los sinergismos y monergismos, discrepan en lo que respecta a la participación de los seres humanos en la salvación. Según advierte Wiley, la gracia preveniente no interfiere en la libertad de la voluntad ya que esta gracia no doblega la voluntad ni da certeza a la respuesta de la voluntad, sólo capacita la voluntad para hacer la libre elección ya sea para cooperar o para resistir a la gracia. La cooperación no contribuye para la salvación, como si los

[33] Ibid., p. 346.
[34] Ibid., p. 355.

humanos hiciesen una parte y Dios la otra. Antes bien, la cooperación con la gracia en la teología arminiana es tan solo la no resistencia a la gracia; simplemente es la decisión de permitir que la gracia haga su obra al renunciar a todos los intentos de autojustificación y auto purificación, y al admitir que solo Cristo puede salvar. Con todo, Dios no decide por el individuo, es una decisión que los individuos, bajo el impulso de la gracia preveniente, deben tomar por sí mismos.

El arminianismo defiende que la salvación es enteramente de la gracia, todo movimiento del alma hacia Dios es iniciado por la gracia divina, pero los arminianos también asumen que la cooperación de la voluntad humana es indispensable, pues, en última instancia, el agente libre decide si la gracia propuesta es aceptada o rechazada.[35]

El arminianismo clásico enseña que la predestinación es simplemente la determinación (el decreto) de Dios para salvar por medio de Cristo a todos los que de manera libre responden a la oferta divina de la gracia libre al arrepentirse del pecado y creer (confiar) en Cristo. La predestinación incluye la presciencia de Dios de los que así lo responderán a esta oferta, pero no incluye una selección de ciertas personas para la salvación, ni tampoco para la condenación. Muchos arminianos hacen una distinción entre la elección y la predestinación. La elección es corporativa, Dios determinó que Cristo fuese el Salvador del grupo de personas que se arrepienten y creen (Efesios 1); por el otro lado, la predestinación es individual, la presciencia de Dios de los que se arrepentirán y creerán (Ro 8:29). El arminianismo clásico también enseña que las personas que responden positivamente a la gracia de Dios al no resistirla (lo que implica arrepentimiento y confianza en Cristo) son nacidas de nuevo por el Espíritu de Dios (que es la regeneración plena), perdonadas de todos los pecados y consideradas por Dios como justas a causa de la muerte expiatoria de Cristo por ellas. Nada de esto está basado en algún mérito humano; es una dádiva perfecta, no impuesta sino más bien libremente recibida. «El único fundamento de la justificación… es la obra propiciatoria de Cristo que se recibe por fe» y «el único acto de justificación, desde una perspectiva negativa, es el perdón de los pecados; cuando es visto desde una perspectiva positiva, tenemos la aceptación del creyente

---

[35] Ibid., p. 356.

como justo (por Dios).»[36] Entonces la única diferencia sustancial entre el arminianismo clásico y el calvinismo en esta doctrina, es el papel del individuo que recibe la gracia de la regeneración y justificación. Según Wiley, la salvación «es un trabajo realizado en las almas de los hombres por la operación eficaz del Espíritu Santo. El Espíritu Santo ejerce su poder regenerador sólo en determinadas condiciones, es decir, bajo condiciones de arrepentimiento y fe.»[37] Por tanto, la salvación es condicional y no incondicional. Los seres humanos juegan un papel y no son agentes pasivos o controlados por alguna fuerza, ya sea esta interna o externa.

Es en este punto que muchos monergistas críticos del arminianismo, señalan en acusación y declaran que la teología arminiana es un sistema de salvación por medio de las obras, o, como mínimo, algo inferior a la fuerte doctrina paulina de la salvación donde se indica que es un don gratuito. Si el don debe ser libremente aceptado, ellos afirman, entonces se gana. Debido a que el acto de la aceptación es crucial, entonces el don no es gratuito. Los arminianos simplemente no alcanzan a entender esa alegación y la acusación implícita. Como veremos en varios puntos a lo largo de este libro, los arminianos siempre afirmaron de forma incisiva que la salvación es un don gratuito; ¡aun el arrepentimiento y la fe son solo causas instrumentales de la salvación e imposibles de apartar de una operación interna de la gracia! La única causa eficiente de la salvación es la gracia de Dios por medio de Jesucristo y del Espíritu Santo. La lógica del argumento de que un don que se recibe de manera libre (en el sentido de que podría ser rechazado) no puede ser un don gratuito, deja la mente arminiana perpleja. Pero la razón principal del rechazo arminiano al entendimiento calvinista de la salvación monergista, en el que Dios de manera incondicional elige a algunos para salvación e inclina sus voluntades de manera irresistible, se debe a que atropella el carácter de Dios y la naturaleza de una relación personal. Si Dios salva de manera incondicional e irresistible, ¿por qué no salva a todos? El apelar al misterio en este punto, no satisface la mente arminiana, puesto que el carácter de Dios como amor que se muestra a sí mismo en misericordia está en juego. Si los seres humanos elegidos por Dios no pueden resistir

[36] Ibid., p. 395, 393.
[37] Ibid., p. 419.

a la oferta de una relación adecuada con Dios, ¿qué tif 44
esta? ¿Puede una relación personal ser irresistible? ¿Tal
en realidad son personas en este tipo de una relación?]
tas fundamentales que llevan a los arminianos, así como a otros sinergistas, a cuestionar cada forma del monergismo, incluyendo al calvinismo
rígido. Este asunto no se trata, para nada, de una visión humanista del
libre albedrío autónomo, como si los arminianos estuvieran enamorados
del libre albedrío por sí mismo. Cualquier lectura imparcial de Arminio,
Wesley o cualquier otro arminiano clásico revelará que no se trata de
eso. Por el contrario, el punto de discusión acá es el carácter de Dios y la
naturaleza de la relación personal.

Anteriormente señalé que no sólo la predestinación, sino que también
la providencia provee un punto de diferencia entre el arminianismo y el
calvinismo. En resumen, los arminianos creen en la soberanía y en la
providencia divina pero las interpretan de modo distinto a los calvinistas
rígidos. Los arminianos consideran que Dios se limita a sí mismo con
relación a la historia humana. Por lo tanto, mucho de lo que sucede en
la historia es contrario a la perfecta voluntad antecedente de Dios. Los
arminianos afirman que Dios controla la naturaleza y la historia, pero
niegan que Dios controle *cada* acontecimiento. Los arminianos niegan
que Dios «oculte una sonrisa» detrás de los horrores de la historia. El diablo no es el «diablo de Dios», o incluso un instrumento de la autoglorificación providencial de Dios. La caída no fue preordenada por Dios para
algún propósito secreto. Los arminianos clásicos creen que Dios conoce
todas las cosas de antemano, incluso todo evento del mal, pero rechazan
cualquier noción de que Dios promueve «impulsos secretos» que con-
trolan incluso las acciones de criaturas malignas (angélicas o humanas).[38]

---

[38] De manera bastante conocida, Calvino atribuye aun los actos malévolos y pecaminosos de los
impíos a los impulsos secretos de Dios. Una lectura cuidadosa del libro I, cap. 18, «Dios de tal
manera usa las obras de los impíos y dobla su voluntad a fin de que ejecuten sus juicios, para
que él mismo permanezca limpio de toda mancha», de los *Institutes of the Christian Religion*
[Institutos de la Religión Cristiana] revela esta perspectiva. Allí, entre otras cosas, Calvino escribe que «ya que se dice que la voluntad de Dios es la causa de todas las cosas, he hecho que
su providencia sea el principio determinante de todos los planes y acciones de los hombres, de
manera que no sólo compruebe su eficiencia en los elegidos, que son regidos por el Espíritu
Santo, sino que incluso obligue los réprobos a la obediencia.» Tomado de McNeill, J.T. (1960).
Institutes of the Christian Religion 1.18.2. Trad. Ford Lewis Battles. Philadelphia: Westminster
Press, p. 232. Los arminianos creen que el calvinismo rígido no logra evitar hacer a Dios el autor
del pecado y del mal y, por tanto, pone en tela de juicio el carácter de Dios.

... gobierno de Dios es amplio y completo, pero por el hecho de que Él se limita a sí mismo para permitir la libre agencia humana (en pro de relaciones genuinas que no son manipuladas o controladas), este gobierno se ejerce de modos diferentes. Todo lo que pasa como mínimo es permitido por Dios, pero no todo lo que sucede en definitiva es deseado o aun hecho realidad por Dios. Por tanto, el sinergismo entra en la doctrina arminiana de la providencia, así como en la de la predestinación. Dios conoce de antemano pero no actúa solo en la historia, ya que la historia es el resultado tanto de la voluntad divina como de la voluntad humana. (¡No debemos olvidar las intervenciones angélicas y demoníacas!). Sobre todo, el pecado no es deseado ni gobernado por Dios, excepto en el sentido de que Dios lo permite y lo limita. Aún más importante, Dios no predestina ni hace realidad el pecado. Ninguna expresión concisa del entendimiento arminiano de la providencia es mejor que la provista por el teólogo reformado revisionista Adrio König:

> Hay muchas cosas angustiosas que suceden en la tierra que no son la voluntad de Dios (Lucas 7:30 y todos los demás pecados mencionados en la Biblia), que están en contra de Su voluntad, y que se derivan del pecado incomprensible y sin sentido en el que nacemos, en el que vive la mayor parte de la humanidad, y en el que Israel persistió, y contra el cual incluso los «hombres más santos» (Heid. Cat. q. 114) lucharon todos sus días (David, Peter). Dios tiene sólo un curso de acción para esto, y es proveer la expiación, al crucificar y sepultar todo con Cristo. Intentar interpretar todas estas cosas por medio del concepto de un plan divino crea dificultades intolerables, generando más excepciones que reglas. Pero la más importante objeción es que la idea de un plan es contraria al mensaje bíblico, ya que el mismo Dios se vuelve inconcebible, si aquello contra lo que ha luchado con poder y por lo que sacrificó su Hijo único, de alguna manera era parte integrante de su consejo eterno. Entonces, es mejor partir de la premisa de que Dios tenía cierto objetivo en mente (la alianza, el reino de Dios, o la nueva tierra, que son lo mismo visto desde diferentes ángulos) que logrará con nosotros, sin nosotros, o aun en contra nosotros.[39]

---

[39] König, A. (1982). *Here am I! A believer's reflexion on God.* Grand Rapids: Eerdmans, p. 198-99.

Mitos y conceptos erróneos sobre el arminianismo

El bosquejo conciso de teología arminiana que se presenta en esta introducción es solo un simple comienzo. Basta contrastar al verdadero arminianismo evangélico con las caricaturas de sus críticos, además las distorsiones e informaciones incorrectas que son dichas sobre el arminianismo en la literatura teológica no son menos que espantosas. Los críticos reformados de manera reiterada describen de forma engañosa a Arminio y al arminianismo como semipelagianos. Por ejemplo, la primera edición de *Christian Doctrine* [Doctrina Cristiana] de Shirley C. Guthrie, un libro didáctico ampliamente utilizado por la teología reformada, presentaba a Arminio como un ejemplo de semipelagianismo. Tras haber sido señaladas, por al menos un arminiano, las significativas diferencias entre la teología de Arminio y el semipelagianismo, en el año 1994 se llevó a cabo una revisión del texto de Guthrie y se retiró el nombre de Arminio. Pero aun en la edición revisada, el contexto y una nota al pie de página que trata con el Sínodo de Dort, señalan al arminianismo como el modelo histórico del semipelagianismo. Veinticinco años de daños a la reputación de Arminio no fueron completamente deshechos por la revisión. Por otro lado, el libro *The Five Points of Calvinism* [Los Cinco Puntos del Calvinismo] también presenta muchos ejemplos de imágenes distorsionadas de la teología arminiana. En este libro Edwin H. Palmer, pastor y teólogo calvinista, explícitamente equipara al arminianismo con el semipelagianismo, ignorando por completo la doctrina arminiana de la gracia preveniente. Él incluso llegó al colmo de declarar que «el arminiano niega la soberanía de Dios», y añadió sal a la herida al sugerir, de principio a fin, que el arminianismo tiene sus fundamentos en el racionalismo en lugar de en la humilde sumisión a la Palabra de Dios.[40] Cualquiera que tenga contacto con la literatura arminiana evangélica de inmediato se da cuenta de que los arminianos son tan comprometidos con la autoridad de las Escrituras como cualquier otro protestante.[41]

---

[40] Palmer, E. (1972). *The Five Points of Calvinism*. Grand Rapids: Baker, p. 59, 85, 107.

[41] Algunos calvinistas acusaron a Wesley de abandonar el principio *sola scriptura*, «sólo la Escritura», como estándar para toda la doctrina. Tal acusación es resultado de la descripción de Albert Outler, teólogo metodista, acerca del método teológico de Wesley como «cuadrilateral», siendo el método compuesto de Escritura, tradición, razón y experiencia. Con todo, los que leen Wesley en vez de solamente sus intérpretes modernos saben que Wesley afirmaba constantemente la supremacía de las Escrituras sobre la tradición, razón y experiencia, que para Wesley eran autoridades secundarias.

Otros ejemplos de tergiversaciones del arminianismo abundan
en la literatura teológica. Una de las primeras ediciones de *Modern
Reformation* [La Reforma Moderna], una revista comprometida con la
teología monergista y liderada principalmente por calvinistas, examinó
el tema del arminianismo. Un autor afirmó que «el arminianismo no sólo
es el abandono de la ortodoxia histórica, sino más bien un serio abandono al mismo Evangelio.»[42] En todo su mordaz ataque al arminianismo
(concentrado mayormente en el teólogo metodista John Miley) el autor
culpa a todo el movimiento arminiano por la desafortunada forma de
expresarse de un teólogo arminiano, ignorando el amplio alcance de la
historia y la teología arminiana, además atribuye de manera falsa al arminianismo creencias (por ejemplo, la negación del pecado original, y
expiación sustitutiva) que él considera como consecuencias buenas y necesarias desde el punto de vista algo extravagante de aquel único teólogo.

En la edición de la revista *Modern Reformation* que trató del arminianismo, innumerables autores contrastan al arminianismo con el evangelicalismo y niegan la posibilidad del arminianismo evangélico. Por lo
menos un autor llama despectivamente al arminianismo «religión y herejía natural, que es jactanciosa y rechaza a Dios.»[43] En toda la edición
estos autores predominantemente calvinistas (uno es luterano) tratan al
arminianismo como la herejía del semipelagianismo, pero jamás abor-
dan la doctrina clave de la gracia preveniente o citan las muchas afirmaciones fuertes de los teólogos arminianos sobre la preeminencia de la
gracia. La tendencia natural es la de imputar al arminianismo todas las
falsas creencias que los autores ven yacer en el fondo de una imaginaria
pendiente resbaladiza. Si el mismo método fuese aplicado al calvinismo
(como algunos arminianos ya lo hicieron), los calvinistas protestarían
de manera escandalosa. Podríamos argumentar que el Dios calvinista
que predestina incondicionalmente a algunas personas al infierno (aunque únicamente por decretar ignorarlas en la elección), no es un Dios
de amor, sino un ser supremo arbitrario y caprichoso que se preocupa
sólo por exhibir su gloria, aun a costa de la destrucción eterna de las

---

[42] Riddlebarger, K. (1992). *Fire & Water. Modern Reformation*, n. 1.p. 10. Me da curiosidad saber
si al menos el autor leyó a Miley o a Warfield, su crítico.

[43] Maben, A. (1992). *Are You Sure You Like Spurgeon? Modern Reformation*, n. 1, p. 21. Maben
cita a Spurgeon de modo aprobatorio.

almas que él creó. Por eso creo que un principio que debe ser observado por todos los involucrados en este debate es *antes de discrepar, asegúrese de entender.* En otras palabras, debemos estar seguros de que podemos describir la posición teológica del otro como él o ella la describiría, antes de criticarla o condenarla. Otro principio rector debe ser *no impute a los demás creencias que considera como consecuencia lógica de las creencias de estos, pero que los involucrados explícitamente niegan.*

En estos recorridos encontramos aun historiadores de la iglesia y teólogos históricos que alegan ser neutrales y a menudo entienden mal el arminianismo. Un ejemplo reciente está en el libro *Theology in America* [Teología en Estados Unidos] del historiador eclesiástico E. Brooks Holifield, que es un libro excelente, salvo por el equívoco donde se escribe: «Para el clero de Nueva Inglaterra cualquier insinuación de que los seres humanos puedan preparar sus propios corazones para la salvación habría tenido origen en el error de Arminio, quien defendió que la voluntad natural, ayudada solamente por la gracia común, podría aceptar o rechazar la oferta de salvación divina.»[44] Tal declaración es claramente un error. Arminio afirmó la necesidad de la gracia auxiliadora (preveniente) sobrenatural para liberar la persona caída antes de que él o ella pudiesen responder al evangelio. Aparte de esto (la gracia no común, según dice Holifield), todo hijo de Adán de manera automática rechazaría el evangelio. Ante esto veamos lo que dice Arminio:

> En su estado pecaminoso y caído, el hombre no es capaz por sí mismo, ni de pensar, querer o hacer lo que es realmente bueno, más bien es necesario que sea regenerado y renovado en su intelecto, afectos y voluntad y en todas sus facultades, por Dios en Cristo a través del Espíritu Santo, a fin de que esté debidamente capacitado para entender, estimar, considerar, querer y realizar lo que es verdaderamente bueno. Cuando se le hace partícipe de esta regeneración o renovación, considero que, al estar libre del pecado, es capaz de pensar, querer y hacer el bien, pero no sin la continua ayuda de la Gracia Divina.[45]

---

[44] Holifield, E. (2003). *Theology in America.* New Haven: Yale University Press, p. 44.

[45] Arminius, *A Declaration of the Sentiments of Arminius.* Works, Vol. 1, p. 659-60.

Arminio claramente (como todos los arminianos clásicos que vinieron después) no creía que sólo la gracia común fuera suficiente para desear lo que es bueno. (La gracia común es la gracia universal de Dios que capacita la justicia civil en la sociedad a pesar de la depravación humana). Se requiere de una infusión especial de gracia renovadora, regeneradora y sobrenatural incluso para el primer ejercicio de una buena voluntad hacia Dios. Esto es tan básico en la teología de Arminio y en el arminianismo que las alegaciones como las que hace Holifield, que por cierto son muy comunes en la literatura evangélica, agobian la mente.

Quizás el ejemplo más atroz de la muy común distorsión del arminianismo en la literatura teológica ¡se encuentra en un arminiano! Henry C. Thiessen impartió teología en *Wheaton College* por muchos años y produjo materiales para un libro didáctico de teología que se publicó después de su muerte bajo el título *Lectures in Systematic Theology* [Conferencias en Teología Sistemática] (1949). Algunos desearían atribuir la confusión sobre el arminianismo al editor del libro, quien organizó los materiales inéditos para la publicación, pero en el prefacio es el mismo editor (el hijo de Thiessen) quien hace que esa excusa sea una realidad imposible. La descripción de Thiessen de la elección es clara e inequívocamente arminiana: «Las Escrituras enseñan que la elección está basada en la presciencia.»[46] Según cree, Dios produce salvación en los que responden positivamente a la gracia preveniente de Dios.[47] Estos son los elegidos. Thiessen enseña la posición arminiana clásica a lo largo de todo su libro, en toda la materia con respecto a la soteriología. Sin embargo, de modo sorprendente, en el capítulo acerca del pecado original él escribe sobre la «Teoría Arminiana» y la llama «¡semipelagianismo!».[48] Él le atribuye al arminianismo la creencia de que el «hombre está enfermo», pero que no está tan espiritualmente dañado a punto de ser incapaz de, por sí mismo, iniciar la salvación. En contradicción con esta supuesta teoría arminiana, él expone por su propia postura, ¡que en realidad es la posición arminiana clásica![49] En ningún lugar él vincula el nombre de Arminio o el término arminianismo a su propia visión, aunque sea

[46] Thiessen, H. (1949). *Lectures in Systematic Theology*. Grand Rapids: Eerdmans, p. 146.
[47] Ibid., p. 157.
[48] Ibid., p. 261.
[49] Ibid., p. 261-2.

enteramente arminiana. El libro de Thiessen fue utilizado como el texto introductorio en innumerables cursos de teología alrededor de todo el mundo evangélico por muchos años. Y aun en 1982, cuando asumí la posición de docente a tiempo completo, heredé el libro de Thiessen (como libro texto del curso) del profesor que estuvo antes de mí y que por años había utilizado el texto con los alumnos ingresantes en el curso de teología en la universidad. ¡No es de extrañar que la mayoría de los evangélicos, incluso alumnos de teología, pastores y aún teólogos estén confundidos sobre el arminianismo!

El propósito del libro

El propósito de este libro es simple y llano: describir correctamente la teología arminiana y empezar a deshacer los daños que fueron hechos a esta herencia teológica, tanto por sus críticos como por sus amigos. Debido a lo que la mayoría de las personas sabe, o piensa que sabe sobre el arminianismo, hay una gran cantidad de mitos que le rodean; por esta razón el libro está organizado alrededor de estos conceptos erróneos. Sin embargo, la iniciativa de este libro no es negativa, sino positiva. Las afirmaciones sobre el arminianismo (provistas en la primera página de cada capítulo) conforman la espina dorsal del texto y aunque se mencionan los motivos por los cuales los arminianos no son con calvinistas, este libro de *Teología Arminiana* no es una polémica contra el calvinismo. Tampoco se pretende llevar a cabo una defensa del arminianismo, sino más bien hacer una declaración de la verdadera teología arminiana y por esta razón el libro no está lleno de exégesis. Finalmente, no es mi meta convertir a nadie al arminianismo, el propósito de este libro no es la persuasión (a menos que sea para una comprensión justa de la teología arminiana), sino la información. Espero que en el futuro los críticos del arminianismo lo describan de la misma manera en que sus proponentes lo hacen y que de manera seria eviten la caricatura o la mala representación, así como ellos esperan que los demás traten a sus propias teologías.

La teología arminiana es lo opuesto a la teología reformada/calvinista

Jacobo Arminio y la mayoría de sus fieles seguidores encajan dentro de la amplia interpretación de la tradición reformada; los puntos en común entre el arminianismo y el calvinismo son significativos.

AL IGUAL QUE EL TÉRMINO ARMINIANISMO, la palabra *reformado* es controversial. Una definición extremadamente estrecha limita el término *reformado* a las personas y movimientos que juran fidelidad a los tres «símbolos de unidad»: el Catecismo de Heidelberg, la Confesión Belga y los Cánones del Sínodo de Dort. ¡No obstante, eso excluiría a los muchos presbiterianos en todo el mundo que también creen que son reformados! También serían excluidos los congregacionalistas, los bautistas y muchas otras iglesias y organizaciones que afirman ser y que, de manera usual han sido consideradas como reformadas en su teología. La definición más amplia de la teología reformada incluye a todos los que afirman ser reformados y que pueden demostrar algún vínculo histórico con el ala suiza y francesa de la reforma protestante, aunque su teología sea una revisión radical de la teología de Calvino, Zwinglio o Bucer. ¡La Alianza Mundial de Iglesias Reformadas (AMIR) incorpora muchos de estos grupos revisionistas, incluyendo a la Hermandad Remonstrante de los Países Bajos (la denominación original arminiana)! Entre estas dos definiciones, la más estrecha y la más amplia, yace una vasta gama de descripciones de la teología reformada, incluyendo cualquier teología protestante que destaque la soberanía de Dios, enfatice la Palabra y el Espíritu como fuentes y normas conjuntas de teología, y que estimen a Calvino como el más puro reformador del siglo XVI. Los historiadores de la iglesia luterana y los teólogos históricos tienden a agrupar virtualmente a todos los protestantes fuera de la tradición luterana en la categoría reformada. Para muchos luteranos, aun la Iglesia de Inglaterra (las iglesias episcopales en los Estados Unidos) e iglesias metodistas son reformadas. De seguro esto es estirar el término incómodamente hasta el punto de dejarlo al extremo diluido.

Definir categorías tal como esta es algo notoriamente difícil y no hay sedes o agencias reguladoras con el poder de hacer que alguna definición sea aceptada por todos. Un ejemplo de este problema es la dificultad de posicionar al arminianismo en relación con la tradición reformada. Como debe ser obvio a partir de la introducción de este libro, la mayoría de los calvinistas conservadores (que tienden a verse como los dueños de la tradición reformada y, como la hacen algo propio para definir) está inclinada a excluir al arminianismo de la herencia reformada. Para ellos el arminianismo es como la teología reformada para la tradición, de la misma manera que el protestantismo es para el catolicismo romano, en otras palabras lo ven más como una deserción que como una ramificación. Este es el abordaje utilizado por Richard A. Muller, teólogo histórico reformado considerado un experto en ortodoxia protestante post reforma. En su magistral obra *God, Creation and Providence in the Thought of Jacobus Arminius* [Dios, creación y providencia en el pensamiento de Jacobo Arminio], él distancia el arminianismo de la teología reformada, mientras que admite la educación de Arminio en Ginebra bajo Teodoro Beza, sucesor de Calvino y la intención de Arminio de ampliar la fe reformada de modo que permitiese la inclusión del sinergismo evangélico. La descripción de Muller de la teología de Arminio enfatiza su «cambio de paradigma» del pensamiento reformado estándar hacia algo más análogo a la teología católica.[50] Según Muller, «el sistema de Arminio… sólo puede ser interpretado como una alternativa completa a la teología reformada.»[51] Las razones de Muller serán presentadas y debatidas de manera más profunda en el capítulo dos, que destaca la relativa inconmensurabilidad del arminianismo

---

[50] Muller, R. (1991). *God, Creation and Providence in the Thought of Jacobus Arminius*. Grand Rapids: Baker, p. 271.

[51] Ibid., p. 281.

y el calvinismo rígido. Basta decir aquí que Muller representa a muchos eruditos reformados que consideran que el poder totalmente dominante y controlador de Dios sobre la historia (con exclusión de cualquier autolimitación divina) es crucial en el pensamiento reformado.

Con todo, pienso que es un mito o idea equivocada pensar que el arminianismo y la teología reformada, incluyendo al calvinismo moderado y al calvinismo rígido, estén en polos opuestos en el espectro cristiano teológico. Aunque el arminianismo no debiera ser incluido en la categoría de «reformado» en la taxonomía de los tipos protestantes, este no es totalmente inconmensurable con la tradición reformada. Los orígenes y temas en común abundan, además los énfasis compartidos son más numerosos de lo que la mayoría de las personas piensa. Es una lástima que tantas personas, incluyendo a teólogos y pastores, creen un enfrentamiento entre el arminianismo y la teología reformada, como si estuviesen forzosamente en guerra, retratándolos de tal manera que solamente uno pueda ser ortodoxo. Un conocido apologista reformado hizo una observación a sus oyentes que, en su opinión, sólo una de las dos puede «honrar las Escrituras». No quiero decir con esto que ambas posturas son correctas en todos los puntos, en realidad, rechazo cualquier híbrido de arminianismo y calvinismo en puntos soteriológicos esenciales. Sin embargo, es incorrecto decir que solo una honra las Escrituras. Ninguna de las dos es el Evangelio, ambas son intentos falibles de interpretar al evangelio y las Escrituras, y ambas pueden honrarlas, aunque una u otra esté equivocada en determinados puntos.

Muchos teólogos reformados moderados ahora reconocen que el arminianismo y la teología reformada están íntimamente vinculados, a pesar de no estar asociados. Algunos teólogos arminianos comparten esta perspectiva al mismo tiempo que discrepan del calvinismo rígido. Un ejemplo de esto es el teólogo reformado Alasdair Heron que afirma la validez del arminianismo en relación con la fe reformada. Este teólogo enseña teología reformada en la Universidad de Erlangen en Alemania y en su artículo «Arminianismo» en *The Encyclopedia of Christianity* (1999) [La Enciclopedia de Cristiandad] Heron concluye que:

> La preocupación de Arminio por revisar la doctrina de la predestinación que se había vuelto muy abstracta, viéndola a la luz de Cristo

y de la fe, fue peor representada por tales movimientos [como los Remonstrantes] que por la propia teología reformada moderna, aunque con considerables correcciones de curso.[52]

Los teólogos reformados a los cuales Heron se está refiriendo (como ajustando la doctrina de la predestinación junto con el curso presentado por Arminio) son Karl Barth, a quien menciona explícitamente, Hendrikus Berkhof y Adrio König. Por el hecho de que pertenecen a denominaciones reformadas holandesas, los dos últimos son más que definitivamente miembros de la fraternidad mundial de pensadores reformados. No obstante, ellos asumieron posiciones con relación a la soberanía de Dios y al libre albedrío humano que son más consistentes con el arminianismo que con el calvinismo rígido. Lo mismo se puede decir de Alan P. F. Sell, ex secretario de la AMIR, y el fallecido Lewis B. Smedes, del Seminario Teológico Fuller. Todos estos hombres apelan a la autolimitación de Dios con relación a la creación, y especialmente a la libre agencia humana, para explicar la relación pactual entre Dios y su pueblo, y el ascenso del pecado y del mal en el mundo. Esto seguramente representa una definición distinta de la teología reformada que la dada por Muller. ¡Mucho depende de cómo definimos a la teología reformada! en general, parece ser válido incluir al arminianismo dentro de la amplia categoría de la familia reformada de la fe.

Arminio y la teología reformada

Algunos calvinistas ciertamente consideran al arminianismo una herejía. La web está repleta de estos casos. Todo lo que tenemos que hacer para comprobar esto es teclear *arminianismo* en cualquier mecanismo de búsqueda y observar todos los sitios web calvinistas que condenan al arminianismo como herejía. Con todo, muchos pensadores y líderes calvinistas moderados o reformados se abrieron al arminianismo y lo asumieron como una expresión válida de la teología reformada. ¿Cuál es la posición de los arminianos en esta cuestión? ¿Los arminianos consideran reformada su teología? ¿El mismo Arminio consideraba su teología reformada? Aquí nos ponemos a caminar en un terreno difícil, con

---

[52] Heron, Alasdair I. C. (1999). Arminianism. En *The Encyclopedia of Christianity*, trad. Geoffrey W. Bromiley. Grand Rapids: Eerdmans. Vol. 1, p. 128-9.

opiniones distintas. Un televangelista famoso declaró que el calvinismo es la peor herejía en la historia de la cristiandad, siendo esta posición ciertamente encontrada entre algunos arminianos. Otros simplemente desean establecer una distancia entre ellos y todas las variedades del calvinismo. Otros se autodenominan «moderadamente reformados» o aun «calminianos», ¡apuntando a un híbrido imaginario del calvinismo y el arminianismo!

Unos de los eruditos de arminianismo más confiables del siglo XX fue el metodista Carl Bangs, que escribió en 1995 una biografía teológica magistral de Arminio titulada *Arminius: A Study in Dutch Reformation* [Arminio: un estudio de la reforma holandesa]. Bangs creció en medio del movimiento de santidad (su hermana escribió libros acerca de la teología arminiana para los nazarenos). Aun así, en *Arminius* Bangs renunció a la creencia popular de que el teólogo holandés se oponía a todo en el calvinismo o la teología reformada, y señaló sus innumerables intentos de Arminio por enfatizar los puntos en común. Una historia popular sobre Arminio es que él era un calvinista comprometido rígido hasta que le pidieron examinar y refutar las enseñanzas de un reformador radical que rechazó las enseñanzas calvinistas acerca de la predestinación. De acuerdo con este relato, Arminio fue persuadido por la verdad de la teología sinergista de Dirk Coornhert y sacudió el polvo calvinista de sus pies. Bangs desmiente esta leyenda diciendo tratarse de un mito o, como mínimo, una historia no comprobada e indemostrable. Por el contrario, Arminio nunca asumió plenamente el monergismo de Calvino que Beza profesaba: «Todas las evidencias apuntan a una conclusión a saber: que Arminio no estaba de acuerdo con la doctrina de Beza de la predestinación cuando asumió su ministerio en Ámsterdam, de hecho, muy probablemente él nunca estuvo de acuerdo con ella.»[53] Con todo, según Bangs, Arminio siempre se consideró a sí mismo como reformado y en la línea de los grandes reformadores suizos y franceses: Zwinglio, Calvino y Bucer. En Ginebra fue alumno del sucesor de Calvino, Beza, y recibió de él una carta de recomendación para la iglesia reformada de Ámsterdam. Parece considerablemente improbable que el pastor líder de Ginebra y director de su academia reformada desconociera las inclinaciones de sus alumnos más brillantes.

---

[53] Bangs, C. (1985). *Arminius*. Grand Rapids: Zondervan, p. 141.

¿Cuál es la explicación de todo esto? Según Bangs y algunos otros historiadores, las iglesias reformadas de las Provincias Unidas en la época de Arminio eran genéricamente protestantes en vez de rígidamente calvinistas.[54] Mientras aceptaban el Catecismo de Heidelberg como la principal declaración de fe, las iglesias no exigían que los ministros o teólogos se adhiriesen a los pilares del calvinismo rígido, que estaba siendo desarrollado en Ginebra bajo Beza. Arminio realmente parece haber estado sinceramente conmocionado y sorprendido con la oposición montada contra su sinergismo evangélico. Él estaba acostumbrado a un tipo de teología reformada que permitía opiniones distintas respecto a los detalles de la salvación. Según Bangs, «los antiguos reformadores» de las Provincias Unidas no eran más calvinistas de lo que eran luteranos. La teología de ellos era una mezcla genérica y tal vez única de las dos principales alas del protestantismo y ellos permitían que la gente se inclinase a una dirección (incluyendo el sabor sinergista del luteranismo de Melanchthon) u otra (incluyendo el calvinismo claramente extremo de Beza, conocido como el supralapsarianismo). Pero Francisco Gomar, colega de Arminio en la Universidad de Leiden, alegó que el calvinismo rígido estaba implícito en los estándares doctrinales de las iglesias y universidades holandesas, por esto él lanzó un ataque a los moderados, incluyendo Arminio.

Al inicio esta primera campaña para imponer el calvinismo rígido fue frustrada; las conferencias de la iglesia y el estado que indagaban en la teología de Arminio rutinariamente lo exoneraban de heterodoxia, hasta que la política empezó a entremeterse. De una manera u otra, Gomar y otros calvinistas rígidos lograron convencer a los regentes de las Provincias Unidas, y de manera especial, al príncipe Maurice de Nassau. Les convencieron de que sólo la teología de ellos garantizaba protección contra los avances de la influencia católica española (las Provincias Unidas aún estaban involucradas en una guerra prolongada de liberación contra España y la dominación católica durante la época en que Arminio vivió).[55] Tras la muerte de Arminio, el gobierno empezó

---

[54] Ibid., p. 198.

[55] La complicada historia de esta controversia implicando a Arminio y a sus seguidores en los años que precedieron el Sínodo de Dort es magistralmente contada en Harrison, A. W. (1926). *The Beginnings of Arminianism to the Synod of Dort*. London: University of London Press.

a interferir cada vez más en la controversia teológica acerca de la predestinación en las Provincias Unidas y, finalmente, el príncipe Maurice destituyó a los arminianos de los cargos gubernamentales; uno fue ejecutado y otros fueron llevados presos. Cuando el sínodo eclesiástico nacional tuvo lugar en Dort en 1618-1619, el partido de los calvinistas rígidos tenía el apoyo del gobierno. Los remonstrantes fueron excluidos de la participación, excepto los acusados, quienes fueron condenados como heréticos y destituidos de sus cargos, sus propiedades fueron confiscadas y fueron exiliados del país. Luego de la muerte del príncipe de Nassau, en 1625, el partido de los calvinistas rígidos perdió su férreo control y los remonstrantes regresaron al país, fundaron iglesias y un seminario. El punto es que la iglesia protestante holandesa anterior abarcaba diversidad teológica; tanto monergistas como sinergistas tenían representación en ella. Solamente el poder del príncipe permitió al partido monergista controlar la iglesia y perseguir a los sinergistas con el poder del estado.

Arminio siempre se consideró a sí mismo un reformado en un amplio sentido. Desde su punto de vista, el calvinismo rígido era sólo una rama de la teología reformada y él pertenecía a otra. Esto no lo hacía menos reformado. Bangs discrepa de Richard Muller, quien defiende que Arminio y su teología representan un alejamiento radical del pensamiento reformado. Para Bangs, Arminio y su teología representan una variedad del pensamiento reformado, incluso si está fuera de la corriente principal. El arminianismo es más una corrección de la teología reformada que un abandono de ella. «Arminio se mantiene firme en la tradición reformada al insistir que la salvación es solamente por la gracia y que la habilidad o mérito humano debe ser excluido como la causa de la salvación. Solo la fe en Jesucristo es la que coloca al pecador en compañía de los elegidos.»[56] La corrección está en el rechazo de Arminio al monergismo rígido, que muchos vinieron a equiparar a la misma teología reformada; él prefirió señalar los puntos de concordancia que compartía con otros pensadores reformadores a centrarse en los puntos de desacuerdo. (A pesar de que a menudo fue forzado a exponer sus opiniones discrepantes de las versiones más extremas del calvinismo).

---

[56] Bangs, C. (1985). *Arminius*. Grand Rapids: Zondervan, p. 198.

La opinión de que Arminio y el arminianismo clásico forman parte
de la tradición reformada más amplia y no lo opuesto del calvinismo
es compartida por muchos eruditos. Gerrit Jan Hoenderdal, teólogo holandés, dice: «Se puede encontrar mucho calvinismo en la teología de
Arminio; pero él intentó ser un calvinista de una manera bastante independiente.»[57] Él confirma la afirmación de Bangs de que esto era comúnmente aceptado en las iglesias y universidades holandesas antes de
la época de Arminio, pero que cierta rigidez en el calvinismo se había
iniciado durante la carrera de Arminio en la Universidad de Leiden.[58]
James Luther Adams concuerda con esto y de acuerdo con él, Arminio
conservó características del calvinismo.[59] Entre las características están
el énfasis en la soberanía de la gracia para los primeros movimientos del
corazón hacia Dios y el énfasis en la salvación como don gratuito que
no puede ser adquirido o merecido. Donald Lake está de acuerdo y dice
que Arminio era «en la mayoría de los puntos, un calvinista blando.»[60]
Howard Slaatte también concuerda y dice que Arminio trajo ajustes a
la teología reformada, él no se apartó de ella. Los remonstrantes posteriores, a quienes Slaatte llama de «cuasi-arminianos» (casi con certeza
Philip Limborch), abandonaron el verdadero arminianismo, defendido
por Arminio y su primera generación de seguidores (Episcopio y otros
primeros remonstrantes). Él llama a Arminio «calvinista de izquierda» y
afirma que, mientras Pelagius era un moralista, Arminio era un producto
confirmado de la Reforma Protestante.[61] Slaatte afirma con razón, que
Arminio solo buscó modificar la corriente del calvinismo:

La verdadera teología arminiana (la que es fiel a Arminio) siempre
muestra un profundo respeto por la primacía de la gracia de Dios

[57] Hoenderdal, G. (1962). The Life and Struggle of Arminius in the Dutch Republic. En *Man's Faith and Freedom: The Theological Influence of Jacobus Arminius*, Ed. Gerald O. McCulloh. Nashville: Abington, p. 25.

[58] Ibid.

[59] Adams, J.L. (1962). Arminius and the Structure of Society. En *Man's Faith and Freedom*, Ed. Gerald O. McCulloh. Nashville: Abington, p. 94.

[60] Lake, D.M. (1975). Jacob Arminius's Contribution to a Theology of Grace. En *Grace Unlimited*, Ed. Clark Pinnock. Minneapolis: Bethany House, p. 232.

[61] Slaatte, H. (1979). *The Arminian Arm of Theology*. Washington, D.C.: University Press of America, p. 19, 23.

relacionada a la fe y a la doctrina de la pecaminosidad de los seres humanos, mientras al mismo tiempo suplica por la responsabilidad coherente del hombre en la relación que surge de la salvación.[62]

Slaatte toca en el verdadero punto en el que Arminio permaneció fiel a la causa reformada:

> Por lo tanto, el factor de respuesta (en la persona humana según Arminio) puede describirse como una libertad cualificada por la gracia, inspirada por la gracia y guiada por la gracia. El pecador puede pecar libremente al entregarse ante las tentaciones y limitaciones malignas dentro de su existencia, pero puede responder a la gracia libremente solo cuando la gracia lo toca a través de la Palabra iluminada por el Espíritu.[63]

Aun el conservador y respetable teólogo arminiano H. Orton Wiley consideró a Arminio y al arminianismo más como una corrección de la teología reformada que un total abandono de esta: «En sus formas más bellas y puras, el arminianismo preserva la verdad encontrada en las enseñanzas reformadas sin aceptar sus errores.»[64]

Dos conexiones entre la teología de Arminio y la teología reformada

Dos áreas en las que la teología de Arminio permaneció cercana a la teología reformada y al calvinismo estándar de su época son: el énfasis en la gloria de Dios y el uso de la teología federal o de la alianza. No hay duda de que estas dos áreas surgirán como una sorpresa para muchos calvinistas antiarminianos. Primero, Arminio afirmó que el propósito supremo de Dios en la creación y redención es su propia gloria y que la mayor felicidad de la criatura está precisamente en disfrutar de Dios. Por supuesto que este es un principio fundamental del calvinismo y de la teología reformada en general. La primera pregunta y respuesta en el Catecismo Menor de Westminster, una declaración confesional

---

[62] Ibid., p. 24.

[63] Ibid., p. 66.

[64] Wiley, H.O. (1941). *Christian Theology*. Kansas City, Mo.: Beacon Hill, Vol. 2, p. 107.

reformada, es: «¿Cuál es el fin principal del hombre? Glorificar a Dios y gozarlo para siempre». En su segundo discurso formal, Arminio concuerda: «En este acto de la mente y de la voluntad (ver a un Dios presente, amarlo y, por tanto, disfrutarlo) consiste la salvación del hombre y su perfecto gozo.»[65] Además, el propósito final de todas las acciones de Dios es su propia gloria:

> Reflexionemos la razón por la que Dios nos llamó de las tinieblas a su maravillosa luz; nos ha provisto de mente, entendimiento y razón; y nos ha adornado con su imagen. Dejemos que esta pregunta dé vueltas [sic] en nuestras mentes, «¿Con qué propósito o FIN ha restaurado Dios a los caídos a su prístino estado de integridad, ha reconciliado a los pecadores consigo mismo y recibido a los enemigos en favor?» nos daremos cuenta de que todo esto fue hecho a fin de que podamos ser partícipes de la salvación eterna y podamos cantar alabanzas a él eternamente.[66]

Arminio exalta la gloria de Dios como el fin supremo en todo:

> Ese Fin (propósito, objetivo) es enteramente divino, no siendo nada menos que la gloria de Dios y la eterna salvación del hombre. ¿Qué puede ser más justo que todas las cosas deban ser referidas a él, a partir de quien han derivado su origen? ¿Qué puede estar más conforme a la sabiduría, bondad y poder de Dios que él tener que restaurar a la integridad original del hombre creado por él, pero que por su propio error se destruyó a sí mismo; y que lo hiciera partícipe de su propia bienaventuranza divina?… En tal fin como este la gloria de Dios más abundantemente refulge y se revela.[67]

En resumen, Arminio estaba en armonía con la teología reformada en su visión de la gloria de Dios como el fin o propósito de todo en la creación y en la redención. Por supuesto, él y todos los arminianos posteriores añaden al énfasis reformado acerca de la gloria de Dios igual énfasis

[65] Arminius. Oration II. *Works*. Vol.1, p. 363.
[66] Ibid., p. 371-2.
[67] Ibid., p. 384-5.

en el amor de Dios demostrado en la compasión universal y la voluntad
de mostrar misericordia; para los arminianos, ambas cosas, la gloria de
Dios y el amor de Dios, no pueden ser separadas.

Otra área importante donde la teología de Arminio se acercó a la teología reformada es la teología federal o de dos pactos. A lo largo de la vida de
Arminio muchos eruditos calvinistas estaban desarrollando la idea de que
Dios se conecta a los seres humanos por medio de pactos y estos eruditos
utilizan el tema del pacto como clave hermenéutica para revelar los misterios de las Escrituras y de la historia de la salvación. Cualquiera que leyere
los «Discursos formales» de Arminio no se puede perder este tema. El relato de Arminio de la relación divina con la humanidad en la redención está
de acuerdo con la teología pactual calvinista básica, que considera la relación divino-humana gobernada por dos pactos: uno basado en las obras y
otro basado en la gracia. De acuerdo con Arminio, todos los caminos de
Dios con las personas en la historia empiezan con el pacto de las obras que
Dios estableció con Adán y su posteridad. Adán quebrantó este pacto por
la desobediencia, para la gran desgracia de toda la humanidad:

> Él no cayó solo; todas las personas que él representaba y cuya causa
> él pleiteaba, en la época (aunque tales personas aún no existiesen),
> fueron con él arrojadas desde la cumbre elevada de tan alta dignidad.
> No cayeron solamente del sacerdocio, sino también del pacto.[68]

Arminio afirmaba un segundo pacto como una solución para la infi-
delidad de Adán para con el primero; este segundo pacto gira alrededor
de Jesucristo como el mediador y la gracia como el medio de redención.
Este es un «mejor pacto establecido sobre mejores promesas».[69] La única
condición es la fe.

William Gene Witt, un experto en Arminio, explica esta teología del
pacto en término de la diferencia que hace Arminio entre las dos «teologías», que son, de hecho, las dos formas de interpretar el propósito redentor de Dios y la relación con los seres humanos. Para Arminio, la
«teología legal» correlaciona la teología de la ley con Adán como cabeza

---

[68] Arminius. Oration IV. *Works*, Vol.1, p 409.
[69] Arminius. Oration I. *Works*. Vol.1, p. 337.

de la raza, mientras que la «teología evangélica» se correlaciona con el pacto de la gracia, con Cristo como la cabeza de la raza, en tanto que las personas lo acepten por la fe.[70] Para Arminio, de acuerdo con Witt, la teología evangélica revela más plenamente la naturaleza y la voluntad de Dios que la teología legal, y, sin embargo, ambos pactos son establecidos por Dios de acuerdo con la gracia. La teología evangélica y el pacto de la gracia trascienden y cumplen la teología legal y el pacto de las obras; el cambio no es un cambio de la naturaleza o propósito de Dios, sino un cambio en la respuesta divina para las acciones humanas. El mismo Dios es el autor de ambos pactos para el mismo propósito, la unión de la humanidad con Él para su propia gloria y la felicidad de la humanidad.[71] La gracia de Dios es el fundamento de ambos pactos. La gracia sigue surgiendo como un importante y recurrente tema en la teología de Arminio, que aparece en su explicación del nuevo pacto que Dios estableció con la humanidad por medio de Jesucristo. Es lo que el teólogo reformado sudafricano Adrio König llama «pacto mono pluralista», un pacto que ha sido establecido por Dios, pero requiere una libre respuesta humana. Está únicamente fundado en la gracia de Dios, que no es forzada por decisiones o acciones humanas. William Witt está seguro de que «Arminio posee una excelentísima teología de la gracia. Él insiste enfáticamente que la gracia es inmerecida por ser obtenida por medio de la redención de Dios en Cristo, no por medio de esfuerzos humanos,»[72]La diferencia entre la teología federal de Arminio y la de los calvinistas europeos continentales (y los puritanos británicos) es la condicionalidad de la primera y el absolutismo de la última. Para Arminio esto significa que la inclusión en el pacto de la gracia no está determinada únicamente por Dios, sino por la respuesta libre de la persona a la iniciativa de Dios en Cristo, a través del Espíritu Santo. La versión calvinista considera la inclusión como absoluta e incondicional; los elegidos pueden pensar que la fe ha sido obtenida por ellos mismos, pero, en verdad, es un don de Dios que ellos son incapaces de rechazar.

---

[70] Witt, W. (1993) Creation, Redemption and Grace in the Theology of Jacobus Arminius. [Tesis doctoral, University of Notre Dame, Indiana]p. 215-49.

[71] Curiosamente, este tema en la teología de Arminio no dista del «Hedonismo cristiano» del calvinista John Piper, aunque Piper no tenga gran aprecio por el arminianismo.

[72] Ibid., p. 259-60.

Es entonces que parece seguro concluir que el propio Arminio no tenía ninguna antipatía con relación a la teología reformada e incluso se consideraba de cierta manera un exponente de esta. Él era un «reformador de los reformados». Él no se estaba apartando conscientemente o intentando derrocarla. Ciertamente la alegación de Muller de que la teología de Arminio representaba una «alternativa completa a la teología reformada» es muy extrema. En muchos puntos Arminio conservó características fundamentales de la versión reformada del protestantismo, y eso será visto aún más claramente en los capítulos posteriores, donde sus visiones acerca de la providencia y de la gracia son examinadas más extensamente. De esta manera, contrario a la opinión popular (y de algunos eruditos), Arminio puede ser, con justicia, considerado parte de la historia de la teología reformada. Por supuesto, si alguien decide de modo muy arbitrario que los cánones del Sínodo de Dort son, en definitiva, de la teología reformada, entonces la teología de Arminio no puede ser considerada reformada. Pero esta definición de la teología reformada es anacrónica cuando se aplica al escenario histórico del propio Arminio, y es demasiado restringida y frágil aun para los estándares reformados contemporáneos.

Los puntos en común entre arminianos y calvinistas

¿Los arminianos posteriores poseen puntos en común con la teología reformada y, de manera especial, con los calvinistas? Esto depende, desde luego, de cómo definimos los términos o cuáles versiones de cada uno utilizaremos. Entre el arminianismo y el calvinismo rígido, de la variedad del TULIP, se encontrarán menos puntos en común que los que hay entre el arminianismo y el pensamiento reformado revisionista representado por muchos pensadores reformados de la línea principal. Los puntos en común, por ejemplo, entre el arminianismo y la teología del teólogo reformado Alan P. F. Sell, ex secretario de la AMIR, son abundantes.[73] Sin embargo, es más difícil encontrar puntos en común o son menos entre

---

[73] Ver la teología sistemática de tres volúmenes de Sell (2000). *Doctrine and Devotion.* Shippensburg, Penn.: Ragged Edge, donde él afirma varias veces la libertad humana y niega el control divino absoluto sobre las elecciones y acciones humanas. «La omnipotencia de Dios... no es puro poder incondicional. Tampoco es tal que viola la libertad que nos ha dado,» Vol. 1, p. 108. La teología reformada de Shell abraza el sinergismo mientras lo combina de manera paradójica con el sinergismo calvinista.

arminianos comprometidos y calvinistas rigurosos, como Edwin Palmer, autor de *The Five Points of Calvinism* [Los cinco puntos del calvinismo]. A pesar de esto, creo que los cristianos iluminados, inteligentes y observadores de ambos lados necesitan ver las áreas de convergencia y enfatizarlas por amor a la causa del evangelio. Ambos están firmemente plantados dentro del movimiento evangélico. Dentro de la *National Association of Evangelicals* [Asociación Nacional de Evangélicos] las denominaciones que son miembros se incluyen la Iglesia Presbiteriana de América (PCA), una organización calvinista conservadora y la Iglesia del Nazareno, completamente arminiana (sin mencionar las varias organizaciones pentecostales y de los movimientos de santidad). Ciertamente estos y otros grupos semejantes tienen mucho en común. Sus teologías no pueden ser antagónicas, aunque discrepen en ciertos puntos. Intentaré exponer y señalar los puntos en común a fin de superar el mito de que los arminianos y los calvinistas sean grupos en guerra y que solamente uno puede honrar a Dios y ser fiel a la Biblia.

Podemos empezar con John Wesley, quien no titubeó en afirmar que los calvinistas, aunque equivocados en varias cuestiones teológicas importantes, eran compañeros evangélicos en la obra del avivamiento. Wesley afirmaba que su propia teología estaba «a un pelo» de las enseñanzas de Calvino y se hizo la siguiente pregunta: «¿De qué manera podemos acercarnos al calvinismo? A lo cual respondió con tres puntos: (1) Al atribuir todas las cosas buenas a la libre gracia de Dios. (2) Al negar todo el libre albedrío natural y todo poder que antecede la gracia. (3) Al excluir todo mérito del hombre, aun lo que él tiene o hace por la gracia de Dios.»[74] Esto indudablemente surgirá como sorpresa y alivio para los calvinistas que escucharon que Wesley creía en una salvación basada en obras. Un célebre calvinista evangélico, dándose cuenta de la concordancia de Wesley con el calvinismo (y la teología protestante en general) declaró que Wesley era más un «calvinista confuso» que un arminiano. Por supuesto, este error se origina de una idea falsa de la propia teología de Arminio o de la desacertada equiparación del arminianismo con el arminianismo de cabeza de los remonstrantes posteriores. Wesley escribió un ensayo titulado «Pensamientos acerca de la soberanía de Dios», en 1777,

[74] John Wesley, en Wood, A. S. (1975). The Contribution of John Wesley to the Theology of Grace. *Grace Unlimited,* Ed. Clark Pinnock. Minneapolis: Bethany House, p. 211.

en el cual él afirmó que Dios puede «en el sentido más absoluto hacer lo que quiera con lo que es suyo.»[75] Él no colocó límites en el derecho o poder de Dios de disponer de la creación en la manera que quisiera, sino que apeló al carácter amoroso y justo de Dios para equilibrar la omnipotencia y la soberanía de Dios.

Se puede encontrar un terreno en común entre el arminianismo y el calvinismo en otros teólogos arminianos.[76] Tanto los arminianos, junto con calvinistas, afirman la depravación total por causa de la caída de la humanidad en Adán y la consecuencia heredada de una naturaleza corrupta en esclavitud al pecado. Un mito común sobre el arminianismo es que promueve una antropología optimista. No obstante, aun los críticos reformados del arminianismo admiten compartir importantes puntos con esto. «Arminianos y calvinistas igualmente creen en la depravación total: por causa de la caída, todos los aspectos de la naturaleza humana están contaminados por el pecado.[77] ¡Los arminianos clásicos están aliviados de poder finalmente encontrar algunos calvinistas que entienden y admiten este compromiso arminiano con la depravación total![78] ¡El propio relato de Arminio sobre la degradación humana difícilmente podría ser más fuerte si él fuese un completo y total calvinista! En sus «Debates Públicos», el fundador del arminianismo inequívocamente declaró que, debido a la caída de Adán, toda la humanidad estaba bajo el dominio del pecado y que:

> En este estado, el Libre Albedrío del hombre para con el Verdadero Bien no solo está herido, desfigurado, enfermo, inclinado y debilitado *(attenuatum)*: sino que además está cautivo *(captivatum)*, destruido y perdido. Y sus poderes no sólo están debilitados e inútiles a menos

---

[75] Ibid.

[76] Por supuesto que se pueden encontrar puntos en común al examinar teólogos calvinistas, pero aquí la atención permanecerá en los escritos arminianos.

[77] Peterson, R. A.; Williams, M. D. (2004). *Why I Am Not an Arminian*. Downers Grove, Ill.: Intervarsity Press, p. 163.

[78] Este punto en común en la antropología pesimista es pasado por alto o negado en la mayoría de las descripciones calvinistas estándares sobre el arminianismo. Esto está claramente ilustrado en el libro *Five Points of Calvinism* (Cinco Puntos del Calvinismo) de Palmer, donde el arminianismo es a menudo distorsionado como semipelagianismo y en la edición de la revista *Modern Reformation* [Reforma Moderna] n. 1, de 1992, en la edición sobre el arminianismo, donde la distancia entre la antropología arminiana y la calvinista es exagerada.

que sean asistidos por la gracia, pero no tiene poderes de ningún tipo excepto aquellos que son excitados por la gracia divina.[79]

Esta afirmación arminiana, por sí sola, debería aplacar todas las concepciones erróneas muy comunes de que Arminio y los arminianos creen que el libre albedrío humano sobrevivió intacto a la caída. Robert Lethan, prominente erudito calvinista, perpetúa este mito en su artículo "Arminianismo" en *The Westminster Handbook to Reformed Theology* [Manual de Westminster para la teología reformada]. Al describir la teología de Arminio, él dice: «Además, (para Arminio) la voluntad caída permanece libre.»[80] Por supuesto, esto es simplemente falso.

Arminio continuó su descripción del resultado de la caída no limitándola a la voluntad, sino extendiéndola a la mente del ser humano («sombría, destituida del conocimiento salvador de Dios e… incapaz de las cosas que pertenecen al Espíritu de Dios»), al corazón («odia y tiene una aversión a lo que es verdaderamente bueno y agradable a Dios; pero ama buscar lo que es malo»), y a cualquier fuerza para hacer el bien («debilidad completa *(impotentia)* de hacer lo que es realmente bueno). Finalmente, Arminio declaró que «Nada puede decirse con mayor verdad acerca del hombre en este estado sino que está completamente muerto en pecado.»[81] Arminianos posteriores, incluyendo John Wesley y los principales teólogos arminianos metodistas del siglo XIX, estuvieron completamente de acuerdo con Arminio.[82] ¡Ni Calvino creía que los hombres caídos son tan malos como pueden llegar a serlo!

Sin embargo, es justo reconocer que los remonstrantes posteriores y los arminianos de cabeza se alejaron de la robusta enseñanza de Arminio acerca de la depravación humana. John Mark Hicks, en su excelente disertación acerca de la teología remonstrante, demuestra esta deserción, centrándose en especial en Philip Limborch, líder remonstrante de fines del siglo XVII. John cita el teólogo reformado Moses Stuart diciendo

---

[79] Arminius. Public Disputations. *Works.* Vol. 2, p. 192.

[80] Lethan, R. (2001). Arminianism. *The Westminster Handbook to Reformed Theology,* ed. Donald K. Mckim. Louisville: Westminster John Knox Press, p. 4.

[81] Arminius. Public Disputations. *Works.* Vol. 2, p. 94.

[82] Algunos metodistas, sin embargo, prefirieron el término *privación* a *depravación* debido a los errores comunes donde denota el último término como el mal absoluto.

acerca de Arminio: «el más meticuloso abogado de la depravación total apenas podrá aventurarse a ir más lejos que Arminio respecto al hombre no regenerado.[83] Sin embargo, Limborch divergía radicalmente de Arminio y del verdadero arminianismo:

> Ambos creen que el pecado original es esencialmente una privación, pero la definición de privación de cada uno difiere radicalmente de la del otro. Para Arminio el hombre está privado de la real habilidad de desear el bien, pero para Limborch el hombre solamente está privado del conocimiento que informa al intelecto, pero la voluntad es plenamente capaz dentro de ella misma, si es informada por el intelecto, de desear y realizar cualquier cosa buena.[84]

La interpretación de Limborch acerca de los efectos del pecado original es muy semejante a la de Charles Finney, aunque es difícil establecer una línea directa de influencia del primero sobre el segundo, que vivió más de un siglo más tarde. Ambos, y muchos pseudoarminianos entre ellos, están teológicamente más cerca del semipelagianismo que del verdadero arminianismo. Desafortunadamente, al parecer, muchos calvinistas críticos del arminianismo sólo conocen las ideas de Finney y de Limborch e ignoran completamente la propia afirmación de Arminio respecto a la depravación total.

¿La teología de Limborch reemplazó la propia teología de Arminio como el verdadero arminianismo? Difícilmente. Wesley regresó al pensamiento de Arminio al afirmar el pecado original, incluyendo la depravación humana y la esclavitud de la voluntad al pecado aparte de la gracia preveniente sobrenatural. Lo mismo hicieron Richard Watson, Thomas O. Summers, William Burton Pope y John Miley, prominentes teólogos arminianos del siglo xix (ver cap. 6). Por ejemplo, Wiley dijo: «Las Escrituras, según hemos demostrado, representan la naturaleza humana como totalmente depravada» y «la depravación es total en el sentido de que afecta el

---

[83] Hicks, J. M. (1985). The Theology of Grace in the Thought of Jacobus Arminius and Philip van Limborch: A Study in the Development of Seventeenth-Century Dutch Arminianism. [Tesis doctoral, Philadelphia, Westminster Theological Seminary] p. 34.

[84] Ibid., p. 286.

ser total del hombre.»[85] Wiley dejó claro que él incluía la esclavitud de la
voluntad dentro de la doctrina de la depravación total. H. Ray Dunning,
teólogo nazareno posterior, está de acuerdo y dice: «La humanidad está
equivocada, completamente equivocada, ante Dios, y, por tanto, todo lo
que se hace está equivocado. Es en este sentido que el pecado real es siempre una expresión del pecado original.»[86] Cualquier persona imparcial
que lea teología arminiana seria (en oposición a la literatura popular que
refleja la religión popular) no puede dejar de advertir la impresionante
insistencia arminiana en la depravación total heredada; es simplemente
un mito que el arminianismo niega este punto del calvinismo rígido. Esta
concordancia entre el verdadero arminianismo, en oposición al pseudoar-
minianismo de Limborch y sus herederos, y la teología reformada no debería ser ignorada ni por calvinistas ni por arminianos.

La antropología, y en especial la depravación humana resultante de la
Caída y causada por el pecado original, es solo una pequeña parte de los
puntos teológicos en común compartidos por el arminianismo y la teología reformada. Yo podría continuar la mostrando otros puntos de coincidencia como la soberanía divina (¡los arminianos también creen en la
providencia!) y la dependencia absoluta de la humanidad de la gracia
para el bien espiritual, incluyendo la primera inclinación de la voluntad
para Dios. También, los arminianos evangélicos, incluyendo Arminio y
Wesley, afirman la inspiración de la Biblia y su suprema autoridad en todos los temas pertenecientes a la fe y la práctica, la humanidad y deidad
de Jesucristo como Dios encarnado, la trinidad, la justificación por medio de la muerte de Cristo en la cruz solamente por gracia y por medio de
la fe únicamente. (Algunos arminianos clásicos quieren dejar claro que la
verdadera fe nunca está «sola», sino que conlleva obras de amor, pero no
atribuyen ningún mérito a las buenas obras). Por lo tanto, los arminianos tradicionales son plenamente ortodoxos, aunque algunos luteranos y
calvinistas objetan que solo aquellos que se adhieren al monergismo son
ortodoxos. ¡No obstante, tal estándar restringido de ortodoxia, descarta a
todos los padres de la iglesia griega primitiva, incluyendo a Atanasio, que
estableció el modelo de excelencia de la ortodoxia!

---

[85] Wiley, H. O. (1941). *Christian Theology*. Kansas City, Mo.: Beacon Hill, Vol. 2, p. 128.
[86] Dunning, H. R. (1988). *Grace, Faith and Holiness*. Kansas City, Mo.: Beacon Hill, p. 301.

Un fundamento común con diferencias reales

El arminianismo y el calvinismo comparten puntos de coincidencia, incluyendo las visiones del arminianismo sobre la soberanía y la gracia de Dios.[87] En realidad, en el amplio espectro de las teologías cristianas, estas dos se posicionan de modo muy cercano, más al centro. A veces el mismo Wesley podía ver sólo una minúscula diferencia entre ellas. La gracia preveniente, que libera la voluntad humana para responder al evangelio en arrepentimiento y fe, viene muy aparte de cualquier recepción determinada libremente de parte de la persona. Es el gran regalo de Dios por medio de Cristo para toda la humanidad (en cierto nivel) y para los que oyen el evangelio proclamado (en un nivel mayor). ¡Wesley y algunos otros arminianos llegaron a afirmar un sentido en el que la gracia es irresistible!

Nada de esto tiene la intención de aminorar las diferencias reales que existen entre el arminianismo clásico y, en especial, el calvinismo rígido. (Una vez más, las diferencias entre el arminianismo y algunos tipos de calvinismo revisionista moderno o la teología reformada son menores). Pero los abogados de ambos puntos de vista no deberían magnificar sus diferencias de manera desproporcionada como algunos, de ambos lados, están inclinados a hacer.[88] Los calvinistas y los arminianos no obtienen ninguna ventaja de la verdad tratándose unos a otros como parias o creando falacias sin fundamento a partir de las teologías de los demás. Muchas de las polémicas más duras del debate entre calvinismo y arminianismo podrían y deberían ser superadas simplemente por medio del entendimiento recíproco de las posiciones teológicas reales. El bien de todo el movimiento evangélico se vería enriquecido por los evangélicos de ambos campos reconociéndose mutuamente como evangélicos genuinos, en lugar de tratarse como evangélicos de segunda clase o como *falsos hermanos* (un término utilizado en la Reforma para los herejes que

---

[87] Un examen más completo de las visiones arminianas convencionales acerca de la soberanía y la gracia de Dios se encuentra en los capítulos 5 y 7.

[88] Dos ejemplos opuestos se me ocurren del lado calvinista. La mayoría de los autores de la edición de la *Modern Reformation* n. 1, de 1992, exagera sus diferencias con los arminianos. Por otro lado, los calvinistas Robert A. Peterson y Michael D. Williams del *Covenant Theologycal Seminary* en St. Louis, Missouri (autores de *Why I Am Not an Arminianism*) de modo conciliatorio señalan sus convergencias con la teología arminiana clásica mientras claramente explican sus motivos para no aceptar estos puntos característicos de diferencia con relación al calvinismo.

pretendían ser parte del movimiento protestante). Como un arminiano clásico, yo considero a los calvinistas fieles (en lugar de los pseudocalvinistas que están entre los reformadores liberales revisionistas) hermanos y hermanas evangélicos, y creo que hacen una contribución singularmente relevante para el equilibrio teológico general en la teología cristiana. El énfasis calvinista en la soberanía de Dios, la depravación humana y la gratuidad de la gracia en la salvación, aunque no ausente del pensamiento de Arminio, provee un recordatorio positivo de las verdades que la cultura moderna fácilmente deja a un lado. De igual manera, la teología arminiana señala y enfatiza el amor y la misericordia de Dios, que a menudo faltan (aunque no totalmente ausentes) en otras teologías protestantes. A gran escala, las diferencias entre el arminianismo y el calvinismo (siempre y cuando permanezcan firmemente arraigados en sus orígenes) son más una cuestión de énfasis que de diferencia radical. Todos pueden enriquecerse mutuamente por medio del diálogo. Por otro lado, estas teologías sí tienen puntos con reales diferencias, aunque estas diferencias sean secundarias en importancia comparadas con las doctrinas en concordancia de la Palabra de Dios y en la ortodoxia clásica. Con todo, el capítulo 2 demostrará que no es posible un híbrido razonable entre estas dos teologías; pueden coexistir pacíficamente, pero no pueden combinarse.

MITO 2

Es posible hacer un híbrido del calvinismo y el arminianismo

A pesar de los puntos en común, el calvinismo y el arminianismo son sistemas de teología cristiana incompatibles; no hay un término medio estable entre estos sistemas en las cuestiones determinantes para ambos.

EN EL CAPÍTULO UNO VIMOS QUE HAY MUCHOS puntos en común entre el arminianismo evangélico (arminianismo de corazón) y el calvinismo evangélico (aun el rígido). En ese capítulo, intenté demostrar que, en realidad, el calvinismo y el arminianismo son expresiones de una fe y que ambos, en sus expresiones clásicas, afirman la dependencia humana de la gracia de Dios para todo lo que es bueno. Por ejemplo, en oposición a lo que muchos calvinistas parecen creer, los arminianos clásicos comparten con los calvinistas clásicos una robusta creencia en la depravación humana y en la necesidad de la iniciativa divina para la salvación. Ambos están de acuerdo en que los seres humanos no pueden ejercer una buena voluntad para con Dios al margen de la iniciativa de la gracia. En este punto ambos honran las Escrituras y son igualmente evangélicos.

Este capítulo trata de un mito diferente: debido a sus puntos en común el arminianismo y el calvinismo pueden ser combinados, creando un sistema híbrido. No es inusual en los círculos evangélicos oír a los cristianos sinceros y bien intencionados llamarse a sí mismos «calminianos», una combinación del calvinista y el arminiano. Me he encontrado con esta afirmación en innumerables ocasiones cuando presentaba el calvinismo y el arminianismo en clases de la universidad, seminarios o iglesias. Generalmente los alumnos preguntan: «¿Por qué no puede haber un término medio entre el arminianismo y el calvinismo?» A esto alguien responde: «¡Pero existe uno, se llama calminianismo!» Este concepto erróneo surge de un deseo sincero de crear un puente entre el abismo que tanto conflicto ha causado. Nunca deberíamos menospreciar este deseo de unidad, es admirable, aunque su ejecución sea imposible en este caso.

Antes de entrar en una explicación del porqué son incompatibles, sería útil (principalmente para los que no leyeron la introducción) revisar que se entiende por calvinismo y por arminianismo. Si la unidad es la preocupación prioritaria, las irreconciliables diferencias pueden ser artificialmente minoradas. Cuando se explican estos conceptos de manera que se apartan de sus definiciones clásicas, es fácil combinarlos. Por lo tanto, la llamada unidad está determinada por cómo los explicamos y describimos. No obstante, cuando el calvinismo y el arminianismo son entendidos en sus sentidos históricos y clásicos, ninguna combinación es posible; siempre permanecerán como alternativas, principalmente en lo que respecta a cuestiones soteriológicas. El *calvinismo* es el sistema de creencia cristiana protestante que nace de las enseñanzas del siglo XVI de Juan Calvino. Es la forma más conocida de la ramificación reformada del protestantismo y su expresión más sistemática y lógicamente rígida se encuentra en dos declaraciones doctrinales del siglo XVII: los Cánones del Sínodo de Dort (1618) y la Confesión de Fe de Westminster (1648). El corazón y el alma del calvinismo (más allá de la ortodoxia protestante) están en un énfasis característico de la soberanía de Dios, principalmente en la salvación. Dios es la realidad que todo lo determina que preordena y da certeza a todo lo que sucede, especialmente y lo más importante a la salvación de los pecadores.[89] Esto se extiende a los individuos de manera

---

[89] Esta declaración de providencia meticulosa es negada por algunos calvinistas, pero enérgicamente afirmada por la mayoría de los eruditos calvinistas, incluyendo el propio Calvino. El teólogo calvinista Edwin Palmer expresa fielmente la propia creencia de Calvino acerca de la soberanía de Dios cuando escribe que la «Preordenación» significa el plan soberano de Dios donde él decide todo lo que va a suceder en todo el universo. Nada en este mundo sucede por casualidad. Dios está detrás de todo. Él decide y hace que todas las cosas que deben suceder sucedan». Tomado de *The Five Points of Calvinism*. (1972) Grand Rapids: Baker, p. 24-5. Algunos calvinistas quieren limitar la preordenación determinante de Dios para temas soteriológicos, de manera que Dios no sea responsable por toda calamidad, incluyendo la caída de la humanidad, que acometió al mundo. Si tal es consistente con el calvinismo clásico o si el calvinismo

que son predestinados incondicionalmente por Dios para la salvación eterna. Según el calvinismo rígido, Dios determina ignorar a otros (el decreto de la reprobación), entregándolos a su merecida condenación eterna. La gracia de Dios para la salvación es irresistible y eficaz, y para los calvinistas más tradicionales la muerte expiatoria de Cristo en la cruz fue pensada por Dios solo para los elegidos.

El *arminianismo* proviene de las enseñanzas del holandés Jacobo Arminio, que reaccionó al calvinismo rígido y rechazó muchos de sus fundamentos característicos. Él y sus seguidores, conocidos como los Remonstrantes, negaron el monergismo de Calvino (salvación determinista) y optaron por un Dios que se autolimita, que concede libre albedrío a las personas por medio de la gracia preveniente. Dios permite que su gracia para la salvación sea resistida y rechazada, y determina salvar a todos los que no la rechazan, sino que la abrazan como su única esperanza para la vida eterna. La expiación de Cristo es de ámbito universal; Dios envió a Cristo para morir por los pecados de todas las personas, pero la eficacia salvadora de la expiación se extiende solo a los que aceptan la cruz por la fe. El arminianismo confronta al monergismo con un sinergismo evangélico que afirma que se requiere de una cooperación entre las agencias divina y humana en la salvación (aunque él las ponga en planos totalmente distintos). En la salvación, la gracia de Dios es el agente superior, el libre albedrío humano (la no resistencia) es el agente menor. Arminio y sus seguidores fieles reaccionaron al calvinismo rígido sin propagar nuevas doctrinas; ellos señalaron a los padres de la iglesia griega y a ciertos luteranos. Además, fueron influenciados por el reformador católico Erasmo.

Cuando el calvinismo y el arminianismo son descritos de manera correcta, sus diferencias deberían ser muy obvias. La distancia entre ellos en muchos puntos es amplia y profunda. Esta separación está centrada en los tres puntos del medio del famoso acróstico del TULIP: depravación total, elección incondicional, expiación limitada, gracia irresistible y perseverancia de los santos. Mientras los arminianos aceptan la elección divina, ellos creen que es condicional. Entre tanto aceptan una forma de expiación limitada, rechazan la idea de que Dios envió a Cristo para

---

clásico incluye providencia meticulosa conforme expresada por Palmer, esto cabe a los calvinistas decidir.

morir solamente por una porción de la humanidad. La naturaleza de la expiación limitada está basada no solo en la intención de Dios, sino también en la respuesta humana. Sólo son salvos por Dios los que aceptan la gracia de la cruz, los que la rechazan y buscan la salvación en otra parte fallan en ser incluidos en la misma por decisión propia, sin agradar a Dios. Mientras los arminianos abrazan la necesidad de la gracia sobrenatural para salvación (como para cualquier bien espiritual, incluyendo la primera inclinación de la voluntad para Dios), niegan que Dios doblega irresistiblemente la voluntad de los humanos para que se salven efectivamente al margen de su propia respuesta espontánea (no autónoma).

El contraste entre el arminianismo y el calvinismo

Al principio del capítulo uno yo asumí que el arminianismo y el calvinismo son términos discutidos. Nadie habla por todos los calvinistas con respecto a todo, así como nadie habla por el arminianismo acerca de todos los temas. Por tanto, para apoyar mis descripciones concisas yo apelo al ministro reformado y teólogo Edwin Palmer y al teólogo H. Orton Wiley, de la Iglesias del Nazareno. Al describir el calvinismo clásico, Palmer escribió: «El arminiano enseña elección condicional mientras que el calvinismo enseña elección incondicional», y «entonces, esto es elección incondicional: la elección de Dios no se basa en nada de lo que pueda hacer el hombre.»[90]En lo tocante a la elección Wiley dijo:

> El arminianismo afirma que la predestinación es el propósito misericordioso de Dios para salvar a la humanidad de la completa ruina. No es un acto arbitrario e indiscriminado de Dios, que pretende la salvación de cierto número de personas y nada más. Esta gracia incluye, provisionalmente, a todos los hombres en su objetivo y se condiciona únicamente en la fe en Jesús.[91]

---

[90] Palmer, E. (1972). *The Five Points of Calvinism*. Grand Rapids: Baker, p. 27. La presentación de Palmer del calvinismo es incisiva y, a veces, afirmada de manera severa. Sin embargo, él no solo fue pastor de iglesias reformadas, sino que también sirvió como profesor en el *Westminster Theological Seminary*, que es una institución calvinista ampliamente respetada. Su presentación del calvinismo es consistente con las primeras presentaciones llevadas a cabo por los teólogos Archibald Alexander, Charles Hodge, A. A. Hodge y B. B. Warfield, todos de Princeton.

[91] Wiley, O. (1941). *Christian Theology*. Kansas City, Mo.: Beacon Hill. Vol. 2, p. 337. Wiley confiaba de manera firme en los grandes teólogos arminianos del siglo XIX: Richard Watson,

De acuerdo con Palmer y el calvinismo clásico en general, la muerte expiatoria de Cristo fue suficiente para todo el mundo, incluyendo a cada individuo que ya existió y que existirá, pero esta expiación fue pensada por Dios solamente para los elegidos: «La Biblia enseña innumerables y repetidas veces que Dios no ama a todas las personas con el mismo amor» y «la expiación de Cristo es limitada en su alcance y que Cristo pretendió y, de hecho, removió la culpa de los pecados de un número limitado de personas, a saber, los que Dios amó con un amor especial desde la eternidad. La expiación de valor ilimitado está limitada a ciertas personas.»[92] Wiley, hablando por todos los arminianos, escribió:

La expiación es universal. Eso no significa que toda la humanidad será salva incondicionalmente, sino que la ofrenda expiatoria de Cristo hasta ahora satisfizo las demandas de la ley divina en cuanto a hacer que la salvación sea una posibilidad para todos. La redención, por tanto, es universal o general en el sentido provisional, pero es especial o condicional en su aplicación al individuo.[93]

El contraste puede que no sea tan claro como podríamos esperar, puesto que ambos, los calvinistas y los arminianos, creen que la expiación es *tanto* universal *como* limitada, pero en sentidos diferentes. De acuerdo con el calvinismo la expiación es universal en el valor y es suficiente para salvar a todos. De acuerdo con el arminianismo es universal en intención y quiere salvar a todos. De acuerdo con el calvinismo esta expiación está limitada en el alcance ya que busca salvar solamente a los elegidos y, de hecho, los salva. De acuerdo con el arminianismo, la expiación es limitada en eficacia y de hecho, salva solo a los que la aceptan por la fe.

Los arminianos creen que la descripción calvinista sobre el alcance de la expiación es defectuosa, ya que no puede evitar limitar el amor de Dios, lo cual contradice pasajes bíblicos tales como Juan 3:16, que los calvinistas deben interpretarlo como si no fuera todo el mundo (es decir, todas las personas), sino como refiriéndose a las personas de todas las tribus y

---

William Burton Pope, Thomas Summers y John Miley. La teología de Miley es consistente por completo con la de ellos y con el mismo pensamiento de Arminio.

[92] Palmer, E. (1972). *The Five Points of Calvinism*. Grand Rapids: Baker, 1972, p. 44, 42.

[93] Wiley, *Christian Theology*. Vol. 2, p. 295.

naciones.[94] Los calvinistas temen que el énfasis arminiano en la universalidad de la expiación resulte de manera inexorable en universalismo; si Cristo, en realidad, padeció los pecados de toda la gente, ¿por qué alguien iría al infierno? ¿No serían todos salvos por la muerte expiatoria de Cristo? ¿No sería el infierno un castigo redundante? Los arminianos responden que es exactamente esto lo que hace al infierno tan trágico, el infierno es absolutamente innecesario. Las personas no van para allí porque sus castigos no fueron sufridos por Cristo, sino porque rechazan la amnistía que Cristo proveyó por medio de su muerte sustitutiva.

A continuación veremos como explicó Palmer la gracia irresistible:

> Dios envía a su Espíritu Santo para actuar en las vidas de las personas de tal forma que de manera definitiva y con certeza serán cambiadas de personas malas a personas buenas. Significa que el Espíritu Santo ciertamente, sin ningún «y», «si» o «pero», hará que todos los que Dios eligió desde la eternidad y por quienes Cristo murió, crean en Jesús.[95]

Los calvinistas típicamente describen este proceso como un «doblegar de la voluntad». En otras palabras, Dios no coacciona a nadie espiritualmente, pero actúa para que los elegidos deseen la gracia de Dios y que respondan a la iniciativa divina con alegría. Los arminianos temen que esto viole la relación entre el hombre y Dios, de manera que los hombres se conviertan en juguetes en las manos de Dios. Los arminianos rechazan esto no porque valoren la autonomía humana (como piensan muchos calvinistas), sino porque valoran la naturaleza genuinamente personal de la relación entre el hombre y Dios. El amor que no es elegido de forma

---

[94] Palmer, *Five Point of Calvinism*, p. 45. Los arminianos generalmente encuentran sorprendente esta limitación del alcance de la expiación para los elegidos a la luz de énfasis de la Escritura en el amor de Dios para todo el mundo y en la muerte de Cristo en pro de toda la humanidad. El teólogo bautista Vernon Grounds, presidente por largo tiempo del Seminario de Denver, dice: «Un mero número de pasajes presenta el hecho, pues esto es un hecho, de que el propósito divino en Jesucristo abraza no solo a un segmento de la familia humana, sino la raza en *su totalidad*»; y «se exige una ingenuidad exegética, que nada más es una virtuosidad aprendida para anular los significados obvios de estos textos; se requiere una ingenuidad exegética al borde del sofisma para negar su explícita universalidad.» *Grace Unlimited*, (1975) ed. Clark H. Pinnock. Minneapolis: Bethany House, p. 26, 28.

[95] Ibid., p. 58.

libre no parece ser amor genuino. Además de esto, si Dios selecciona algunas personas para la salvación incondicional e irresistible, ¿por qué no elige a todos? ¿Sobre cuáles fundamentos y por cuáles razones Dios ignora a algunos pecadores y doblega la voluntad de otros para que respondan con fe? La naturaleza incondicional e irresistible de la gracia en el esquema calvinista parece arbitraria, si no es que caprichosa. En oposición, los arminianos defienden que la gracia de Dios es resistible:

> El arminianismo sostiene que la salvación es enteramente de la gracia, que todo movimiento del alma hacia Dios es iniciado por la gracia divina pero también reconoce, en un sentido verdadero, la cooperación de la voluntad humana, pues en última instancia es el agente quien decide si la gracia ofrecida es aceptada o rechazada.[96]

Y junto con todos los arminianos, Wiley argumentó que la gracia siempre puede ser resistida, aun la gracia preveniente (o sea la gracia capacitadora que Dios provee antes de la salvación) que viene de forma independiente a la solicitud o del deseo humano. Una vez que esta gracia aparece, siempre puede y es a menudo rechazada.

Es de suma importancia revelar los problemas reales entre el arminianismo y el calvinismo y que las personas no se encanten con semejanzas ilusorias. Así como los arminianos y los calvinistas asumen una expiación universal y limitada, pero en sentidos distintos, ellos también creen que la gracia es irresistible y resistible, pero en sentidos distintos. Los calvinistas creen que los réprobos, los que Dios ha elegido pasar por alto en la salvación, naturalmente resisten a la gracia de Dios. Y los elegidos, los escogidos para la salvación y que son regenerados espiritualmente antes de la salvación, encuentran la gracia de Dios irresistible y, por tanto, aceptan el evangelio. De modo semejante, los arminianos asumen que las personas no tienen alternativa con relación a la gracia preveniente; ella es irresistible en el sentido de que es un don de Dios ofrecido a todos. Pero la gracia preveniente no fuerza la voluntad o pone la libre agencia a un lado; en cuestiones espirituales, la gracia preveniente crea el libre albedrío y la libre agencia, y, pues, los humanos la pueden resistir una vez

---

[96] Wiley, H.O. (1941) *Christian Theology*. Vol. 2, p. 356.

que la reciben. Una vez más, bajo los calvinistas y arminianos yace tanto un terreno en común y a la vez una profunda división.

En este punto ya debe estar claro por qué el calvinismo verdadero y el arminianismo verdadero no pueden ser combinados. No es posible crear una mezcla pese al hecho de que no discrepan acerca de todo. En lo tocante a estas tres cuestiones cruciales no es posible crear un puente entre ellas. Una vez que los términos son elucidados de manera adecuada, queda claro que, en lo que respecta a la elección, expiación y gracia, el calvinismo y el arminianismo son significativamente distintos.

La imposibilidad del calminianismo

Sin embargo, pese al acentuado contraste entre el calvinismo y el arminianismo en ciertos puntos doctrinales esenciales, muchas personas intentan forzarlos en un híbrido: calminianismo. Los calvinistas clásicos y los arminianos clásicos están de acuerdo en que tal híbrido es imposible. El autor calvinista W. Robert Godfrey, presidente del Seminario Teológico de Westminster de California, lo rechaza:

> Algunos intentan dividir la diferencia entre el arminianismo y el calvinismo y dicen algo como: «Quiero ser un 75% calvinista y un 25% arminiano». Si, literalmente, quieren decir esto, entonces son 100% arminianos, ya que dar un lugar determinante a la voluntad humana es arminiano. Por lo general, ellos quieren hacer énfasis en la gracia de Dios y la responsabilidad humana. Si esto es lo que quieren decir, entonces pueden ser 100% calvinistas, puesto que el calvinismo, de hecho, enseña que la gracia de Dios es enteramente la causa de la salvación y que el hombre es responsable ante Dios de oír y observar el llamado de arrepentimiento y fe.[97]

Los arminianos clásicos y consistentes concuerdan con Godfrey en que su sistema de creencias es incompatible con el calvinismo y defienden que la mayoría de las personas que se declaran calminianas, o un 75% calvinistas y 25% arminianos, ¡son, de hecho, arminianas! Algunos son simplemente inconsistentes y están deseosos de abrazar proposiciones contradictorias.

---

[97] Godfrey, W. R. (1992) Who Was Arminius? *Modern Reformation*, n. 1, p. 24.

Algunos que buscan un híbrido entre el calvinismo y el arminianismo lo hacen apelando a una unidad mayor de verdad que trasciende nuestras percepciones finitas y limitadas al tiempo. Ellos se dan cuenta de que la Biblia parece afirmar tanto la soberanía divina absoluta como la cooperación humana con Dios en la historia y en la salvación. El pasaje clásico, que al parecer, enseña la paradoja de la gracia es Filipenses 2:12-13: «ocupaos en vuestra salvación con temor y temblor, porque Dios es el que en vosotros produce así el querer como el hacer, por su buena voluntad» (RVR1960). Esta es una ilustración común que se utiliza para cimentar el argumento de que tanto el monergismo como el sinergismo son verdaderos (y no solo contienen algún aspecto de la verdad) son los dos rieles del tren que parecen unirse más allá del horizonte. ¡El problema con esta ilustración es que los rieles no se unen! Otra ilustración común es la del letrero imaginario en el portal de entrada del cielo, que dice: «El que quiera entre libremente» y al otro lado, en la parte interior del cielo, el mismo letrero dice: «Pues vosotros fuisteis elegidos antes de la fundación del mundo». Ambas verdades son claramente enseñadas en las Escrituras. ¡Pero Charles Spurgeon, predicador bautista británico, que a lo mejor fue el autor de la ilustración, quiso utilizarla para enseñar el calvinismo! Y de hecho lo hace ya que al poner «vosotros fuisteis elegidos antes de la fundación del mundo» en la parte interior del letrero del cielo, implica una verdad superior del calvinismo.

El hecho es que *en ciertos puntos* el calvinismo clásico y el arminianismo clásico simplemente están en desacuerdo entre sí y no se puede encontrar ningún puente que los una, no se puede crear una mezcla de los dos. El calvinismo puede ser visto como un punto medio entre el fatalismo y el sinergismo. El arminianismo puede ser visto como un punto medio entre el semipelagianismo y el calvinismo. No obstante, entre el calvinismo y el arminianismo no hay compatibilidad mutua. La lógica siempre forzará a la persona a un camino o al otro. Por supuesto, si no nos importa la lógica, entonces habitamos en una casa calminiana artificialmente construida sobre la arena, pero será destruida por los duros cuestionamientos de la lógica y el sentido común. ¿La elección de los individuos para la salvación es condicional o incondicional? Si respondemos: «No sé», no existe algún híbrido calminiano. Pero si respondemos: «Ambas», ¿dónde está el término medio? ¿Cómo es posible, de manera lógica, combinar la elección incondicional con la condicional? Se pueden hacer las mismas preguntas a la visión calminiana de la expiación y de la gracia. ¿Dios planeó que la muerte expiatoria de Cristo salvase a todos o solo a algunos? Si respondemos que Dios pretende salvar a todos, pero sabe que solo algunos serán salvos, ¡somos arminianos! Si respondemos que Dios pretende salvar solo a algunos, aunque que su muerte sea suficiente para salvar a todos, ¡somos calvinistas! Casi todas las respuestas inteligentes del calminianismo para tales preguntas acaban siendo calvinistas o arminianas. ¿Es la gracia salvadora resistible o irresistible? ¿es efectiva o puede ser rechazada? ¿Dónde está el término medio? Una vez que el calminiano empieza a definir y a clasificar, él o ella ineludiblemente revelará colores calvinistas o arminianos.

Un intento bastante popular de trascender el calvinismo y el arminianismo es el de apelar a la alegada atemporalidad de Dios (o la eternidad de Dios sobre y más allá del tiempo). Algunos dicen que desde la perspectiva divina no hay conflicto entre la predestinación y el libre albedrío. (¡Por supuesto, los arminianos siempre han argumentado que no hay tal conflicto porque la predestinación es condicional!). Con todo, presumiendo que los que apelan a la atemporalidad de Dios quieren decir que la elección y la predestinación son ambas condicionales e incondicionales, ¿cómo es que la atemporalidad divina ayuda aliviar la contradicción? Se podría preguntar lo mismo respecto a la expiación y la gracia. La atemporalidad no ayuda, pues, aunque sea desde la perspectiva de un Dios atemporal, el decreto de salvar a algunas personas debe basarse o en una elección incondicional o en algo que Dios (atemporalmente) vea en ellos, tal como la no resistencia a la gracia. Tanto los primeros seguidores del calvinismo clásico como los del arminianismo clásico dieron por sentada la atemporalidad divina, sin embargo, ninguno de los dos grupos apeló a la atemporalidad de Dios como la solución, porque se dieron cuenta de que el otro lado también podría apelar para la atemporalidad divina. Aunque todos los momentos del tiempo estén simultáneamente ante los ojos de Dios, la elección atemporal de Dios de algunos para la salvación está fundada en algo que Él ve en ellos, o que no ve. Entonces, la intención y el propósito de Dios en la expiación y por medio de ella, es salvar a todo hijo caído de la raza de Adán, o es solo para salvar a algunos. La gracia salvadora de Dios puede ser resistida o no puede ser resistida.

Por lo que apelar a la dicotomía del tiempo y de la eternidad no resuelve el problema o crea un híbrido.

Por más duro que sea para las personas que tienen a la unidad en alta estima (principalmente entre cristianos), tenemos que afrontar la responsabilidad de elegir entre el calvinismo y el arminianismo. Esto no implica elegir entre el cristianismo y alguna otra cosa, pero si significa escoger entre dos interpretaciones bíblicas respetadas que coexisten dentro del cristianismo evangélico desde hace siglos. Para muchas personas esta elección presenta poco riesgo, pues la iglesia en la que se congregan permite que ambas perspectivas coexistan pacífica y paralelamente.[98] No obstante, muchas denominaciones, de hecho, exigen cierta posición confesional con relación al monergismo y sinergismo para el liderazgo, e incluso para la membresía.[99]

La división continental entre el calvinismo y el arminianismo

¿Pueden el calvinismo y el arminianismo demostrar sus posturas apelando únicamente a las Escrituras? Sólo podemos desear que así sea. Con todo, muchos calvinistas y arminianos astutos y persuadidos están de acuerdo en que no es algo tan sencillo. Tanto el monergismo como el sinergismo pueden acumular listas impresionantes de pasajes bíblicos de apoyo y exégesis académica que sustenta sus conclusiones. Después de veinticinco años de investigar el tema, llegué a la conclusión de que apelar únicamente a las Escrituras no es suficiente para probar que el uno está correcto y que el otro está equivocado. Cristianos sensatos y espiritualmente maduros han escudriñado las Escrituras y han llegado a conclusiones radicalmente distintas acerca de la relación de la elección y el libre albedrío, además sobre la resistencia a la expiación y la gracia. A decir verdad, esto ha estado sucediendo desde hace siglos. ¿Sólo

---

[98] Esto es verdad entre muchas iglesias bautistas e iglesias enraizadas en la tradición pietista, tal como la Iglesia Evangélica Libre de América, cuyo lema es «En lo esencial unidad, en lo no esencial libertad, en todas las cosas amor». Tales iglesias, por lo general, relegan estas creencias del monergismo y sinergismo al ámbito de las cosas no esenciales. Esto no implica que estos temas doctrinales no sean importantes, sino que no son la esencia del cristianismo.

[99] La Iglesia Cristiana Reformada (de América) y la iglesia Presbiteriana de América son decididamente calvinistas mientras la iglesia del Nazareno y la mayoría de las iglesias metodistas (incluyendo sus ramificaciones) son arminianas.

un lado honra a las Escrituras? No. Al igual que los Republicanos y los Demócratas interpretan la Constitución de los Estados Unidos de modo distinto, ambos la honran en la medida en que la interpretan de manera responsable.

Si el apelar solamente a las Escrituras no resolverá nuestro problema, ¿qué lo resolverá? Dudo que pueda ser resuelto por las vías del argumento y el diálogo. Es en gran parte una cuestión de ese misterio llamado perspectiva. Los filósofos lo llaman *blik*. Es una forma básica de ver la realidad, vemos el mundo como tal y tal, incluso cuando faltan pruebas. Pensemos en el famoso dibujo que puede ser visto como un pato o un conejo. Algunas personas instantáneamente ven un conejo, pero no ven el pato; otras ven al pato, y no al conejo. Nadie divisa los dos animales a la vez y ver el otro (más allá del que había visto antes) es una cuestión de cambio de perspectiva y no de persuadir a que vean «otra cosa». Así es con el calvinismo y el arminianismo. Pese a las reclamaciones y refunfuños de los extremistas de ambos lados que, al parecer, creen que los adeptos de la otra teología están actuando de mala fe, personas igualmente de buena fe eligen lados distintos. ¿Por qué? Porque cuando estos leen la Biblia, ellos encuentran a Dios identificado de una manera u otra. En el fondo de estas diferencias doctrinales se puede ver una perspectiva diferente acerca de la identidad de Dios, fundada en la autorrevelación de Dios en Jesucristo y las Escrituras, esta perspectiva colorea el resto de la Biblia. Toda la Escritura tiene el aspecto del monergismo, porque toda la Escritura revela a Dios principalmente como gobernante soberano, o toda la Escritura tiene el aspecto del sinergismo, porque toda la Escritura revela a Dios esencialmente como Padre celestial amoroso y compasivo. Esta epistemología de «ver cómo» (perspectiva) no elude la Escritura, sino más bien revela patrones percibidos de ella[100]. Aunque la exégesis sola no pueda probar el calvinismo ni el arminianismo, la exégesis bíblicamente correcta refuerza cada sistema de teología. La Escritura es el material que provee el patrón (gestalt) que conforma la perspectiva (blik)

---

[100] No estoy sugiriendo un relativismo de la revelación de tal manera que la Escritura no signifique nada en particular. Mi propia visión es que el monergismo no es la interpretación correcta de la revelación de Dios de la Escritura, pero me doy cuenta de cómo los monergistas llegan a su entendimiento equivocado. Sin embargo, esto sólo sucede al «andar dentro» de la perspectiva de ellos en lo mejor de mi habilidad y ver la Escritura como ellos la ven, lo que revela un patrón diferente. Con todo, todavía creo que mi perspectiva esté más cercana a la verdad.

que controla la interpretación de pasajes individuales. Esto explica por qué las personas son calvinistas o arminianas cuando falta una prueba exegética clara e inequívoca para cada sistema. Ambos sistemas ven a Dios como identificado por toda la Escritura (visión sintética) de cierta manera.

Otra cuestión que complica la elección entre el calvinismo y el arminianismo es que ambos sistemas contienen problemas muy difíciles, por no decir insuperables. Los dos hacen un gran esfuerzo para explicar largas porciones de la Escritura; los dos deben de admitir misterios que llegan al borde de la contradicción dentro de sus sistemas. Edwin Palmer expresó con más fuerza que la mayoría de los calvinistas, un problema en su sistema de creencia. Palmer admite que Dios preordena todo y, por ende, preordena aun el pecado y el mal, con todo, los seres humanos únicamente son culpables por hacer lo que no pueden evitar.[101] «Él (el calvinista) se da cuenta de que lo que defiende es ridículo... El calvinista libremente admite que su posición es ilógica, ridícula, insensata y torpe». Y, no obstante, como la mayoría de los calvinistas, Palmer alegó que «este secreto pertenece al Señor nuestro Dios y debemos dejar las cosas como están. No debemos indagar en el consejo secreto de Dios.»[102]

Muchos calvinistas se encogerían con la admisión de Palmer respecto al misterio incorporado a la creencia calvinista, es algo extrema, sobre todo para los calvinistas que se preocupan por la lógica. Pero casi todos los calvinistas están de acuerdo en que hay ciertos puntos, tales como este, donde el calvinismo confronta el misterio y que no puede ofrecer una solución racionalmente satisfactoria. Los arminianos cautelosos, de igual manera, reconocen las dificultades lógicas y los problemas dentro de su propio sistema de creencias. ¿Quién puede explicar cómo la agencia libre es la capacidad de hacer algo más que lo que uno realmente hace? El libre albedrío no es un problema en el calvinismo, puesto que es negado o es explicado de tal modo que se agota todo su misterio. Pero todos los arminianos clásicos creen en un libre albedrío libertario, que es una elección auto determinante; lo que es incompatible con la determinación de cualquier tipo. Esto parece equivaler a una creencia en un efecto sin

---

[101] Palmer, E. H. (1972). *The Five Points of Calvinism.* Grand Rapids: Baker, p. 85.

[102] Ibid., p. 85, 87.

causa, la libre elección de la persona de ser o hacer algo sin antecedente.
Buridan, un filósofo cínico medieval, se burló de tal libre albedrío, sugiriendo que un asno que lo poseyera moriría de hambre, aunque tuviera
dos tazones llenos de comida frente a él, ¡pues nada lo inclinaría a comer
de un tazón o del otro! Los arminianos no se dejan persuadir por tales
argumentos, saben que el asno hambriento elegiría comer ya sea de un
tazón o del otro. Pero dejando todas las cavilaciones a un lado, los arminianos saben que su creencia en la libertad libertaria es un misterio (no
una contradicción).

El punto aquí es que ambas posturas (y a lo mejor todos los sistemas
teológicos importantes) implican misterio, y al hacer sus sistemas teológicos perfectamente inteligibles, el misterio es un problema. Irónicamente,
ambos lados tienden a presentar la debilidad del otro o a apelar al misterio sin asumir su propio misterio. ¡Cada lado apunta a la pequeña paja en
el ojo del otro mientras ignora la viga en su propio ojo! Así, parece que
las personas no son calvinistas o arminianas porque un lado haya probado que está en lo correcto, sino porque estas personas encuentran que
un conjunto de misterios (o problemas) es de más fácil convivencia que
el otro. Por supuesto, los partidarios de ambos grupos apuntan a pasajes
bíblicos de soporte y a experiencias (tal como ser tomado por Dios aparte de una consciencia de elección). Pero, al fin y al cabo, ninguno de los
lados puede derrotar completamente al otro o presentar pruebas conclu-
yentes de su sistema. El filósofo Jerry Walls magistralmente enfatiza esto:

> Observen que tanto los calvinistas como los teólogos del libre albe-
> drío (arminianos) llegan, al fin y al cabo, a un punto donde las ex-
> plicaciones adicionales son imposibles. Ambos llegan al límite de la
> elección inexplicable. El teólogo del libre albedrío no puede explicar
> plenamente porque algunos escogen a Cristo mientras otros no. El
> calvinista no logra decirnos por qué o sobre cuál fundamento Dios
> elige a algunos para la salvación e ignora otros.[103]

Entonces, ambas posturas, enfrentan dificultades insuperables al explicar ciertas características de sus sistemas y deben admitirlo. Con todo,

---

[103] Walls, J. (1983). The Free Will Defense, Calvinism, Wesley, and the Goodness of God.
Christian Scholar's Review, n. 13, Vol. 1, p. 25.

los dos sistemas permanecen dentro de la cristiandad protestante con igual sinceridad en lo tocante a la Escritura, igual valor exegético, igual carácter histórico e igual compromiso con la ortodoxia cristiana básica. Entonces, ¿cuál es la solución? ¿Por qué ser un calvinista o un arminiano? En el fondo algunos cristianos son calvinistas porque cuando leen la Biblia (y tal vez examinan su propia experiencia) ven a Dios como todopoderoso, supremamente glorioso, absolutamente soberano y como la realidad totalmente determinante. Esto es el «*blik*» de ellos, la visión sintética que guía la hermenéutica de pasajes individuales. El gran teólogo puritano Jonathan Edwards estaba obsesionado con esta visión de Dios y esta guiaba toda su teología. Otros cristianos son arminianos porque cuando leen la Biblia (y tal vez examinan su propia experiencia) ellos ven a Dios como supremamente bueno, amable, misericordioso, compasivo y el Padre benevolente de toda la creación, que desea lo mejor para todos. Esta visión de Dios orientó la teología del gran hombre de avivamiento John Wesley, quien fue contemporáneo de Edwards. Por supuesto, ambos lados reconocen algunas verdades con relación a la perspectiva del otro; los calvinistas reconocen a Dios como amable y misericordioso (sobre todo respecto a los elegidos), y los arminianos reconocen a Dios como todopoderoso y soberano. Ambos creen que Dios es supremamente grande y bueno. Pero un lado empieza con la grandeza de Dios y condiciona la bondad de Dios a la grandeza; el otro lado empieza con la bondad de Dios y condiciona la grandeza de Dios a su bondad. Cada lado tiene su «*blik*», que determina ampliamente cómo interpretan la Escritura. El teólogo arminiano Fritz Guy expresa el «*blik*» controlador arminiano sin rodeos: «En el carácter de Dios el amor es más esencial que el control.»[104] Esta perspectiva básica acerca de Dios resuena en toda la literatura arminiana. Al escribir sobre la creencia calvinista en la reprobación incondicional (que Dios ignora a algunos y elige a otros para la salvación incondicionalmente), John Wesley fue extremadamente honesto: «Sea lo que sea que la Escritura quiera probar, ella jamás puede probar esto.»[105] Tenga en cuenta que Wesley no dijo esto por estar encantado con alguna norma extrabíblica que tuviera más importancia que la

---

[104] Guy, F. (1989). The Universality of God's Love. En *The Grace of God, The Will of Man*, ed. Clark H. Pinnock. Grand Rapids: Zondervan, p. 33.

[105] John Wesley, citado en Ibid., p. 266. Retirado del sermón «Gracia libre», de John Wesley.

propia Biblia. Antes, él era guiado por una visión impuesta por la propia
Escritura que imposibilitaba ciertas interpretaciones del texto.

Entonces, contrario a la creencia popular el verdadero divisor en el
núcleo del debate calvinismo/arminianismo no es la predestinación versus libre albedrío, sino la figura guía de Dios: él es primeramente visto
como (1) majestuoso, poderoso, controlador, o como (2) amable, bueno
y misericordioso. Una vez que esta figura (*blik*) esté establecida, aspectos
aparentemente contrarios son relegados al segundo plano, son puestos a
un lado como «oscuros» o son artificialmente manejados para que encajen en el sistema. Ningún lado niega absolutamente la verdad de la perspectiva del otro, pero cada uno califica los atributos de Dios que son pre-
eminentes en la perspectiva del otro. La bondad de Dios, en el calvinismo,
es calificada por su grandeza y la grandeza de Dios, en el arminianismo,
es calificada por su bondad.

Los arminianos pueden vivir con los problemas del arminianismo más
cómodamente que con los problemas del calvinismo. El determinismo y
el indeterminismo no pueden ser combinados; debemos elegir uno u otro.
En la realidad última y final de las cosas, o las personas poseen cierto nivel de autodeterminación o no la poseen. El calvinismo es una forma de
determinismo. En gran parte, los arminianos escogen el indeterminismo
porque el determinismo parece incompatible con la bondad de Dios y con
la naturaleza de relaciones personales, que incluye la misma naturaleza de
la salvación. Los arminianos están de acuerdo con Arminio, quien señaló
que «la gracia de Dios no es «una fuerza irresistible… sino una Persona, el
Espíritu Santo, y en relaciones personales no puede haber subyugación de
una persona por otra.»[106] Y Wesley preguntó respecto a la elección incondicional (y reprobación incondicional): «Ahora, ¿qué puede ser una contradicción más llana que esta, no solo para toda la extensión y tendencia
general de la Escritura, sino también para aquellos textos específicos que
expresamente declaran: "¿Dios es amor"?»[107]. Jerry Walls, filósofo wesleyano contemporáneo, sostiene que es simplemente imposible, de todas
maneras, reconciliar la bondad de Dios con el determinismo divino, incluyendo el calvinismo. Él señala que para Wesley (y todos los arminianos)

[106] Cameron, C.M. (1992). Arminius – Hero or Heretic? *Evangelical Quarterly*, n. 3, Vol. 64, p. 225.
[107] Outler. A.C. (1986). Free Grace. *The Works of John Wesley*, v. 3, sermón3. Nashville: Abington, p. 552.

«es imposible pensar que tanto mal abunde si es el caso que Dios haya determinado todas las elecciones humanas.»[108] Walls señala que la intuición moral, así como la Escritura, nos informan que la cantidad y la intensidad del mal en el mundo son simplemente incompatibles con la bondad de Dios *si* Dios es la realidad todo-determinante. Pero aún más importante, si Dios es el que únicamente determina la salvación y no es para todos, o toma en cuenta las elecciones humanas libres al salvar, la bondad de Dios es simplemente inexplicable y, por tanto, debatible. Es entonces que Dios se torna moralmente ambiguo. Este es el problema arminiano con el calvinismo, es un problema con el cual los arminianos no pueden vivir.

Por consiguiente, el gran divisor entre el calvinismo y el arminianismo son las diferentes perspectivas relacionadas a la identidad de Dios en la revelación. El determinismo divino crea un problema en el carácter de Dios y en la relación divino-humana, problema con el cual los arminianos simplemente no pueden vivir. Por causa de su visión controladora de Dios como bueno, son incapaces de afirmar la reprobación incondicional (que se sigue inexorablemente de la elección incondicional), pues hace que Dios sea, en el mejor de los casos, moralmente ambiguo[109]. La negación del determinismo divino en la salvación conduce al arminianismo.

La naturaleza del libre albedrío es otro punto divergente entre el calvinismo y el arminianismo y donde un término medio no es posible. A consecuencia de su visión de Dios como bueno (amable, benevolente, misericordioso), los arminianos afirman el libre albedrío libertario. (Los filósofos lo llaman libre albedrío incompatibilista, pues no es compatible con el determinismo). Cuando un agente (un humano o Dios) actúa libremente en sentido libertario, nada fuera del ser (incluyendo realidades físicas dentro del cuerpo) causa la acción; el intelecto o carácter sólo domina la voluntad y la inclina a un lado u otro. La deliberación y luego elección son los únicos factores determinantes, aunque factores tales

---

[108] Walls. J. (1986). *The Free Will Defense*, p. 28.

[109] Comprendo perfectamente que muchos calvinistas alegan creer solamente en una «única predestinación.» Es decir, ellos dicen que la predestinación es solamente para la salvación y que nadie es predestinado por Dios para la reprobación. Con todo, si el calvinista niega el universalismo, como lo hace a mayoría, ¿cómo es posible negar un decreto divino de reprobación y, por tanto, la doble predestinación? Aun si Dios sólo «ignore» o «pase por alto» a algunos, eso equivaldría a predestinarlos a la perdición. El autor calvinista R. C. Sproul deja este punto bastante claro en *Chosen by God*. (1986). Wheaton Ill.: Tyndale House, p. 139-60.

como la naturaleza y la creación e influencias divinas entran en juego. Los arminianos no creen en un libre albedrío absoluto; el albedrío es siempre influenciado y sitiado en un contexto. Aun Dios es guiado por su naturaleza y carácter en la toma de decisiones, pero los arminianos niegan que las decisiones y acciones de las criaturas sean controladas por Dios o cualquier fuerza fuera del ser.

Los calvinistas, por otro lado, creen en el libre albedrío compatibilista (en la medida en que hablan sobre libre albedrío). El libre albedrío, creen ellos, es compatible con el determinismo. Este es el único sentido de libre albedrío que es consistente con la visión calvinista de Dios como la realidad todo-determinante. En el libre albedrío compatibilista, las personas son libres siempre que hagan lo que quieran hacer, incluso si Dios está determinando sus deseos. Es por esto por lo que los calvinistas pueden afirmar que las personas pecan voluntariamente y son, por lo tanto, responsables por sus pecados, aunque ellas no pudiesen hacer lo contrario. De acuerdo con el calvinismo, Dios preordenó la caída de Adán y Eva, además la emitió como algo seguro (aunque sólo por un permiso eficaz) al retirar la gracia necesaria para impedir que pecaran. Y, por ende, ellos pecaron voluntariamente. Ellos hicieron lo que querían hacer aun siendo incapaces de hacer lo contrario. Esta es la típica explicación calvinista del libre albedrío.[110]

Una vez más, es difícil ver cómo se podría crear un híbrido de estas dos visiones del libre albedrío. ¿Podría la gente haber elegido libremente hacer algo diferente de lo que realmente hicieron? Algunos calvinistas (tal como Jonathan Edwards) concuerdan con los arminianos en que las personas tienen la habilidad *natural* de hacer lo contrario (por ejemplo, evitar pecar). Pero ¿y la habilidad moral? Los arminianos concuerdan con los calvinistas en que, aparte de la gracia de Dios, todos los seres humanos caídos escogen pecar; sus voluntades están propensas a pecar por el pecado original, manifestándose a sí mismo como depravación total. Sin embargo, los arminianos no llaman a esto libre albedrío, puesto que estas personas no pueden hacer lo contrario (¡excepto en términos de decidir cuál pecado cometer!). Desde la perspectiva arminiana, la gracia

---

[110] Ver Peterson, R. A.; Williams, M. D. (1992). *Why I Am Not An Arminian*. Downers Grove, Ill.: InterVarsity Press, p. 136-61. Esto no quiere decir que esta sea la única descripción calvinista del libre albedrío; muchos calvinistas siguen el propio Calvino en simplemente negar el libre albedrío.

preveniente restaura el libre albedrío de manera que los humanos, por primera vez, tengan la capacidad de hacer lo contrario, es decir, responder con fe a la gracia de Dios o resistirla sin arrepentimiento e incredulidad. En el momento del llamado de Dios, los pecadores, bajo la influencia de la gracia preveniente, tienen el libre albedrío genuino como un don de Dios; por primera vez ellos pueden libremente decir sí o no a Dios. Nada fuera del ser determina cómo responderán. Los calvinistas dicen que los seres humanos no tienen la habilidad en temas espirituales (y a lo mejor en ningún otro tema). Las personas siempre hacen lo que quieren hacer y Dios tiene la decisión final de los anhelos humanos, aun respecto al pecado, pues Dios opera por medio de causas secundarias y jamás induce directamente a nadie al pecado. Estas dos visiones son incompatibles. Para el arminiano, el libre albedrío compatibilista no es libre albedrío de ninguna manera. Para el calvinista, el libre albedrío incompatibilista es un mito; simplemente no puede existir porque equivaldría a un efecto sin causa, lo que es absurdo.[111] Cuando se trata de decidir resistir o aceptar la gracia salvadora ofrecida por Dios, las decisiones y elecciones de las personas o son determinadas por Dios o no lo son. Decir que las decisiones no son determinadas, sino meramente influenciadas, no produce un híbrido; es arminianismo clásico.[112] Decir que las decisiones son determinadas, pero libres, demanda explicaciones adicionales. Decir que las decisiones están bajo tal influencia poderosa de la gracia y que no se puede hacer lo contrario, sino adecuarse a la voluntad de Dios, no es término medio; es calvinismo clásico.

---

[111] La clásica crítica calvinista del libre albedrío libertario es visto en el tratado de Jonathan Edwards «Libertad de la voluntad». Si el lector se está preguntando si el llamado conocimiento medio provee un término medio, se debe aclarar algo. El conocimiento medio sería el conocimiento de Dios de lo que las criaturas libres harían libremente en cualquier conjunto de circunstancias. Pero los que creen en el conocimiento medio normalmente asumen el libre albedrío libertario. La pregunta de si ellos tienen la posibilidad de hacer otra cosa aún está abierta aun en el caso del conocimiento medio, lo cual se afirma por los que creen que no sea determinante.

[112] Para un examen completo y detallado del propio concepto de Arminio del libre albedrío, ver a William Gene Witt. (1993). Creation, Redemption and Grace. En *The Theology of Jacobus Arminius*. [Tesis de doctorado, University of Notre Dame, Indiana] p. 418-30. De acuerdo con Witt, el concepto de Arminio de libre albedrío era igual al de Tomás de Aquino. No es el mismo libre albedrío autónomo del Iluminismo, pues tiene una base sobrenatural y siempre es orientado para el bien, aunque, por causa de la corrupción del pecado, él tenga una percepción caída del bien y, por tanto, se aleja del verdadero bien hasta que la gracia preveniente de Dios interviene. Por tanto, no es libre agencia absoluta y autónoma, sino un libre albedrío teológico situado.

Sin híbrido, pero con puntos en común

En diversos temas relacionados a la soteriología un término medio o híbrido entre el calvinismo y el arminianismo no es posible. El calminianismo sólo puede ser defendido en desafío a la razón y, básicamente todo el calminianismo acaba siendo una forma disimulada de calvinismo o arminianismo, o se desplaza inexorablemente hacia un lado o hacia el otro. Muchas personas alegan ser «calvinistas de cuatro puntos», lo que generalmente implica que ellos concuerdan con la depravación total, elección incondicional, gracia irresistible y perseverancia de los santos, pero rechazan la expiación limitada. Sin embargo, tales calvinistas de cuatro puntos son presionados, a menudo parecen haber entendido mal la idea calvinista de expiación limitada y cuando se les explicada adecuadamente (por ejemplo, universal en suficiencia pero limitada en alcance a los elegidos), ellos la asumen. Hay algunas dudas sobre si el mismo Calvino creyó en la expiación limitada, pero esto parece ser parte integral del sistema calvinista. ¿Por qué Dios querría que Cristo sufriera para expiar la culpa de los que Dios ya había determinado que no serían salvos? Algunos arminianos se llaman a sí mismos «calvinistas de dos puntos», principalmente si viven, trabajan o adoran en contextos donde la teología reformada es considerada la norma del evangelicalismo. Por lo general, lo que quieren decir con esto es que ellos asumen la depravación total y la perseverancia de los santos (esto es muy común entre los bautistas). No obstante, al rechazar la elección incondicional, la expiación limitada y la gracia irresistible, ellos muestran que son, de hecho, arminianos y nada calvinistas. Sin embargo, pueden considerarse correctamente a sí mismos como parte de la tradición reformada más amplia.

Habiendo argumentado aquí que el calvinismo y el arminianismo son sistemas incompatibles que imposibilitan una hibridación, no quiero que los lectores olviden que los dos sistemas tienen mucho en común. Ambos aseveran la soberanía divina, aunque de modos y niveles distintos; ambos abrazan la necesidad absoluta de la gracia para cualquier cosa verdaderamente buena en la vida humana. Ambos creen que la salvación es un don gratuito de Dios que solamente puede ser recibido por la fe sin la concurrencia de las obras meritorias de justicia. Ambos niegan cualquier habilidad humana para iniciar una relación con Dios al ejercer una buena voluntad para con Dios. Ambos afirman la iniciativa divina de la fe (un término técnico para el primer paso en la salvación). En una palabra, ambos son protestantes. Esto es fuertemente impugnado por algunos críticos calvinistas hostiles del arminianismo, pero a lo largo del resto de este libro demostraré que la teología arminiana clásica es una forma legítima de ortodoxia protestante y, por lo tanto, el arminianismo comparte un vasto terreno común con el calvinismo clásico.

MITO 3

El arminianismo no es una opción
evangélica ortodoxa

*La teología arminiana clásica afirma enfáticamente los pilares
de la ortodoxia cristiana y promueve los símbolos de la fe
cristiana; no es arriana ni liberal.*

MUCHOS CALVINISTAS CRÍTICOS DE LA TEOLOGÍA ARMINIANA aceptan
al verdadero arminianismo (y, en especial, el arminianismo de corazón)
como algo compatible con la fe cristiana evangélica, aunque rechazan las
doctrinas propias del arminianismo, al considerarlas menos que plenamente bíblicas. Un ejemplo de este generoso trato calvinista al armina-
nismo es el libro *Why I Am Not An Arminian* [Por que no soy arminiano],
de los autores calvinistas Robert A. Peterson y Michael D. Williams. El
texto sobresale como un modelo de polémica conciliatoria, una especie de oxímoron, a juzgar por la dureza de la mayoría de las polémicas
teológicas, que incluyen la mayoría de los tratamientos calvinistas del
arminianismo. Peterson y Williams, ambos profesores de teología en
Covenant Theological Seminary [Seminario Teológico del Pacto] en St.
Louis, Missouri, discrepan de la mayoría al identificar a los arminianos
como verdaderos evangélicos.

El calvinismo y el arminianismo discrepan acerca de temas importantes con relación a la salvación, temas que creemos que el calvinismo trata correctamente y que el arminianismo no… Sin embargo, no
pensamos que el arminianismo sea una herejía o que los cristianos

arminianos no sean regenerados... Sean cuales sean los temas teológicos relevantes en los que discordemos, acordemos en esto: el calvinista y el arminiano son hermanos en Cristo. Ambos pertenecen a la familia de la fe. La cuestión del debate no trata de creencia o descreencia, sino de cuál perspectiva representa mejor el retrato bíblico de la relación divino-humana en la salvación y las contribuciones tanto de Dios como del hombre en la historia humana.[113]

Desafortunadamente, tal generosidad con relación a los arminianos y a la teología arminiana es a menudo inexistente en la forma en que los calvinistas tratan el tema. Lo usual es la afirmación de Kim Riddlebarger: «El arminianismo no es solamente un abandono de la ortodoxia histórica, sino [también] un serio abandono del propio evangelio.»[114] Por siglos, tanto los teólogos reformados como los luteranos identificaron al arminianismo con el arrianismo, el sociniasmo, el pelagianismo, el semipelagianismo, el humanismo o la teología liberal. La acusación de arrianismo es la más seria de todas y totalmente infundada. Pero es tan común, especialmente entre los luteranos, que escuché a un teólogo luterano caer

---

[113] Peterson, R.A.; Williams, M. D. (2004). *Why I Am Not An Arminian.* Downers Grove, III.: InterVarsity Press, p. 113. Pese al tono conciliatorio y la generosidad del juicio acerca de la salvación de los arminianos, Peterson y Williams ocasionalmente caen en el uso del lenguaje ofensivo (retórica de exclusión) acerca del arminianismo. Es decir, desafortunadamente es muy común, si no casi universal, en los tratamientos calvinistas de la teología arminiana. Por ejemplo, ellos erróneamente describen «el compromiso con la libertad del libre albedrío» como el «valor más alto y el primer principio de la construcción doctrinal para los arminianos» (p. 157). Esto es simplemente falso. El verdadero arminianismo, como todos los arminianos repetidamente declaran, es, en primer lugar, un compromiso con la autoridad de la Escritura y el carácter amoroso de Dios según revelado en Jesucristo. La creencia en el libre albedrío seguirá como principio secundario de doctrina. Ellos causan una seria injusticia a Arminio cuando dicen: «La integridad de la criatura autónoma es el único principio teológico irreductible del pensamiento de Arminio» (p. 111). Cualquiera que leyó los propios escritos de Arminio no puede afirmar esto en toda integridad. El primer principio de Arminio es el amor de Dios demostrado en Jesucristo; su teología era enteramente Cristo céntrica y no humanista. El ejemplo más flagrante del desliz de Peterson y Williams de su abordaje conciliatorio es la alegación de que el arminianismo «valora una doctrina casi idólatra del humano autónomo, que está más cerca de una descripción bíblica del pecado que de la verdadera humanidad» (p. 117). Cómo estas descripciones pueden correlacionarse con su generoso abrazo a los arminianos como hermanos y hermanas, eso no queda claro. Los arminianos mueven sus cabezas en pesar y consternación acerca de estos deslices que deturpan el verdadero pensamiento arminiano; este tipo de abordajes son muy comunes en las descripciones calvinistas del arminianismo y denuncian una falta de honestidad o familiaridad con relación a la teología arminiana.

[114] Riddlebarger, Kim. (1992). Fire and Water. *Modern Reformation*, n. 1, p. 10.

repetidamente en decir «arrianismo» cuando quiso decir «arminianismo» ¡en una conferencia de eruditos arminianos wesleyanos, conmemorando el tricentésimo aniversario de John Wesley! (No hace falta decir que los muchos arminianos en el auditorio de un importante seminario wesleyano estaban más que un poco sorprendidos, aunque reconocieran la inadvertencia del teólogo luterano). El arrianismo niega la plena deidad de Jesucristo. En su sentido más estrecho, se adhiere a la creencia del líder cristiano del siglo iv Arrio, quien decía que Jesucristo era la encarnación de la primera y más grande criatura de Dios: un ser celestial semejante a un dios en gloria, pero que no comparte plenamente la naturaleza divina del Padre. En su sentido más amplio, vino a servir como una forma simplista para cualquier negación de la plena y verdadera deidad de Jesucristo. El origen de la acusación de que el arminianismo es arriano yace en el mal entendimiento de la misma cristología de Arminio. Él ni siquiera negó de manera implícita la deidad ontológica de Jesucristo, como muchos suponen, muy por el contrario Arminio la afirmó plenamente. Aunque la acusación de que el arminianismo es arriano en su naturaleza persista, entre los que tienen poquísimo o ningún conocimiento genuino del arminianismo verdadero, esta acusación es simplemente falsa.

La acusación de que el arminianismo es sociniano no difiere mucho de la primera acusación. Fausto Socino (1539-1604) fue un reformador radical de Italia que vivió en Polonia. Él fundó las primeras iglesias unitarias de Europa y a menudo es considerado el verdadero reformador por los unitarios modernos. Socino negó la deidad ontológica de Jesucristo, reduciéndolo a un hombre elevado que tuvo una relación especial con Dios. Él también negó la trinidad ontológica, la expiación sustitutiva y el pecado original como la depravación total heredada. Él fue el archi-hereje de la Europa protestante del siglo xvi. Los oponentes de Arminio en las Provincias Unidas (Países Bajos) y en otras partes intentaron identificarlo con el socianismo, pero jamás lograron que la gente creyese en la acusación. Y Arminio negó rotundamente el socianismo, sin medir esfuerzos para probar su ortodoxia con relación a estos puntos doctrinales. Algunos remonstrantes posteriores desertaron de la teología arminiana auténtica y se convirtieron, por todas las intenciones y propósitos, en unitarios y universalistas. ¡Lo mismo hicieron algunos protestantes reformados! Y arminianos clásicos, como John Wesley, quien se mantuvo fiel a la propia teología de Arminio, permanecieron firmemente ortodoxos, a pesar de las continuas falsas acusaciones de herejía por sus pares calvinistas.[115] Lo único que los arminianos tienen en común con los socinianos y unitarios es la creencia en la libertad de la voluntad. Si la ortodoxia se define arbitrariamente como que incluye necesariamente la creencia en el monergismo y excluye toda forma de sinergismo, entonces el arminianismo no es ortodoxo. ¡Pero eso también convertiría a todos los padres de la iglesia griega primitiva, a la mayoría de los teólogos católicos medievales, a todos los anabaptistas y a muchos luteranos (incluyendo Melanchton) en heréticos! Siendo así, entonces el arminianismo estaría en excelente compañía.

La acusación de que el arminianismo es equivalente al pelagianismo, o semipelagianismo como mínimo, es común en la literatura calvinista, los ejemplos ya fueron citados. En una ocasión invité al director de un grupo estudiantil de una universidad calvinista para hablar a mis alumnos del seminario teológico. El calvinista, entrenado en seminario, declaró abiertamente que «el arminianismo es simplemente pelagianismo». La misma acusación puede ser encontrada en muchos sitios web antiarminianos que promueven el monergismo. Los críticos más cuidadosos califican la acusación, proclamando al arminianismo semipelagianismo, en lugar de pelagianismo. Un prominente teólogo calvinista y apologista cristiano habló en una conferencia de una importante facultad cristiana y utilizó las palabras *semipelagianismo* y *arminiano* como sinónimos. En el año 431 d.C. el pelagianismo fue condenado en Éfeso por el tercer concilio ecuménico del cristianismo porque afirmaba la habilidad humana natural y moral de hacer la voluntad de Dios al margen de la operación especial de la gracia divina. Arminio rechazó tal enseñanza, así como todos sus fieles seguidores. El semipelagianismo fue condenado por el Segundo Concilio de Orange en 529 d.C. porque afirmaba la capacidad humana de ejercer una buena voluntad hacia Dios sin la ayuda especial de la gracia divina; el semipelagianismo coloca la iniciativa de la salvación del lado humano, pero la Escritura la pone del lado divino. Arminio también rechazó al semipelagianismo, así como a todos sus

---

[115] El teólogo y compositor de himnos Augustus Toplady, que compuso el himno *Rock of Ages* [Roca eterna], declaró a Wesley un no cristiano. Lo mismo hicieron otros calvinistas evangélicos del siglo XVIII.

fieles seguidores. Los arminianos consideran que tanto el pelagianismo como el semipelagianismo son herejías.

¿Por qué tantos calvinistas insisten en identificar al arminianismo como pelagiano o semipelagiano? Esto deja perplejos a los arminianos por causa de los grandes esfuerzos que emprendieron para distanciar su teología de tales herejías. Tal vez los críticos creen que el arminianismo conduce al pelagianismo o al semipelagianismo como una consecuencia normal y forzosa. Pero si este fuera el caso, debería ser dicho de manera clara. La justicia y la verdad exigen que los críticos del arminianismo, como mínimo, admitan que los arminianos clásicos, incluyendo el mismo Arminio, no enseñan lo que Pelagio enseñó o lo que los semipelagianos (por ejemplo, Juan Casiano) enseñaron.

Íntimamente asociada con el cargo de que el arminianismo es semipelagianismo, si no es que es pelagianismo, está la acusación de que se aleja de la ortodoxia cristiana al abandonar o rechazar el monergismo. Esta fue la línea que asumió el teólogo calvinista y autor Michael Horton en las primeras ediciones de la revista *Modern Reformation* [Reforma Moderna] que él edita. En un infame artículo atacando al «arminianismo evangélico» como un oxímoron, Horton declara que «un evangélico no puede ser un arminiano más de lo que un evangélico puede ser un católico romano.»[116] Él afirma que Arminio revivió el semipelagianismo y que los «arminianos negaron la creencia de la reforma de que la fe era un don, y de que la justificación era sólo una declaración forense (legal). Para ellos, esto incluía un cambio moral en la vida del cristiano y de la propia fe, una obra de humanos era la base para la declaración de Dios.»[117] De acuerdo con Horton, la doctrina de la salvación arminiana (incluyendo la de Wesley) hace que «la fe sea una obra que alcanza la justicia ante Dios».[118] Claramente, para Horton, como para muchos críticos calvinistas, el arminianismo no puede ser considerado protestantismo ortodoxo, puesto que (supuestamente) niega la salvación por gracia a través de la fe solamente.[119]

---

[116] Horton, M. (1992) Evangelicals Arminians. *Modern Reformation*, n. 1, p. 18.

[117] Ibid., p. 16.

[118] Ibid., p. 18.

[119] Horton, que enseña teología en el Seminario Teológico de Westminster, cambió de opinión con relación al arminianismo desde 1992. Él ahora los considera evangélicos, aunque él aún no considere el arminianismo consistente con la teología reformada. Él me comunicó este cambio de pensamiento en pláticas personales y por medio de correspondencias.

Finalmente, algunos han llamado al arminianismo humanista e intentaron asociarlo con la teología liberal. Mi profesor favorito del seminario teológico me dijo un día que tuviera cuidado con la teología arminiana, pues siempre conduce a la teología liberal. El ejemplo que citó fue el de la teología metodista principal, que durante el siglo XX adoptó ampliamente una perspectiva liberal. Por supuesto, yo conozco a muchos arminianos conservadores, tales como los nazarenos e intenté señalarle esto a mi profesor (él posteriormente cambió de opinión acerca de la deducción falaz). Más tarde, un amigo calvinista que enseña en el seminario me preguntó si yo alguna vez ya había considerado la posibilidad de que mi arminianismo podría ser prueba del humanismo latente. Estos intentos de asociar la teología arminiana con el humanismo (o con una filosofía centrada en el hombre) y la teología liberal siempre surgen en la retórica calvinista y son encontrados en innumerables sitios web inspirados por calvinistas y en libros de autores calvinistas.

El capítulo seis mostrará que no hay una pendiente resbaladiza inexorable que lleva del verdadero arminianismo a la teología liberal. Ya he dicho suficiente sobre la creencia arminiana en la depravación total para disipar el mito de que el arminianismo es humanista (ver p. 33-34)! [hay que ajustar el número de páginas que se citan de acuerdo a como quede la diagramación final] Acá me concentraré en doctrinas que no son centrales al debate calvinista-arminiano. ¿Los arminianos verdaderos afirman los principios esenciales de la ortodoxia cristiana clásica, tales como la autoridad de la Escritura, la trascendencia de Dios, la deidad de Jesucristo y la trinidad?

El arminianismo y la revelación divina

El arminianismo clásico incluye la creencia en la inspiración sobrenatural de la Escritura y su suprema autoridad para la fe y las prácticas cristianas, y no basa sus afirmaciones en la filosofía o en la razón más allá de la revelación divina. El arminianismo de forma clara contradice la acusación que de manera frecuente le achacan con respecto a que está más basado en la filosofía que en las Escrituras. Me he involucrado en largos diálogos (que por lo general se transforman en debates) con críticos calvinistas del arminianismo de grupos de discusión en internet, por correo electrónico y, a veces, cara a cara. En determinado momento, el interlocutor calvinista generalmente acusa que las doctrinas arminianas esenciales (por ejemplo, el libre albedrío) se basan en un a priori filosófico y no en la Palabra de Dios. Un examen meticuloso de la literatura arminiana clásica prueba que los verdaderos arminianos siempre han mantenido una alta estima por la Escritura. Así como todos los protestantes ortodoxos, los arminianos siguen el principio de la *sola scriptura* (la Escritura sobre cualquier otra fuente y norma) en la teología.

Arminio. En su tercer discurso formal, Arminio explicó de manera cuidadosa el papel de la revelación divina y la Escritura en su teología. De acuerdo con él, la única esperanza de la humanidad para el verdadero conocimiento de Dios está en la revelación divina: «Toda nuestra esperanza… para alcanzar este conocimiento [teológico] está puesta en la revelación divina», ya que «Dios no puede ser conocido, salvo por medio de él mismo.»[120] Y, ¿a dónde Dios se ha revelado a sí mismo? Primero y sobre todo en Jesucristo, que es revelado por la Escritura. La Escritura, a su vez, es la única producción del Espíritu Santo:

> Declaramos, por tanto, y continuamos repitiendo la declaración hasta que las puertas del infierno vuelvan a resonar, que el Espíritu Santo por cuya inspiración santos hombres de Dios hablaron esta palabra y por cuyo impulso y guía ellos la recibieron como sus amanuenses y la han consignado por escrito, que este Espíritu Santo es el Autor de la luz cuyo auxilio nosotros obtenemos para la percepción y el entendimiento de los significados divinos de la Palabra, y es el Realizador de esta certidumbre por la que creemos que estos significados sean verdaderamente divinos; que Él es el *Autor necesario* y el *todo-suficiente Realizador.*[121]

Arminio claramente creía en la autoría divina (¡si no más bien el dictado!) de la Escritura. En las páginas que siguen a esta declaración en el discurso formal, Arminio debatió la idea católico-romana de dos fuentes iguales de verdad, afirmando la exclusiva supremacía de la autoridad de la Escritura sobre la tradición y la interpretación de la iglesia. En su

---

[120] Arminius. Oration III. *Works,* Vol. 1, p. 374.

[121] Ibid., p. 397-78.

«Declaración de sentimientos», entregada a los estados de Holanda (líderes gubernamentales) un año antes de su muerte, Arminio testificó su devoción a la autoridad de la Escritura al declarar que, si cualquier cosa que él enseñó fuera contraria a la Escritura, él debería ser castigado de manera severa.[122]

Dos citas más de Arminio deberían establecer, de manera suficiente, su confianza en la única y suprema autoridad de la Escritura en todas las cuestiones teológicas: «conferimos únicamente a la Palabra de Dios la honra apropiada y debida y la establecemos *más allá* (o más que *por encima*) de *todas las disputas*, es demasiado grande para sujetarse a cualquier excepción y digna de toda aceptación» y «la iglesia siempre tiene a Moisés y a los profetas, a los evangelistas y los apóstoles, esto es, las Escrituras del Antiguo y Nuevo Testamento; y estas escrituras de manera plena y clara abarcan todo lo que es necesario para la salvación.»[123] En todos sus escritos, el padre del arminianismo no dejó duda acerca de su posición en lo referente a la autoridad de la Escritura; él la pone por encima de toda tradición, las tradiciones reformadas, así como por encima de su propio pensamiento: «La regla de la Verdad Teológica no es doble, una primaria y la otra secundaria; sino que es una y sencilla, las Sagradas Escrituras.»[124] Él argumentó que incluso los credos y las confesiones de fe deben ser vistas con menos importancia que la Escritura y que deben ser sujeto de revisión siempre y cuando tales se muestren incorrectos al ser comparados al mensaje de la Escritura. Por esta afirmación él era a veces criticado por sus oponentes calvinistas, que deseaban mantener los credos y declaraciones confesionales (por ejemplo, el Catecismo de Heidelberg y la Confesión Belga) como incorregiblemente verdaderos y autoritativos. Contra ellos, Arminio escribió:

La doctrina una vez recibida en la iglesia debería ser sometida a examen, sin importar cuán grande pueda ser el temor [pues] este es uno de los mandamientos de Dios: «sino probad los espíritus si son de Dios» (1 Juan 4.1). Si la cogitación (¿vacilación temerosa pensamiento?) ... hubiese actuado como obstáculo en las mentes de Lutero,

[122] Ibid., p. 609.
[123] Ibid., p. 701, 723.
[124] Arminius. *Works.* Vol. 2, p. 706.

Zwinglio y otros, ellos nunca habrían indagado la doctrina de los papistas o la habrían sometido a un examen de escrutinio.[125]

Simón Episcopio. Entonces, Arminio estaba comprometido con la suprema autoridad de la Palabra de Dios por encima de toda tradición y filosofía, pero ¿y los arminianos posteriores? Una de las primeras obras de la teología arminiana después de Arminio fue producida por Simón Episcopio, el líder de los remonstrantes de la primera generación (él llegó a ser el líder del seminario remonstrante en los Países Bajos cuando el arminianismo fue tolerado una vez más, en 1625). El breve título de su declaración teológica arminiana seminal es *Confession of Faith of Those Called Arminians* [Confesión de fe de los que son llamados arminianos]. Esta confesión es una afirmación bastante ortodoxa de la doctrina protestante con una característica fuertemente sinergista. Episcopio afirmó la superioridad de la Escritura por encima de todas las confesiones humanas y declaraciones de fe, y debatió que estas son secundarias con relación a la Biblia y deben ser siempre desafiadas por la Escritura.[126]. Él confesó la infalibilidad de la Escritura la eficiencia y perspicuidad.[127]. Episcopio dijo: «En estos mismos libros (de la Biblia) se contiene perfectamente una revelación plena y más que suficiente de todos los misterios de fe.»[128] Aun Philip Limborch, líder remonstrante posterior, quien fuera el principal responsable por vulgarizar el arminianismo con una fuerte dosis de racionalismo y semipelagianismo, afirmó la suprema autoridad e inerrancia de la Escritura[129].

John Wesley. Algunos calvinistas han sugerido que John Wesley desertó de la verdadera fe protestante al hacer uso de lo que metodistas posteriores han llamado el «cuadrilátero wesleyano» de fuentes y normas: Escritura, tradición, razón y experiencia. En ningún lugar hay una afirmación explícita de Wesley de este cuadrilátero como su método

---

[125] Ibid., v. 1, p. 722-23.

[126] Episcopius, S. (1684). *Confession of Faith of Those Called Arminians*. London: Heart & Bible, p. 18-25.

[127] Ibid., p. 61-75.

[128] Ibid., p. 71.

[129] Limborch, P. (1713). *A Complete System, or Body of Divinity*, trad. William Jones. London: John Darby, p. 10.

teológico, en realidad ese es un método discernido por Albert Outler y otros eruditos en Wesley. Sin embargo, hay una cosa extremadamente clara en los escritos de Wesley, la Escritura está sobre y por encima de toda otra fuente o norma como supremo criterio de verdad en todas las cuestiones relacionadas a la religión y la ética. El teólogo metodista evangélico Thomas Oden, nada más y nada menos que una autoridad en Wesley, ha descartado las alegaciones contra las credenciales protestantes de Wesley con relación a la autoridad de la Escritura. Para demostrar esto, Oden cita Wesley de manera extensa:

> Es «la fe de los protestantes» «creer en nada más y nada menos de lo que está expresamente contenido y probado por las Santas Escrituras». «La palabra escrita es la única y plena regla de su fe, así como la práctica». «Creemos que la Escritura es de Dios». Se nos pide «no ser sabios por encima de lo que está escrito. No imponer nada que la Escritura claramente no imponga. No prohibir nada que ella claramente no prohíba». «No permito ninguna otra regla, sea de fe o de práctica, más allá de las Santas Escrituras». No hay canon oculto o escondido dentro de canon, debido a la extensión plenaria de la inspiración bíblica.[130]

Wesley claramente no negó el principio protestante de *sola scriptura*, y si él lo violó, esto aún no ha sido demostrado por nadie. Por supuesto, muchos cristianos discrepan de la interpretación de Wesley de las Escrituras, pero la alegación de que él no creía en la autoridad única, suprema y suficiente de la Escritura para todas las cuestiones de fe y práctica cristiana es simplemente falsa.

Los metodistas del siglo XIX. Los teólogos principales del arminismo del siglo XIX fueron los metodistas Richard Watson, William Burton Pope, Thomas O. Summers y John Miley. ¿Qué tienen ellos que decir acerca de la autoridad de la revelación divina y, en especial, de la Escritura con relación a otras fuentes y normas de teología? Todos los cuatro afirmaron de

---

[130] Oden, T. (1994) *John's Wesley Scriptural Christianity*. Grand Rapids: Zondervan, p. 56. Las citas son de los sermones «Sobre fe» y «Justificación por la fe» y de las cartas para John Dickins y James Hervey. Oden cita además «El carácter de un metodista» de Wesley que «la Palabra escrita de Dios (es) la única y suficiente regla tanto para la fe cristiana como para la práctica» (ibid.).

todo corazón la *sola scriptura* y basaron todas sus conclusiones teológicas en la Biblia, en lugar de normas o fuentes extrabíblicas. Esto no implica que ellos no usaran la tradición y la razón, pero las utilizaron como herramientas para interpretar la Escritura no como fuentes primarias o criterio de la verdad en la crítica teológica o la construcción. Watson claramente afirmó la supremacía de la Escritura inspirada como una revelación sobrenatural de Dios que está por encima de cualquier otra fuente o norma de doctrina, teología o conducta: «Cuando una doctrina está claramente revelada a nosotros, permaneciendo como permanece sobre una autoridad infalible (Escritura) ninguna doctrina contraria puede ser verdadera; es, en realidad, lo mismo que decir que las opiniones humanas deben ser probadas por la autoridad divina y que la revelación debe ser consistente consigo misma.»[131] Él dejó más que evidente que tanto la razón como la tradición (sin mencionar la experiencia) deben ser juzgadas por la Escritura, que es la única revelación sobrenatural escrita de Dios y juez de toda la verdad en doctrina y conducta. Pope también expuso y promovió la doctrina de la *sola scriptura* es decir la Escritura como la única suprema autoridad en todas las cuestiones de la fe y de las prácticas cristianas. Él describió la inspiración divina de la Escritura como una influencia sobrenatural del Espíritu Santo y, luego, declaró:

> Su inspiración plenaria hace de la Escritura la autoridad absoluta, final y toda-suficiente como supremo patrón de fe, constitución de ética y carta de privilegios de la iglesia de Dios... En el dominio de la verdad religiosa y el reino de Dios entre los hombres, su declaración de autoridad y suficiencia es absoluta.[132]

Miley llamó a las Escrituras como «una revelación sobrenatural de la verdad de Dios» y debatió que toda persona debería ser «sumisa a su autoridad en cuestiones de fe y práctica.»[133] Él rechazó la elevación de cualquier fuente o norma por encima o equiparada con la Escritura en

---

[131] Watson, R. (1851). *Theological Institutes, O, A View of the Evidences, Doctrines, Morals, and Institutions of Christianity.* New York: Lane & Scott, v. 1, p. 99.

[132] Pope, W. B. (1851). *A Compendium of Christian Theology.* New York: Philips & Hunt, Vol. 1, p. 174-175.

[133] Miley, J. (1989). *Systematic Theology.* Peabody, Mass.: Hendrickson, Vol. 1, p. 46-47.

término de autoridad, y afirmó que todas las doctrinas deben ser construidas únicamente a partir de las Escrituras. ¿Los críticos de la visión arminiana de la Escritura han leído a estos teólogos arminianos seminales del siglo XIX? ¿O solo tienen en mente a los desertores del verdadero arminianismo de siglo XX, de manera principal a ciertos pensadores metodistas liberales del período después de la segunda guerra mundial? *Los arminianos del siglo XX.* Los teólogos arminianos del siglo XX afirmaron la *sola scriptura*. Por supuesto, debemos hacer la distinción entre los arminianos liberalizados (arminianos de cabeza) y los arminianos clásicos (arminianos de corazón). Se puede encontrar al primer grupo básicamente en las iglesias metodistas predominantes (de forma especial en la iglesia Metodista Unida) y de manera ocasional entre bautistas, episcopales y congregacionales. Muy pocos de ellos, si es que alguno, se consideran arminianos ya que su creencia en la libertad de la voluntad no se deriva de la Biblia o de la tradición arminiana (incluyendo a Wesley), sino del humanismo del Iluminismo y del pensamiento fundado en la filosofía del proceso de Alfred North Whitehead. Los arminianos clásicos actúan de manera fundamental dentro del movimiento evangélico más amplio y se pueden encontrar, sobre todo, en las varias denominaciones de movimiento de santidad, tales como la Iglesia del Nazareno, la Iglesia Metodista Libre y la Iglesia Wesleyana. Algunas de estas denominaciones actúan dentro del movimiento restauracionista y enseñan en instituciones asociadas a las Iglesias de Cristo o a las Iglesias Cristianas Independientes. Otras son los Bautistas del Libre Albedrío o los Pentecostales. El teólogo de la Iglesia del Nazareno H. Ray Dunning habla especialmente por los herederos de Wesley (movimiento de Santidad):

> Siguiendo a John Wesley, la teología wesleyana siempre construyó su obra doctrinal sobre cuatro pilares esenciales comúnmente referidos como el cuadrilátero wesleyano. Además de la Escritura, están la tradición, la razón y la experiencia. Estos, con todo, no son presentados como equivalentes. En realidad, bien comprendidas, las tres fuentes auxiliares apoyan directamente la prioridad de la autoridad bíblica.[134]

---

[134] Dunning, H. R. (1988). *Grace, Faith and Holiness.* Kansas City, Mo.: Beacon Hill, p. 77.

Afirmaciones semejantes de la supremacía y normatividad de la Biblia para la teología pueden ser encontradas en, virtualmente, todo el sistema arminiano conservador de teología del siglo xx. Un ejemplo, aunque a lo mejor más conservador que muchos, es F. Leroy Forlines, teólogo arminiano y bautista del libre albedrío, ¡quien mantiene una doctrina de la Escritura que dejaría prácticamente a todo fundamentalista orgulloso! Él aboga y defiende la creencia en la inspiración plenaria y verbal de la Biblia, así como su inerrancia y autoridad absoluta en todo tema al que ella se refiere.[135] Los críticos que acusan al arminianismo de no aferrarse al principio protestante de la *sola scriptura* deben exponer su caso con citas que nieguen este principio o, de lo contrario, destruir la *sola scriptura* de las fuentes arminianas clásicas, lo cual no serán capaces de hacer. Pueden afirmar que la creencia arminiana socava la autoridad bíblica al entrar en conflicto con lo que enseña la Escritura, pero eso es algo muy diferente a tener una baja apreciación de la Biblia. El hecho puro y simple es que todos los arminianos clásicos siempre han tenido a la Biblia en alta estima. No todos creen en la inerrancia de la Biblia, así como tampoco todos calvinistas lo creen. Dunning explica magistralmente las razones por las que los wesleyanos rechazan la inerrancia bíblica (juntamente con una visión racionalista de la Escritura), mientras que demuestra la confesión de la inspiración y suprema autoridad de la Biblia por parte de los wesleyanos.[136]

El arminianismo y la percepción de Dios y de Cristo

A lo largo de la historia, el arminianismo ha sufrido muchas calumnias de parte de los críticos protestantes conservadores y, en especial, de los calvinistas. Entre las peores acusaciones está la de que niega o minimiza la gloria y soberanía de Dios y que equivale a la herejía del arrianismo, la negación de la deidad de Jesucristo y de la trinidad. Sin embargo, ninguna de estas acusaciones es pertinente, puesto que los arminianos clásicos, empezando por el propio Arminio, siempre han confesado la gloria y majestad trascendente de Dios, así como también la soberanía de Dios. Además, siempre han afirmado la deidad ontológica (en oposición a la

---

[135] Forlines, F. L. (2001). *The Quest for Truth*. Nashville: Randall House, p. 50-5.

[136] Dunning. *Grace, Faith, and Holiness*, p. 60-62.

mera deidad funcional) de Jesucristo y la trinidad. William Witt expresa
bien las frustraciones de los arminianos respecto a las ideas erróneas y las
falsas acusaciones que rodean al arminianismo: «Uno se pregunta acerca de esta tendencia de querer encontrar herejía donde no hay ninguna
visiblemente presente, pareciera indicar un deseo de esperar lo peor.»[137]

Arminio. En su monumental disertación sobre la teología de Arminio
en la Universidad de Notre Dame, Witt demuestra concluyentemente el
propio compromiso del reformador holandés con el teísmo cristiano clásico y su concordancia con Agustín y Tomás de Aquino en todas las cuestiones esenciales a la doctrina cristiana tradicional de Dios. De acuerdo
con Arminio, Dios es la sustancia simple y autosuficiente cuya esencia y
existencia son idénticas.[138] Dios es inmutable y eterno (incluso atemporal), soberano y omnipotente.[139] Witt argumenta de manera convincente
que la mayor diferencia entre la doctrina de Arminio y la de Calvino
está en el rechazo de Arminio del voluntarismo nominalista, que (para
Arminio) hace arbitraria la libertad de Dios con relación a la creación.
(El voluntarismo nominalista ve a Dios como absolutamente libre para
utilizar su poder de cualquier forma; nos es constreñido o limitado por
el carácter de Dios). Arminio fundó toda su teología sobre el realismo
metafísico en el que «Dios no es "libremente" bueno porque Dios es bueno por naturaleza.»[140] Para los calvinistas esto parece limitar a Dios, pero
para Arminio y sus seguidores esto solamente implica que la bondad de
Dios es tan esencial para esta naturaleza como lo es su poder. En realidad, Witt afirma que Arminio pensaba que el calvinismo tendía a limitar
Dios al hacer el mundo necesario para la autoglorificación de Dios: «El
Dios trascendente del voluntarismo "necesita" de una creación sobre la
que él sea tan soberano como el Dios del inmanentismo "necesita" de
una creación en la que esté presente.»[141] De todas maneras, Witt muestra
de forma concluyente que las bases teológicas esenciales de Arminio en
su doctrina de Dios eran clásicamente teístas; en ninguna parte él negó

---

[137] Witt, W. G. (1993). *Creation, Redemption and Grace in the Theology of Jacobus Arminius.*
[Tesis doctoral, University of Notre Dame, Indiana] p. 540.

[138] Ibid., p. 267-85.

[139] Ibid., p. 491-505.

[140] Ibid., p. 300.

[141] Ibid., p. 292.

alguna cosa crucial a la doctrina cristiana de Dios. Esparcidas por todo el corpus de los escritos de Arminio están afirmaciones como esta: «La Vida de Dios es su propia Esencia y su propio Ser; porque la Esencia Divina es simple en todos aspectos, así como lo es infinita, y, por tanto, eterna e inmutable.»[142] ¿Qué más podría decir para convencer a los críticos de que su teología está alineada con la doctrina ortodoxa de Dios?

La posición de Arminio acerca de la trinidad también era inequívocamente ortodoxa. Esto se muestra en la explicación de su cristología en la «Declaración de Sentimientos». Él había sido acusado de manera falsa de negar la deidad de Jesucristo porque rechazaba la fórmula de que el Hijo de Dios era *autotheos*, Dios por derecho propio o en sí mismo. Arminio llamó como una notoria calumnia a la acusación de que él negaba la deidad de Jesucristo y de forma rotunda afirmó la igualdad de la esencia entre el Padre, el Hijo y el Espíritu Santo.[143] Aun así, él negó la idea que se implica por la fórmula *autotheos*, cuando es aplicada al Hijo, entendiendo que el Hijo tiene su deidad en y de sí mismo y de ningún otro. Esta es casi ciertamente la fuente de la antigua acusación de arrianismo, pero está basada en un malentendido que el propio Arminio esclareció. Arminio solo estaba defendiendo la antigua doctrina de la monarquía del Padre encontrada en Atanasio y en los Padres Capadocios (así como en Orígenes y en otros primeros padres de la iglesia). De acuerdo con esta visión la deidad del Hijo se deriva del Padre eternamente. El Padre es la «fuente de divinidad» dentro de la trinidad. Arminio confesó a Jesucristo como Dios, pero dijo:

La palabra «Dios», por tanto, significa que Él tiene la verdadera Esencia Divina; pero la palabra «Hijo» quiere decir que él tiene la Esencia Divina a partir del Padre: por esta razón él es correctamente denominado tanto Dios como Hijo de Dios. Pero una vez que él no puede ser llamado Padre, no se puede decir que él *tiene la Esencia Divina de sí mismo y de ningún otro.*[144]

El contexto de esta explicación de la negación de Arminio del *autotheos* del Hijo deja clara su creencia en la Trinidad ontológica. La esencia

---

[142] Arminius. *Works*. Vol. 2, p. 119.

[143] Ibid., v. 1, p. 691-95.

[144] Ibid., p. 694.

del Hijo viene del Padre (así como la del Espíritu Santo), pero es igual con el Padre en esencia y es Dios. Arminio se defendió a sí mismo al decir: «En todo este proceso (por ejemplo, el debate acerca de su cristología) yo estoy lejos de ser responsable de cualquier culpa, pues defendí la verdad y los sentimientos de la Iglesia Católica y de la Iglesia Ortodoxa.»[145] Los críticos pueden seguir el debate sobre sí Arminio tenía razón respecto a la monarquía del Padre, pero si lo declaran arriano o si dicen que él negó la deidad, en esta cuestión ellos tendrán que decir lo mismo que los padres griegos de la iglesia y de toda la tradición oriental ortodoxa, así como mucho de la teología occidental. Witt concluye que «la posición que Arminio defendió es, por supuesto, la posición católica conservadora. No fue Arminio, sino sus críticos... que estaban, como mínimo, confusos, si no es que heterodoxos en esta cuestión»[146].

Episcopio. Los teólogos arminianos posteriores no hicieron eco de la propia defensa de Arminio de la monarquía del Padre o entraron en debate en lo tocante a la fuente de la deidad del Hijo, pero ellos asumieron el teísmo clásico, así como la cristología clásica y trinitarismo. Episcopio dedicó todo un capítulo de su *Confession of Faith* [Confesión de Fe] a la Esencia de Dios y la naturaleza divina y otro capítulo a la Trinidad. Su cristología hace eco claramente y sin reservas de la doctrina de la unión hipostática de la Definición de Calcedonia (una persona, dos naturalezas); esta doctrina de la Trinidad no contiene ningún rastro de arrianismo o socianismo (unitarismo). Su descripción de la naturaleza de Dios es totalmente consistente con el teísmo clásico. Dios es uno, eterno, inmutable, infinito, omnisciente, omnipotente, autosuficiente, justo, verdadero, fiel, recto y constante.[147] Sobre todo, Dios es bueno y no causa o desea el mal o el pecado.[148] Dios es «la eterna fuente inextinguible de las cosas que son buenas», de modo que toda criatura depende totalmente de Dios para todo.[149]

---

[145] Ibid., p. 693.

[146] Witt, W. G. (1993). *Creation, Redemption and Grace in the Theology of Jacobus Arminius*. [Tesis doctoral, University of Notre Dame, Indiana] p. 544.

[147] Episcopius, S. (1684). *Confession of Faith of Those Called Arminians*. London: Heart & Bible, 1684, p. 82-88.

[148] Ibid., p. 84.

[149] Ibid., p. 87.

La misma confesión ortodoxa del ser de Dios, así como de la Trinidad y la deidad de Cristo, se puede encontrar de manera fácil en prácticamente todos los teólogos arminianos clásicos desde los inicios del arminianismo hasta el presente. Las únicas desviaciones vienen de los pseudoarminianos que abandonaron a Arminio, Episcopio y a Wesley, y se involucraron en el pensamiento protestante liberal y el Iluminismo. Estos arminianos de cabeza son revisionistas. El calvinismo también tiene sus revisionistas. El arminianismo en sí mismo no tiene más culpa por la heterodoxia pseudoarminiana que la culpa del calvinismo por las herejías de Schleiermacher y de sus seguidores.

John Wesley. Wesley es un claro ejemplo de un arminiano doctrinalmente ortodoxo, así como Tom Oden también lo es. Muchos otros podrían ser mencionados, sin embargo, si los críticos declaran que el arminianismo es de forma inherente herético o heterodoxo y apuntan a las doctrinas de Dios y de Jesús para probar la herejía, sólo un contraejemplo es necesario para refutar la acusación. A veces los críticos antiarminianos hacen excepciones especiales con Wesley y admiten que él, a diferencia de otros arminianos, era ortodoxo. ¡Algunos ponen a Wesley contra el arminianismo y dicen que en realidad él era un calvinista confuso e inconsistente! Wesley se llamaba a sí mismo arminiano y cualquiera tendría mucha dificultad en probar alguna diferencia sustancial entre su teología y la de Arminio o la de los arminianos posteriores. Con relación a Jesucristo, «Wesley empleó sin esfuerzo el lenguaje de Calcedonia en frases como "Dios real, como hombre real", "perfecto, como Dios y como hombre", "el Hijo de Dios y el Hijo del Hombre" donde una frase es tomada de su naturaleza divina y la otra de su naturaleza humana.»[150] Oden muestra concluyentemente que Wesley se aferró de manera firme al teísmo cristiano clásico, incluyendo los atributos de Dios de eternidad, omnipresencia, sabiduría y todo lo demás, y así Oden nos dice:

Wesley resumió los puntos esenciales de su doctrina de Dios en su renombrada *Carta a un católico romano*: «Así como estoy seguro de que hay un Ser infinito e independiente y que es imposible que haya

---

[150] Oden, T. (1994). *John's Wesley Scriptural Christianity*. Grand Rapids: Zondervan, p. 177. Estas citas y otras semejantes se toman de los sermones de Wesley, tal como: «Conocer al Cristo después de la carne».

más de uno, por esto creo que este único Dios es el Padre de todas las cosas», de forma especial de las criaturas racionales auto determinantes, y este Ser «es de una manera particular el Padre de los que él regenera por su Espíritu, a quienes él adopta en su Hijo como coherederos con él.»[151]

Finalmente, el trinitarismo de Wesley, es irreprochable desde una perspectiva ortodoxa[152]. Él incluso confesó el Credo Atanasiano, que contiene una de las declaraciones más tajantes de la ortodoxia trinitaria.

¿Y qué? Si Wesley era arminiano, como de seguro lo era, un ortodoxo en todos estos puntos esenciales de la enseñanza cristiana, entonces la afirmación de que el arminianismo es en sí mismo herético y heterodoxo, mínimo queda socavada si no es que se llega a admitir que es mentira lo que se le quiere endosar. Tratar de separar a Wesley del arminianismo como una excepción es imposible, él conocía el arminianismo muy bien y lo asumió, y todo su patrón de pensamiento soteriológico está alineado con el de Arminio y con toda la tradición del arminianismo fiel.

Los arminianos de los siglos xix y xx. Encontramos el mismo reconocimiento rotundo de la ortodoxia cristiana clásica, acerca de estos puntos esenciales, en los pensadores arminianos de los siglos xix y xx. Pope habla por todos los arminianos del siglo xix al confesar la doctrina calcedonia clásica de la persona de Cristo, una persona de dos naturalezas:

La Persona divino-humana es la unión, el resultado de la unión, de dos naturalezas, o más bien la personalidad que une las condiciones de la existencia divina y humana. La personalidad es una e indivisible… Las dos naturalezas de la única persona no se confunden o se fusionan.[153]

Pope y otros (Watson, Summers y Miley) afirman la encarnación de Dios en Jesucristo sin ninguna disminución o de su humanidad o de su divinidad. Con relación a la Trinidad, Miley habla por todos y afirmó la doctrina ortodoxa y clásica de la Trinidad, según se expresa en Nicea (325 d.C.) y en Constantinopla (381 d.C.) y en relación con esto Miley

---

[151] Ibid., p. 29.

[152] Ibid., p. 46-53.

[153] Pope, W. B. *A Compendium of Christian Theology.* Vol. 2, p. 118.

dijo: «En la doctrina no existe una naturaleza distinta para cada persona de la Trinidad. La diferencia es de tres subsistencias personales en el ser unitario de Dios.[154] El siglo xx no presenció desviaciones de la ortodoxia entre los arminianos clásicos. El prominente teólogo nazareno H. Orton Wiley respaldó el Credo Atanasiano como la declaración más completa de ortodoxia.[155] Así como Pope y los teólogos metodistas evangélicos del siglo xix, Wiley afirmó la doctrina de la unión hipostática en Cristo y la Trinidad ontológica (inmanente) en la eternidad.[156]

No podíamos pedir una cristología ortodoxa o una doctrina de la Trinidad más completa que la encontrada en todos los teólogos arminianos clásicos en estos dos siglos. Cuando adoramos con los nazarenos, los metodistas libres, wesleyanos y otras iglesias de tradición wesleyana o de bautistas del libre albedrío o pentecostales clásicos, nos damos cuenta de que ellos asumen por completo la fe cristiana ortodoxa; todos ellos tienen declaraciones de fe que hacen eco de los grandes temas y características de la ortodoxia protestante. El compromiso de Wiley con la ortodoxia cristiana fundamental también se mantiene por teólogos de todas estas iglesias y denominaciones arminianas.

El arminianismo y el protestantismo

Algunos pueden concordar que el arminianismo clásico es ortodoxo con relación a los elementos esenciales de la cristiandad ecuménica pero aun así pueden debatir que es protestantismo clásico heterodoxo vis-à-vis. Este es el abordaje que aparentemente toman algunos de los más severos críticos calvinistas del arminianismo que saben que las teologías de Wesley y Arminio están conformes con los estándares de Credo de la cristiandad ecuménica en lo tocante a la doctrina de Dios (en especial la Trinidad) y Cristo. Pero tales críticos a menudo reprenden a los arminianos por no alcanzar la ortodoxia protestante completa cuando se trata de creencias sobre la providencia y la salvación de Dios. En otras palabras, el conflicto básico sobre la soberanía de Dios (ver Cap. 2) sigue siendo un obstáculo para aceptar plenamente a los arminianos como ortodoxos, en la mente de muchos calvinistas. Para ellos, la ortodoxia protestante

---

[154] Miley, J. *Systematic Theology.* Vol. 1, p. 230.

[155] Wiley, H. O. (1941). *Christian Theology.* Kansas City, Mo.: Beacon Hill, Vol. 2, p. 169.

[156] Ibid., p. 180-181.

incluye a Dios como la realidad que todo lo determina y la salvación como decretada de manera monergista y entregada por Dios.

Un importante teólogo y apologista calvinista, que de manera pública describió a los arminianos como «apenas cristianos», ¡afirma que la única alternativa para el calvinismo (el determinismo divino) es el ateísmo! La Alianza de Evangélicos Confesionales que publica la revista *Modern Reformation*, no permite que los arminianos se afilien, a pesar de que se supone que incluye muchas denominaciones protestantes y tradiciones. ¿Por qué? Porque sus líderes consideran el monergismo parte integrante de la fe protestante (evangélica) plena y verdadera. Uno de los revisores de mi libro *Historia de las controversias en la teología cristiana* (Editorial Vida, 2004) me dijo que el sinergismo es simplemente herejía. Él sugirió que decir que siempre habrá monergistas y sinergistas dentro del evangelicalismo, que es como decir que el movimiento siempre incluirá la verdad y el error. Muchos de estos críticos del arminianismo saben que los arminianos de corazón evangélicos son ortodoxos en sus doctrinas de Dios y la cristología, además que son trinitarios. Pero consideran el «verdadero» protestantismo como un incremento esencial a la ortodoxia cristiana ecuménica primitiva. Para ellos esto incluye la soberanía absoluta y meticulosa de Dios y el monergismo soteriológico.

La pregunta pasa a ser si esta es o no una definición muy restringida del protestantismo y de la fe evangélica. Esta definición excluye al brazo derecho de Lutero, Philip Melanchton, quien, después de la muerte de Lutero, se puso al lado de la posición de Erasmo con relación al libre albedrío y asumió el sinergismo. Esta postura excluye a todos los anabaptistas, así como también a muchos anglicanos y episcopales. Richard Hooker (1554-1600), el gran formulador de la teología anglicana, no era monergista; su teología estaba más cerca del arminianismo posterior. ¿Por qué consagrar al monergismo como el criterio calificador de la ortodoxia protestante? Algunos dirían que es porque es necesario proteger la justificación por la gracia solamente por medio de la fe solamente. Algunos críticos del arminianismo llegan al colmo de alegar que el arminianismo no cree en este principio fundamental del protestantismo. (Esta acusación será probada como falsa en el capítulo 9). Y la acusación es hecha, muy probablemente, porque estos calvinistas imaginan que existe una íntima relación entre la justificación por la gracia solo por medio de la fe y el monergismo, y ellos concluyen, a partir de la negación arminiana del monergismo, que hay una negación imaginaria de la justificación por la gracia por medio de la fe solamente. Pero ¿y si una persona (por ejemplo, John Wesley) enseña de manera efusiva y de todo corazón sobre la justificación por la fe solo por medio de la gracia y niega el monergismo? Este es el caso con la mayoría de los arminianos; ellos disocian las dos doctrinas que los calvinistas insisten que son intrínsecas una con la otra. Es por esta razón que algunos calvinistas dicen que los arminianos son «apenas cristianos», debido a esta «dichosa inconsistencia», es decir, entre la justificación por la gracia solo por medio de la fe y el sinergismo. En el libro *Who saves Who* [¿Quién salva a quién?], Michael Horton infiere que el arminianismo no es protestantismo ortodoxo porque «si alguien no cree en la doctrina de la elección incondicional, es imposible poseer una elevada doctrina de la gracia.»[157] Por supuesto que los arminianos lo niegan y señalan a su propia doctrina de la gracia preveniente como prueba. La salvación es enteramente por la gracia y no hay espacio para el mérito. En realidad, la acusación de que el arminianismo es pelagiano o semipelagiano, y que minimiza la dependencia humana de la gracia para todo lo que sea espiritualmente bueno, es falsa.

   ¿Esta definición monergista de la ortodoxia protestante puede ser sustentada? De seguro las primeras y más influyentes voces del protestantismo: Lutero, Zwinglio y Calvino, sin mencionar a Bucer, Cranmer y Knox, eran monergistas. ¿Esto implica que todos los protestantes deben ser por siempre monergistas? Todos ellos también adoptaron la práctica del bautismo infantil. ¿Qué pasaría si alguien argumenta que solo los que practican el bautismo infantil son verdaderos protestantes? Ellos también creían de manera fuerte en la unión entre la iglesia y el estado. ¿El protestantismo auténtico de forma necesaria incluye eso también? El argumento histórico se desmorona, además, comenzando en 1525, los anabaptistas surgieron en el seno de la Reforma Protestante (en la Zúrich de Zwinglio) y se esparcieron por Europa, declararlos no protestantes sería, en cierto modo, torpe, desde una perspectiva histórica. Posterior a esto Wesley formó el movimiento metodista, ¿entonces el metodismo no forma parte de la historia protestante?

---

[157] Horton, M. S. (1992). Who Saves Who? *Modern Reformation*, n. 1., p. 1.

Algunos dirán que se debe reconocer y mantener una diferencia entre la descripción histórica y la sociológica, por un lado, y el juicio teológico normativo, por el otro. No todos los que se encuentran bajo la sombrilla del protestantismo de manera histórica y sociológica merecen ser considerados teológicamente protestantes. ¿Por qué? Algunos argumentan que el protestantismo es sinónimo de creer en la *sola gratia* y *sola fides*, en otras palabras la salvación solamente por la gracia y solamente por medio de la fe, y solo el monergismo es consistente con estas dos. Ahora, ¿el sinergismo contradice la *sola gratia* y la *sola fides*? Los arminianos no están de acuerdo con eso ya que tienen una forma de sinergismo evangélico que ve la gracia como la causa eficiente de la salvación y llama a la fe como la única causa instrumental de la salvación, en exclusión de los méritos humanos. Aunque esto fuera inconsistente, ¿por qué excluir a los arminianos del ala protestante cuando ellos afirman (aunque de manera inconsistente) el principio esencial? ¿Simplemente porque los administradores evangélicos poderosos y algunos eruditos y líderes influyentes creen que el arminianismo es, a lo sumo, un protestantismo imperfecto y posiblemente heterodoxo? Los arminianos no son oídos o tratados de modo igualitario en algunas reuniones y aulas de clase de organizaciones protestantes evangélicas (y también no evangélicas). Si utilizan el término arminiano con orgullo, ellos son a menudo marginados, si no excluidos, de algunas organizaciones protestantes evangélicas transdenominacionales y multiconfesionales.

El resto de este libro está dedicado a demostrar que el arminianismo clásico es una forma de ortodoxia protestante. Mostraré que el arminianismo no está dedicado al libre albedrío por cualquier motivo humanístico o iluminista, o por poseer una antropología optimista. El arminianismo clásico es una teología de la gracia que afirma la justificación por la gracia solamente solo por medio de la fe. Finalmente, se argumentará que el arminianismo no conduce inevitablemente a la teología liberal, al universalismo o al teísmo abierto.[158]

---

[158] ¡Esta afirmación no sugiere que el teísmo abierto esté en el mismo nivel de la teología liberal o del universalismo! Sin embargo, algunos calvinistas y otros críticos del arminianismo tratan al teísmo abierto como tal e intentan mostrar que la teología arminiana conduce forzosamente al teísmo. La mayoría de los arminianos clásicos, aun los que no consideran el teísmo abierto herético, discrepa de estos críticos. El teísmo abierto será discutido en el capítulo 8.

MITO 4

El corazón del arminianismo es creer en el libre albedrío

El verdadero corazón de la teología arminiana es el carácter amoroso y justo de Dios; el principio formal del arminianismo es la voluntad universal de Dios para la salvación.

PREGÚNTELE A LOS CRISTIANOS MÁS VERSADOS ACERCA del calvinismo y el arminianismo y ellos le dirán que los primeros creen en la predestinación y los segundos en el libre albedrío. Así como muchas opiniones populares acerca de la religión, esta afirmación es incorrecta y no tiene sustento, y como mínimo es un error. Muchos calvinistas afirman creer en el libre albedrío y se refieren, por supuesto, al libre albedrío que es compatible con la determinación divina (libre albedrío compatibilista). Todos los verdaderos arminianos creen en la predestinación; por supuesto, ellos se refieren a la elección condicional basada en el preconocimiento de Dios acerca de la fe. Con todo, a pesar de estas aseveraciones, la afirmación de que todos los calvinistas creen en la predestinación y no en el libre albedrío es falsa, así como es falso asegurar que todos los arminianos creen en el libre albedrío, pero no en la predestinación.

Tal vez la calumnia más dañina que los críticos han difundido contra el arminianismo es la de dice que esta teología comienza y es controlada por la creencia en la libertad de la voluntad. ¡Inclusive algunos arminianos llegaron a creer en eso! Pero tal idea es simplemente errónea. No es verdad que el arminianismo está controlado por una creencia a priori en la libre agencia, así como también no es verdad que el calvinismo está controlado por una negación a priori de libre albedrío. Cada visión teológica respecto al libre albedrío surge de y se apoya en compromisos más fundamentales. Y aun así, incluso teólogos perspicaces que no deberían incurrir en tales equivocaciones, comúnmente alegan que el libre albedrío mantiene una posición poderosa y controladora en el arminianismo. De acuerdo con el teólogo luterano Rick Ritchie: «El hilo conductor en el arminianismo es la creencia en el libre albedrío del hombre.»[159] El calvinista Kim Riddlebarger llama a la libertad humana el «primer principio» del arminianismo.[160] Aun con toda la investigación acerca del arminianismo y la retórica conciliadora, los teólogos calvinistas Robert Peterson y Michael Williams se equivocan al escribir: «El compromiso incompatibilista con la libertad de la voluntad como el mayor valor y el primer principio de la construcción doctrinal mueve al arminianismo a defender que las elecciones y acciones humanas no poseen significados si Dios las dirige por su poder de decreto.»[161]

Con todo el debido respeto a estos dos autores y otros que hacen la misma crítica al arminianismo, este arminiano debe objetar enérgicamente. Todos los verdaderos arminianos intervendrían ante esta aseveración. En primer lugar, el compromiso con la libertad de la voluntad no es el mayor valor o el primer principio de la construcción doctrinal del arminianismo. Es lugar de honor pertenece a la visión arminiana del carácter de Dios según se discierne a partir de una lectura sinóptica de la Escritura, usando la revelación de Dios en Jesucristo como el control hermenéutico. Los arminianos creen en el libre albedrío porque lo ven asumido en todas partes de la Biblia y porque es necesario para proteger la reputación de Dios. En segundo lugar, los arminianos no defienden que las elecciones y acciones humanas no poseen significado si Dios las dirige por su poder de decreto. En realidad, los arminianos no se oponen a la idea de que Dios «dirige» las elecciones y acciones humanas; pero todos los arminianos se oponen a la creencia de que Dios controla las acciones humanas, ¡principalmente las acciones malas y pecaminosas! Además, los arminianos no logran divisar una manera de abrazar al

---

[159] Ritchie, R. (1992). A Lutheran Response to Arminianism. *Modern Reformation*, n. 1 p. 12.

[160] Riddlebarger, K. (1992). Fire and Water. *Modern Reformation*, n. 1, p. 9.

[161] Peterson, R. A.; Williams, M. D. (2004). *Why I Am Not an Arminian*. Downers Grove, III.: Intervarsity Press, p. 157.

determinismo divino (monergismo) sin evitar hacer de Dios el autor del pecado y del mal. Algunos calvinistas (como algunos arminianos) utilizan un lenguaje más blando que el que exige su teología, cuando quieren señalar un aspecto que puede ser ofensivo a otros. Lo que Peterson y Williams deberían haber escrito es que los arminianos creen que las elecciones y acciones humanas no tienen significado si son controladas de manera absoluta por el poder de decreto de Dios. El arminianismo no se opone a la idea de que Dios dirige las elecciones y acciones humanas por medio del poder de persuasión, además el arminianismo asume la idea de que Dios dirige las elecciones y acciones humanas al hacerlas encajar en su plan maestro para la historia. Lo único que el arminianismo rechaza, en este campo específico, es que Dios controla todas las elecciones y acciones humanas. Los arminianos desearían que sus críticos utilicen un lenguaje más claro que, de hecho, enfatice las diferencias reales, sin confundir los puntos de discusión.

¿Por qué los arminianos se oponen a la creencia de que Dios controla las decisiones y acciones humanas por medio de su poder de decreto? Primero, seamos claros acerca de las razones que los arminianos *no* utilizan al oponerse a esta creencia determinista. No es porque están encantados con algún compromiso moderno de la libertad humana, ¡ya había arminianos antes de la ascensión de la modernidad (y del Iluminismo), y había cristianos en el libre albedrío incompatibilista muy antes de Arminio! Los primeros padres griegos de la iglesia creían en la libertad de la voluntad y rechazaban toda forma de determinismo. Segundo, no es porque no crean en el poder de decreto de Dios, los verdaderos arminianos siempre han creído que Dios ordena y aun controla muchas cosas en la historia; en realidad afirman la libertad y omnipotencia de Dios. Si Dios eligiera controlar cada decisión y acción humana, él podría hacerlo. Mas bien, la verdadera razón por la cual los arminianos rechazan el control divino de toda elección y acción humana es porque eso haría a Dios el autor del pecado y del mal. Para los arminianos, tal control haría de Dios, como mínimo, moralmente ambiguo y, en el peor de los casos, el único pecador. ¡Los arminianos reconocen que los calvinistas no afirman que Dios sea moralmente ambiguo o malo! Algunos, con todo, de hecho creen que Dios es el autor del pecado y del mal. El teólogo calvinista Edwin Palmer argumentó que Dios, de hecho, preordena el pecado: «La Biblia es clara: Dios ordena el pecado.» «Aunque todas las cosas, inclusive la incredulidad y el pecado, proceden del eterno decreto de Dios, el hombre todavía es responsable de sus pecados.»[162] Es por esto que los arminianos se oponen a la creencia en el determinismo exhaustivo de cualquier forma; el determinismo no logra evitar hacer a Dios el autor del pecado y del mal, y la conclusión lógica debe ser la de que Dios no es plenamente bueno, aunque los calvinistas y otros monergistas discrepan.[163]

El arminianismo comienza con la bondad de Dios y termina al afirmar el libre albedrío. El libre albedrío es el resultado de la bondad y la bondad está basada en la revelación divina. Dios se revela a sí mismo como incondicional e inequívocamente bueno, lo que no excluye la justicia y la retribución de la ira. Esto solo excluye la posibilidad de que Dios peque, de desear que otros pequen o que cause el pecado. Si la bondad de Dios es tan misteriosa que llega a ser compatible con desear y activamente hacer realidad la Caída y todos los otros males (aunque sólo fuera por quitar el poder necesario para evitar el pecado) de la historia humana, esta bondad no tiene sentido. Un concepto que es compatible con todo y con nada es un concepto vacío. No hay ningún ejemplo dentro de la humanidad donde la bondad sea compatible con desear que alguien haga el mal o peque y que sufra eternamente por ello. Los arminianos están muy conscientes de los argumentos calvinistas basados en el relato del Génesis, donde los hermanos de José intentaron su cautiverio por maldad, pero con todo, Dios lo encaminó para bien (Gn 50:20). Los arminianos simplemente no creen que esto pruebe que Dios *ordena* el mal a fin de hacer el bien a partir de él. Los arminianos creen que Dios *permite* el pecado y que extrae el bien a partir del mal. De lo contrario, ¿quién, de hecho, es el verdadero pecador?

---

[162] Palmer, E.H. (1972). *The Five Points of Calvinism*. Grand Rapids: Baker, p. 85, 103, 106.

[163] Estoy muy consciente de que los calvinistas (y otros deterministas divinos) dicen que Dios es plenamente bueno y apelan a que un bien mayor justifica la preordenación de Dios del pecado y del mal. Pero los arminianos quieren saber ¿cuál bien mayor podría posiblemente justificar el Holocausto? ¿Cuál bien mayor puede justificar de manera posible el hecho de que una porción significativa de la humanidad deba sufrir por la eternidad en el infierno, al margen de cualquier acción genuina y libre que ellos o su cabeza federal adámica haya tomado? Apelar a la gloria de Dios y justificar la reprobación incondicional para el infierno, según dijo Wesley, nos hiela la sangre. ¿Qué tipo de Dios es este que es glorificado al preordenar y reprobar a las personas al infierno de manera incondicional? Si se apela a la necesidad del infierno para la manifestación del atributo de justicia de Dios, los arminianos se preguntan si la cruz fue insuficiente.

El arminianismo trata, en todos aspectos, de proteger la reputación de Dios al proteger su carácter según lo revelado en Jesucristo y en la Escritura. Los arminianos no están preocupados con alguna fascinación humana de justicia, Dios no necesita ser justo. La justicia no es necesaria para la bondad, pero el amor y la justicia son necesarios para la bondad, y ambos excluyen la determinación voluntaria al pecado, el mal o el sufrimiento eterno. En este punto, algunos críticos del arminianismo refutan la idea de que proteger el carácter de Dios de esta manera, al negar el determinismo divino, revela un compromiso primeramente con la razón sobre la Escritura.[164] Esto demuestra, al menos de acuerdo con algunos calvinistas, que la Escritura enseña tanto el determinismo exhaustivo divino, incluyendo la preordenación del pecado como la bondad incondicional y absoluta de Dios, sin ninguna sugerencia de injusticia o falta de santidad. «Todas las cosas, incluso el pecado, son causadas por Dios, sin que Dios viole su santidad» y «cuando Dios habla, según claramente lo hizo en Romanos 9, entonces nosotros debemos solamente seguir y creer, aunque no podamos entender y aunque esto parezca, para nuestras mentes débiles, contradictorio.»[165] Palmer, como muchos calvinistas, afirmó asumir tal antinomismo, un tipo de paradoja, sin intentar utilizar la razón para resolverlo. Como muchos críticos del arminianismo, él acusó a los arminianos de utilizar la razón contra la Biblia para aligerar la paradoja. No obstante, el mismo Palmer, como muchos calvinistas, también utilizó la razón en el intento de aligerar la paradoja y dejó de darse cuenta de que los arminianos no rechazan la paradoja; ellos simplemente piensan que esta paradoja en particular, que Dios es incondicionalmente bueno y que aun así preordena el pecado y el mal, no se enseña en las Escrituras, ¡lo que la convierte en una absoluta contradicción lógica! Palmer afirmó que la Biblia enseña que Dios ordena el pecado y, sin embargo, trató de sacar a Dios del apuro argumentando que Dios no causa el pecado, sino que lo asegura mediante un «permiso eficaz».[166] En otras palabras, no se atrevía a decir que Dios en realidad causa el pecado o es el autor del pecado. Más bien, solo los humanos son responsables del pecado. Dios simplemente permitió que

---

[164] Palmer, *Five Points of Calvinism*, p. 85.

[165] Ibid., p. 101, 109.

[166] Ibid., p. 98.

los humanos pecaran (aunque en realidad él preordenó eso). En medio de este va y viene la mente se hace un embrollo. Otros calvinistas completan los espacios para Palmer. La típica explicación calvinista dice que Dios quitó el poder moral necesario para que Adán y Eva evitaran el pecado, de manera que la rebelión de ellos era inevitable sin que Dios, de hecho, les hiciera pecar. ¿No es esta una distinción sin ninguna diferencia? Palmer afirmó que Dios quiere el pecado y la incredulidad involuntariamente; Dios no se deleita en ellos, aunque los desee y los efectúe[167]. Al darse cuenta de las dificultades lógicas de estas afirmaciones, Palmer dijo: «Las objeciones a la enseñanza de la reprobación (determinada de manera divina) a menudo se basan más en el racionalismo escolástico que en la humilde sumisión a la palabra de Dios.»[168] Esto no es solamente un insulto para los arminianos, sino que también se vuelve contra el propio Palmer en la medida en que él no está contento con solo decir (como el reformador suizo Ulrico Zwinglio, que aceptó valientemente esta perspectiva) que Dios es el autor del pecado y del mal, y esto plantea serias preguntas con respecto a la bondad de Dios. Palmer utilizó la razón para intentar proteger la bondad de Dios diciendo algo que la Biblia no dice: que Dios efectúa el pecado y la incredulidad de manera diferente de la que Él efectúa las buenas acciones y la fe (al meramente quitar la gracia necesaria para que las criaturas eviten el pecado y la incredulidad).[169]

---

[167] Ibid., p. 106-7.

[168] Ibid., p. 107.

[169] Ibid., p. 106. Debido a que la imparcialidad es una preocupación fundamental aquí, es correcto reconocer que algunos calvinistas afirman el monergismo de la salvación sin ir hasta el punto del determinismo divino absoluto de todas las cosas. Peterson y Williams, por ejemplo, parecen decir que Dios no es moralmente mancillado por el pecado y la incredulidad de los réprobos o por ignorarlos en la elección, puesto que ellos heredan el pecado de Adán y nacen condenados, así como los corruptos. Por tanto, ellos merecen el infierno y Dios es misericordioso por el hecho de elegir salvar a algunos de entre la masa de condenación. «El propio hombre causa la incredulidad. La descripción arminiana donde se indica que los calvinistas creen que Dios crea personas para ser pecadoras y luego las condena por ser lo que Él las hizo ser es una grave distorsión... Sí, Dios es la causa del creer... Pero no necesita causar incredulidad. Nuestra Caída en Adán ya lo hizo» (Why I Am Not an Arminian?, p. 132-3). Sin embargo, eso parece no solo contradecir a Calvino y a Palmer (ambos afirman el determinismo exhaustivo divino), como también plantea serias cuestiones acerca del motivo por el cual Adán y Eva pecaron. ¿Cuál fue la participación de Dios en el caso? Y si Dios salva a algunos entre la masa de la perdición de manera incondicional, ¿por qué él no salva a todos? Peterson y Williams escriben: «Mientras Dios ordena que todos se arrepientan y no se deleita en la muerte del pecador, no todos son salvos porque no es la intención de

Los arminianos, a veces, quedan pasmados, con la aparente disposición a la ignorancia del arminianismo por parte de algunos calvinistas y su ceguera con relación a la doble moral en su crítica al arminianismo. Muy a menudo ellos son rápidos en enfatizar las debilidades del arminianismo y les gusta sacar las cosas de proporción, mientras ignoran las debilidades de su propio sistema o presentan excusas al citar la antinomia. Sin embargo, ellos hacen lo mejor que pueden para aligerar la paradoja, algo que le critican a los arminianos por hacer lo mismo. No obstante, los arminianos quedarían contentos si sus críticos calvinistas tan solo reconocieran que el hilo conductor del arminianismo no es la creencia en el libre albedrío, sino el compromiso con cierta visión de la bondad de Dios, cualquier lectura imparcial de Arminio o de cualquiera de sus fieles seguidores mostrará que este es el caso.

Arminio y los primeros arminianos con respecto la bondad de Dios

Arminio. En desacuerdo con la opinión popular, no comenzó con el libre albedrío y llegó a la elección condicional o gracia resistible. En lugar de esto, su impulso teológico básico es absoluto: el compromiso con la bondad de Dios. Su teología es Cristo céntrica, Jesucristo es nuestra mejor pista sobre el carácter de Dios y en él Dios está revelado como compasivo, misericordioso, amable y justo. La teología de Arminio está incorporada con argumentos contra el calvinismo de todos los tipos: supralapsario e infralapsario. Por tanto, a menudo es imposible ilustrar sus puntos de

---

Dios dar su gracia redentora a todos» y «nosotros no sabemos por qué Dios escogió salvar a uno, pero no al otro» (Ibid., p. 128-30). El arminiano tiene problemas con esto, así como con la visión calvinista más extrema (pero tal vez históricamente normativa) de que Dios preordenó la caída de Adán y Eva y el destino eterno de cada persona de manera incondicional. Efectivamente, esto es lo mismo. Una vez que Adán y Eva cayeron (que no puede ser por el libre albedrío libertario de ellos, una vez que Peterson y Williams rechazan la libertad incompatibilista como incoherente), Dios escoge salvar a algunos independientemente de sus propias decisiones libres libertarias. Si Dios es bueno de algún modo análogo a lo mejor de la bondad humana (¡como Dios ordena y pide que lo imitemos en estas acciones de bondad!), ¿por qué Él relega incondicionalmente a algunas personas para el sufrimiento eterno? La cuestión no es la equidad, sino la bondad y el amor. Apelar a la ignorancia no resuelve nada; el carácter de Dios aún queda mancillado con esta postura, pues sea cual sea la razón para esto, no tiene que ver con la bondad o maldad de las decisiones libres. ¡La única alternativa es la arbitrariedad divina! No obstante, reconozco que la mayoría de los calvinistas *no* considera a Dios arbitrario o el autor del pecado y del mal, aunque los arminianos no alcanzan a entender cómo ellos pueden evitar esas conclusiones.

vista con citas directas sin incluir algunas de las afirmaciones más duras
contra el calvinismo. Esto es lamentable, puesto que la retórica de aquel
entonces era de manera común más incisiva de lo que la mayoría de las
personas de hoy se sentirían cómodas. Los lectores deben recordar que
Arminio estaba bajo ataques verbales muy duros y que estaba profundamente decepcionado; a lo largo de su carrera como teólogo casi todo su
tiempo se dedicó a responder las denuncias y acusaciones de herejía. Y
también hay que recordar que la retórica de los calvinistas (incluyendo el
mismo Calvino) no era menos áspera.

El compromiso de Arminio con la bondad divina aparece de forma
especial en las respuestas a los calvinistas William Perkins y Francisco
Gomar. El principio conductor y más elemental de Arminio en esos debates era que Dios es necesariamente bueno y bueno por naturaleza; la
bondad de Dios controla el poder de Dios. Y la bondad de Dios y la
gloria son inseparables; por lo que vemos que «Dios es glorificado precisamente al revelar su bondad en la creación y en la redención.»[170] «Dios
es bueno por una necesidad natural e interna, no de manera *libre*.»[171] Esta
fue una forma por la que Arminio expresó su realismo metafísico, que
se oponía al voluntarismo nominalista (es decir, Dios es bueno porque
Él elige ser bueno y que no es bueno por naturaleza). De forma clara,
Arminio temía que el calvinismo de su época estuviese basado, como la
teología de Lutero, en el nominalismo, que niega que cualquier naturaleza divina intrínseca y eterna controla el ejercicio del poder de Dios. De
acuerdo con Arminio, en el calvinismo «la naturaleza divina corre el riesgo de ser consumida en la oscuridad del Dios oculto del decreto divino
(la elección y reprobación incondicional).»[172]Arminio no podía soportar,
ningún indicio de arbitrariedad o injusticia en Dios por causa de la revelación del carácter de Dios en Jesucristo, y esta revelación no esconde un
Dios oculto y oscuro que secretamente desea la destrucción de los impíos,
salvo cuando éstos de manera voluntaria eligen su malignidad en resistencia a la libre gracia de Dios. William Witt, experto en Arminio, está en
lo correcto al afirmar que la principal preocupación de Arminio no era

[170] Arminius. Oration II. *Works*. Vol. 1, p. 364.

[171] Arminius. Certain Articles to Be Diligently Examined and Weighed. *Works*. Vol. 2, p. 707.

[172] Arminius, J., citado por Witt, W.G. (1993). *Creation, Redemption and Grace in the Theology of Jacobus Arminius*. [Tesis doctoral, University of Notre Dame. Indiana] p. 312.

el libre albedrío, sino la relación de Dios con las criaturas racionales y, en especial, la gracia de Dios abundando en relación con ellos como resultado de su naturaleza, que es amor.[173] «La mayor preocupación de Arminio era evitar hacer de Dios el autor del pecado.»[174] Para decirlo sin rodeos, Arminio pensaba que Dios no podría preordenar o causar directa o indirectamente el pecado y el mal, aunque quisiera (lo que él no haría), pues esto haría que Dios fuese el autor del pecado. Y la naturaleza buena y justa de Dios exige que él desee la salvación de todo ser humano.[175] Tal visión es totalmente consistente con las Escrituras (1 Ti 2:4; 2 P 3:9).

Cuando Arminio derribó las teologías de William Perkins y Francisco Gomar, él no apeló al libre albedrío como su principio fundamental, sino a la bondad divina. Primero, él argumentó que incluso el calvinismo blando (en oposición al supralapsarianismo) no puede evitar hacer a Dios el autor del pecado al originar la Caída de manera inevitable, en la medida en que se aferra al determinismo divino. Perkins era un calvinista típico de la época, en el sentido de que atribuía la Caída a la deserción de Dios, de parte de los hombres, de manera voluntaria, y aun así, también defendía que la Caída había sido preordenada y asegurada por Dios, quien retiró suficiente gracia de Adán y Eva. Ante esto Arminio le escribió a Perkins:

> Pero usted dice que «la voluntad del hombre intervino en esta deserción (de Dios)», porque «el hombre no estaba abandonado, sino dispuesto a ser abandonado.» A esto respondo, si así es, entonces ciertamente el hombre merecía ser abandonado. Pero me pregunto si el hombre podría haber deseado no ser abandonado. Si usted dice que cabe la posibilidad, entonces él no pecó forzosamente, sino libremente. Pero si usted dice que él no podría, entonces la culpa recae sobre Dios.[176]

Esto es crucial para el argumento de Arminio contra los que dicen que la Caída ocurrió forzosamente por decreto de Dios y que Dios la deseó y la hizo realidad. Entonces, Dios no es como se reveló en Jesucristo,

---

[173] Witt, W.G. (1993). *Creation, Redemption and Grace in the Theology of Jacobus Arminius*. [Tesis doctoral, University of Notre Dame. Indiana], p. 419,

[174] Ibid., p. 690.

[175] Ibid., p. 622.

[176] Arminius. An Examination of Dr. Perkins's Pamphlet on predestination. *Works*, Vol. 3, p. 375.

ni tampoco es perfectamente bueno. Entonces la culpa recae sobre Dios
y hay un lado oscuro en Dios. Arminio declaró acerca del supralapsarianismo (en el que Dios decreta quién será salvo y quién será condenado
antes de la creación y de la caída), que «Dios no ha creado criaturas racionales con esta intención de ser condenadas... pues esto sería injusto»[177].
Tal doctrina atribuye a Dios un plan «peor, que ni aun el mismo diablo
pudo concebir en sus propósitos más malignos.»[178] Aunque el supralapsarianismo fuese el mayor adversario de Arminio, él se dio cuenta de que
toda forma de calvinismo que él conocía (incluyendo lo que vino a ser
llamado de infralapsarianismo, que dice que Dios decretó salvar a algunos y condenar individuos a la luz de la Caída) entraba en la misma categoría al hacer la caída de la humanidad necesaria por el decreto divino,
y entonces insiste en que Dios de forma incondicional, por decreto, salva
solo una porción de la humanidad caída. El núcleo de todo el argumento
de Arminio contra el calvinismo yace en esta declaración:

> Esta criatura no tiene otra opción más que pecar, pues, abandonada
> a su propia naturaleza, una ley es impuesta que es imposible de ser
> cumplida por los poderes de su naturaleza. Pero (de acuerdo con el
> calvinismo) una ley imposible de ser cumplida por los poderes de su
> naturaleza fue impuesta al hombre abandonado a su propia naturale-
> za, por tanto, el hombre abandonado a su propia naturaleza forzosa-
> mente pecó. Y, por consiguiente, Dios, que dio esta ley, y determinó
> dejar al hombre a su propia naturaleza (al quitar el poder para no
> pecar) es la causa de que el hombre haya pecado.[179]

Arminio habló severamente respecto a las consecuencias lógicas de
la visión calvinista convencional del determinismo divino en la Caída,
que resultó en pecado y condenación eterna (pues Dios decidió de forma
incondicional ignorar a muchos y salvar a otros): «si esta "determinación"
denota el decreto de Dios por el que Él resolvió que la voluntad debía

[177] Arminius. An Examination of the Theses of Dr. Franciscus Gomarus Respecting Predestination. *Works*. Vol. 3, p. 602.

[178] Ibid., p. 603.

[179] Id., Friendly Conference of James Arminius... with Mr. Franciscus Junius, About Predestination. *Works*, Vol. 3, p. 214.

ser depravada y que el hombre debía cometer pecado, entonces la consecuencia es que este Dios es el autor del pecado.»[180] Ante esto, Arminio
fue con todo el ímpetu: «A partir de esas premisas (que todas las cosas
ocurren forzosamente por decreto divino, incluyendo la Caída) nosotros
deducimos... que Dios, *de hecho, peca...* que *Dios es el único pecador...*
que el pecado no es pecado»[181]. ¡Entonces podemos ver que el argumento
de Arminio contra la visión calvinista no es que esta viola el libre albedrío! Antes bien, él dijo: «Esta doctrina es repugnante a la naturaleza de
Dios e injuriosa a la gloria de Dios.»[182] Que quede claro, aunque Arminio
a menudo estuviese, como en este contexto particular, hablando acerca
del supralapsarianismo, él, muchas veces, salía de su camino para observar que «un segundo tipo de predestinación» (infralapsarianismo) calza
dentro de las mismas objeciones al hacer que Dios preordenara la Caída;
por tanto, él es el autor del pecado.[183] En todos sus escritos contra el calvinismo y a favor del libre albedrío, Arminio apeló a la naturaleza y al
carácter de Dios. Él tenía consciencia de que los calvinistas negaban que
Dios fuese el autor del pecado o que fuese, de alguna manera, mancillado
por la culpa del pecado, pero él insistía que esta es, con todo, una inferen-
cia justa a partir de lo que ellos creen.[184]

Simón Episcopio. Los seguidores remonstrantes de Arminio hicieron
eco del método holandés de utilizar el carácter y la bondad de Dios como
principio crítico para rechazar el determinismo divino y el monergismo,
y para adherirse al sinergismo evangélico. Simón Episcopio trató extensi-
vamente la bondad de Dios como su atributo primario y controlador en
la *Confession of Faith* [Confesión de Fe], de 1622. Él aseveró que, aunque
Dios sea libre y no está determinado por ninguna necesidad o alguna causa interna o externa, debido a su naturaleza Dios no puede desear ni causar
el mal.[185] El «no puede» no es porque Dios no sea capaz, pues, de acuerdo
con Episcopio, Dios es omnipotente, lo que implica que él puede hacer

---

[180] Id., Nine Questions. *Works*, Vol. 2, p. 65.

[181] Id., A Declaration of Sentiments. *Works*, Vol. 1, p. 630.

[182] Ibid., pp. 623, 630.

[183] Ibid., p. 648.

[184] Arminius. Theses of Dr. Franciscus Gomarus. *Works*, Vol. 3, p. 654.

[185] Episcopius, S. (1684). *Confession of Faith of Those Called Arminians*. London: Heart & Bible, p. 84.

cualquier cosa que no sea inconsistente o contra su voluntad. Pero Dios
puede hacer mucho más de lo que desea y su voluntad está guiada por su
naturaleza, que es buena. La naturaleza de Dios es perfecta en bondad y
justicia, él nunca hace mal a nadie. «Él es el bien supremo, tanto en sí mismo como en sus criaturas»[186]. ¿Por qué hay pecado y mal en la creación de
Dios si él es perfectamente bueno y «la fuente inextinguible de todas las
cosas que son buenas?»[187] Porque él valora la libertad que concedió a sus
criaturas humanas, y él no la revocará, aunque esta libertad sea el medio
por el cual el pecado y el mal se adentren en la creación. Dios permite,
pero él no desea o causa el pecado y el mal, «a fin de no derrocar el orden
que él mismo una vez estableció y destruya y anule la libertad que dio a
su criatura.»[188] Pero Dios nunca impone el pecado o el mal a nadie, lo que
violaría el carácter de Dios al hacerlo el autor del pecado. Dios concedió a
Adán y Eva todo lo necesario para la obediencia y la bendición, pero aun
así ellos se rebelaron, lo que explica porque ellos y toda su posteridad están condenados (a no ser que se arrepientan y tengan fe). Para Episcopio,
al igual que para Arminio, el calvinismo inapelablemente coloca a Dios
como el autor del pecado al hacer la Caída necesaria por su decreto y al
retirar la gracia suficiente para no pecar. Esta opinión convierte a Dios en
imprudente e injusto y «el verdadero y propio autor del pecado»[189]. Una
vez más, al igual que Arminio, Episcopio no estaba preocupado por el
libre albedrío en sí mismo, sino por la naturaleza y el carácter de Dios.

Philip Limborch. Posteriormente, Philip Limborch, un remonstrante
desertor del arminianismo clásico, también apeló a la bondad de Dios

---

[186] Ibid., p. 85.

[187] Ibid., p. 87.

[188] Ibid., p. 85. Observe que, aunque parezca que Arminio y los arminianos hagan de la libertad
el propósito último de Dios en la creación y por tanto su mayor bien, este no es, de hecho, el
caso. Cuando Arminio y los arminianos dicen que Dios valora el libre albedrío de sus criaturas
y que no las privará de este, ellos no quieren decir que el libre albedrío sea bueno por y en sí
mismo. Antes bien, Dios crea y preserva el libre albedrío por causa de un bien mayor, que es
adecuadamente aducido por el teólogo metodista Thomas Oden (1994), según explica la razón
por la que Dios permite el pecado: «Dios no quiere el pecado, pero permite el pecado con el
fin de preservar a las personas libres, compasivas y autodeterminadas con las que quiere compartir Su amor y santidad divinos incomparables.» (*John's Wesley Scriptural Christianity*. Grand
Rapids: Zondervan, p. 172). En otras palabras, el bien mayor que exige el libre albedrío es una
relación de amor, la cual según los arminianos, no se puede determinar por nadie más que las
personas que aman.

[189] Ibid., p. 104.

al refutar el calvinismo convencional. Debido a que Dios es inherentemente bueno, lo que significa que es justo, la caída de la humanidad en el pecado no podría ser el resultado de algún consejo secreto o determinación de Dios, ya que esto haría de Dios, directa o indirectamente, el autor del pecado y del mal.[190] Pese a no haber sido un buen representante del verdadero arminianismo, principalmente en su doctrina de la habilidad moral humana tras la Caída, Limborch habló en verdad por todos los arminianos acerca de la creencia de que Dios hizo realidad la Caída al retirar de Adán y Eva (y, por implicación, de toda la humanidad) la gracia suficiente para no pecar:

La irracionalidad (para no decir algo peor) de este argumento se presenta a primera vista; pues, ¿qué puede ser considerado más injusto que Dios, al retirar su gracia restrictiva suficiente, pone a las criaturas bajo una necesidad fatal de pecar y, luego, las castiga por lo que no podían dejar de hacer? Si esto no es hacer a Dios el autor del mal y acusarlo con la más alta injusticia... entonces no sé qué es y si tal doctrina, tan insultante a la naturaleza de Dios, debe mantenerse lo dejaremos al juicio del mundo.[191]

Como todos los arminianos, Limborch rechazó la doctrina de la elección incondicional y, en especial, la reprobación incondicional, no porque ella se aparte del libre albedrío, sino porque ultraja el carácter de Dios. Él afirmó la elección y la predestinación condicional como algo que rinde gloria a Dios, pero apeló a las Escrituras (1Ti 2:4; 2 P 3:9) para establecer la voluntad universal de Dios para la salvación y asoció esta voluntad con el amor de Dios como su atributo esencial: «la doctrina de la reprobación absoluta es repugnante a las perfecciones divinas de santidad, justicia, sinceridad, sabiduría y amor»,[192] además dijo:

¿Qué puede ser más deshonroso, qué puede ser más indigno de Dios que hacerlo el autor del pecado, lo que es tan extremadamente

---

[190] Limborch, P. (1713). *A Complete System, or Body of Divinity*. (trans. William Jones). London: John Darby, p. 68-69.

[191] Ibid., p. 88.

[192] Ibid., p. 371.

inconsistente con su santidad, algo que él severamente prohíbe y amenaza castigar con nada menos que tormentos eternos? Ciertamente esto es tan monstruoso que la simple consideración debería ser suficiente para disuadir, a todos los que se preocupan por la gloria de Dios, de adoptar tal doctrina grosera e indecorosa.[193]

Conclusión. Observemos el patrón en todos los argumentos. Ninguno de estos autores apeló al libre albedrío como el primer principio de construcción teológica o principio fundamental para rechazar el determinismo divino y el monergismo. Si los críticos calvinistas estuviesen en lo correcto, nosotros veríamos a los arminianos diciendo cosas tales como: «La preordenación de Dios de todas las cosas, incluyendo la Caída, no puede ser verdadera porque eso privaría a los seres humanos de su libre albedrío.» Pero eso no es lo que encontramos en la literatura arminiana (¡en oposición, quizás, a populares tratados religiosos o clichés proferidos por personas que piensan que son arminianas!). Los verdaderos arminianos siempre han establecido sus creencias en la libertad de la voluntad y en la negación del determinismo divino, incluyendo el libre albedrío compatibilista, y en el principio de la bondad de Dios. Tomando en cuenta la abundancia del mal en el mundo surge de la Caída de la humanidad en el jardín, el libre albedrío, y no el determinismo divino, debe ser la causa, o de lo contrario Dio sería el autor de todos esos pecados, haciendo esto su carácter moralmente ambiguo y su reputación cuestionable. Este es el patrón del argumento arminiano. Por supuesto, los calvinistas aún pueden afirmar que los arminianos estás motivados por una «creencia casi idólatra en el libre albedrío» por sí sola (o aun por motivos de la justicia), pues esto en realidad no aparece en la literatura, lo que revela es que los arminianos están primeramente preocupados por la bondad de Dios y no por el libre albedrío o la justicia.

John Wesley y la bondad de Dios

John Wesley, renovador arminiano del siglo XVIII y fundador del metodismo, siguió el mismo método de Arminio y de los remonstrantes al rechazar el calvinismo y afirmar el libre albedrío. Él no empezó, a priori,

---

[193] Ibid., p. 372.

con la creencia en el libre albedrío, y luego partió de ahí. Él siquiera estaba absolutamente comprometido con la libertad de la voluntad; él estaba dispuesto a admitir que, a veces, Dios domina la voluntad y fuerza a la persona a hacer algo que él quiere que sea hecho.[194] Su mayor preocupación era proteger la bondad de Dios de la acusación de que Dios es el autor del pecado y del mal. Y Wesley no podía ver cómo el calvinismo podría escapar de esta conclusión. Para Wesley, cualquier creencia en la elección incondicional conduce inapelablemente a la doble predestinación, que incluye la reprobación incondicional de ciertos individuos para la condenación y sufrimiento eterno. Para Wesley, «el precio de la exégesis de la doble predestinación es muy alto no solo para la responsabilidad moral, sino también para la teodicea, el evangelismo, los atributos de Dios, la bondad de la creación y la libertad humana.»[195] Sin embargo, el punto crucial del argumento de Wesley es que la creencia en la doble predestinación, que proviene de manera forzosa de la creencia en la elección incondicional, subvierte los atributos morales de Dios: «El Dios misericordioso aparece como un tirano caprichoso más engañoso que el propio diablo; y la persona humana como un autómata.»[196]

El sermón de Wesley «Gracia libre» representa lo peor de la polémica arminiana contra el calvinismo; incluso los seguidores de Wesley lo consideran un «sermón desmedido», que resultó en una divergencia innecesaria entre Wesley y el metodista calvinista George Whitefield, todo durante el Gran Despertar y después del mismo[197]. Sin embargo, allí los fundamentos teológicos básicos de Wesley se vuelven transparentes y se puede ver que él no apeló primeramente al libre albedrío o a la equidad, sino a la naturaleza de Dios y al carácter de amor. Al inicio, Wesley estableció su fundamento: «La gracia o amor de Dios, donde empieza nuestra salvación, es libre en todos y libre para todos.»[198] Él continuó eliminando

---

[194] De acuerdo con Thomas Oden, prominente experto en Wesley, Wesley concordaba con su compañero renovador calvinista en que algunas personas pueden ser predestinadas por Dios para la salvación, pero rechazaba cualquier reprobación por decreto divino como incompatible con la bondad de Dios. Ver Thomas Oden, *John's Wesley Scriptural Christianity*, p. 523.

[195] Ibid., p. 257.

[196] Ibid., p. 259.

[197] Outer, A. (1986). Nota del editor sobre: John's Wesley "Free Grace." *The Works of John Wesley*, Vol. 3, sermón 3. Nashville: Abingdon, p. 542-3.

[198] Wesley, J. Free Grace. *Works*, Vol. 3, Sermón 3, p. 544.

por completo cualquier acusación a su teología que indicara que estaba basada en la apreciación del mérito humano o en las buenas obras, o incluso en las decisiones y acciones libres: «Toda bondad que esté en el hombre o que sea hecha por el hombre, Dios es el autor y ejecutor de ella»[199]. (Todos los arminianos están de acuerdo con Wesley al respecto, ¡pero nosotros nunca nos daríamos cuenta de esto al leer literatura calvinista polémica sobre el arminianismo o Wesley!). Entonces, Wesley defendió que la creencia calvinista en la «predestinación única» de manera lógica implica una doble predestinación, lo cual incluye la reprobación incondicional y la condenación de ciertas personas al infierno sin esperanza o a pesar de sus decisiones o acciones genuinamente libres:

> Ustedes (calvinistas) incluso creen que, a consecuencia de un decreto inmutable e irresistible de Dios, la mayor parte de la humanidad permanece en muerte sin ninguna posibilidad de redención, por cuanto *nadie puede salvarlos*, sino Dios y él *no los salvará*. Ustedes creen que él *ha decretado de manera absoluta, no salvarlos*; y ¿qué es esto, sino decretarles condenación? Esto es, de hecho, nada más y nada menos que lo mismo. Pues si están muertos y totalmente incapaces de revivir, entonces si Dios ha decretado, de manera absoluta, su muerte eterna, están absolutamente destinados a la condenación. Así que, entonces, aunque ustedes utilicen palabras más suaves que algunas personas, quieren decir la misma cosa.[200]

Wesley siguió enumerando varios motivos por los cuales esta doctrina es falsa. En primer lugar, la doctrina entra en conflicto con el atributo del amor de Dios que se revela en la Escritura: «Ahora, ¿qué puede ser una contradicción más clara que esta, no solo para todo el alcance y tono de las Escrituras, sino también para todos aquellos textos específicos que expresamente declaran: "Dios es amor?"». «Esta doctrina es falsa ya que destruye todos los atributos (de Dios) de una sola vez», y «representa al más santo Dios como peor que el mismo diablo, más falso, más cruel y más injusto». Finalmente, Wesley declaró: «Sea lo que sea… que pruebe

---

[199] Ibid., p. 545.
[200] Ibid., p. 547.

la Escritura, ella jamás puede probar eso. Sea lo que sea el verdadero significado de la Escritura, no puede ser ese su verdadero significado.... No hay Escritura que muestre que Dios no es amor, o que su misericordia no esté sobre todas sus obras. Entonces, sin importar lo que pueda probar de lado, no hay Escritura que pueda probar la predestinación.»[201]

Wesley no estaba negando la autoridad de la Escritura o imponiendo un patrón de autoridad o verdad ajeno a la Escritura; él solo estaba afirmando su propia visión sinóptica (y de todos los arminianos) del significado de la Escritura como un todo y esta visión general no puede ser contradicha o solapada por cualquier pasaje particular problemático. La Escritura como un todo, y Jesucristo en especial, identifica a Dios como amoroso y justo; si un pasaje restringido (aunque sea todo un capítulo) parece contradecirlo, ese texto debe ser interpretado a la luz de toda la revelación y no permitir que domine, controle y, finalmente, aniquile el verdadero sentido de la autorrevelación de Dios como bueno. El patrón de autoridad teológica y hermenéutica visto en Arminio y en los remonstrantes es repetido por Wesley: la bondad de Dios (su amor y justicia) es el primer contenido de revelación, y el determinismo divino y el monergismo no pueden estar en armonía con ese contenido.

Jerry Walls, experto en Wesley, esclarece el método de Wesley al revelar la suposición básica de realismo metafísico la cual nos dice que Dios tiene una naturaleza que limita y controla el uso de su poder y aunque Dios pudiera practicar la doble predestinación, él no lo haría a causa de su bondad innata. Walls contrasta esto con el nominalismo de Calvino y de Lutero, que conduce a una noción voluntarista en la que el poder de Dios es más fundamental que su bondad, el resultado de esta percepción es un Dios oculto que preordena el mal, algo que Wesley no podía tolerar. Para Wesley, no hay un Dios oculto detrás del Dios revelado en Jesucristo, y el Dios revelado en Jesús es, sin restricciones, bueno. Con relación a la acusación de que esto ignora la trascendencia de Dios, en la que la bondad de Dios podría ser diferente de nuestra noción de bondad, Wesley confiaba en lo que Walls llama «confiabilidad moral» y evitaba el «fideísmo moral». «Para Wesley es simplemente impensable que Dios nos haya creado de tal manera que no podamos confiar en nuestros sentimientos

---

[201] Ibid., p. 552, 555,556.

morales más fuertes. Tal pensamiento, como él lo pone (en palabras también utilizadas en otra parte), "nos hiela la sangre"»[202]. Este Dios, cuya bondad no posee ninguna analogía con lo mejor de la bondad humana o con la bondad revelada y ordenada en la Escritura, no es confiable y es indigno de confianza. Este Dios sólo puede ser temido y apenas puede ser diferenciado del diablo. Para Wesley, la única alternativa para esta visión aterrorizante de Dios es la creencia en la libertad de la voluntad.

Los metodistas del siglo XIX y la bondad de Dios

Richard Watson. Los seguidores evangélicos de Wesley del siglo XIX se adhirieron al mismo modelo de argumento: que parte de la bondad de Dios al libre albedrío. Por ejemplo, el metodista primitivo Richard Watson no comenzó con el libre albedrío, sino con la bondad de Dios. Al comentar acerca del esquema calvinista de la elección incondicional (que acompaña a la reprobación incondicional), Watson dice:

> Las dificultades de reconciliar un esquema como este con la naturaleza de Dios, no como lo imagina el hombre, sino como se revela en su propia palabra; y muchas otras declaraciones de la Escritura con relación a los principios de la administración tanto de su ley como de su gracia; uno podría suponer que tales dificultades son insuperables por cualquier mente, y, en realidad, son tan repugnantes, que pocos de los que se aferran a la doctrina de la elección serán lo suficientemente valientes como para mantenerlas de manera constante a la vista.[203]

Watson le declara lo siguiente a los que defienden que la bondad de Dios es de alguna manera misteriosamente compatible con el determinismo divino y el monergismo, incluyendo el envío incondicional de algunas personas al infierno:

> Es de lo más atroz jugar con el sentido común de la humanidad y llamar a eso un procedimiento justo en Dios, algo que todos los hombres condenarían como un acto monstruoso de tiranía y opresión en

---

[202] Walls, J. (1989). *Divine Commands, Predestination, and Moral Intuition*, en *The Grace of God, the Will of Man*, Ed. Clark H. Pinnock. Grand Rapids: Zondervan, p. 273.

[203] Watson, R. (1851). *Theological Institutes*. New York: Lane & Scott, Vol. 2, p. 339.

un juez humano, a saber, que serían castigados con la pena capital, como si fuera una ofensa personal, a los que nunca pudieron querer o pudieron actuar de otra manera.[204]

Este es un excelente ejemplo de lo que Walls llama confiabilidad moral; siendo que la única alternativa a esta es el fideísmo, que simplemente asevera que Dios es bueno contra toda la noción de bondad conocida por la humanidad o revelada en la Escritura.

William Burton Pope. El teólogo metodista del siglo xix William Burton Pope argumentó contra el calvinismo con respecto al libre albedrío basado en la bondad de Dios revelada en Jesucristo. Para él, como para todos los arminianos, «el propio Dios, con todas las ideas que construimos sobre su naturaleza, nos es dado por la revelación de Cristo.»[205] Mientras que Cristo revela a Dios como amor, la doctrina de Calvino de la elección y reprobación incondicionales implica «que todo es de la soberanía absoluta, incuestionable y despótica de Dios»[206]. Finalmente, Pope declaró: «De manera indudable es ignominioso al nombre de Dios suponer que él impondría sobre los pecadores una resistencia que, para ellos, es una necesidad, y luego les reclamaría de ultraje contra Su Espíritu, cuya influencia fue ofrecida sólo parcialmente.»[207] Así como Wesley y Watson, Pope fundamentó su creencia en el libre albedrío y elección condicional en la bondad de Dios.

John Miley. Al considerar el monergismo versus sinergismo, John Miley, otro teólogo metodista del siglo xix, también partió de la prioridad del amor divino. En lugar de establecer ante todo que los seres humanos tienen libre albedrío (como los calvinistas críticos del arminianismo dirían) Miley comenzó fundamentando su posición con el amor de Dios y de ahí partió hacia la libertad de la voluntad.

> Ninguna verdad teísta está más profundamente enfatizada en las Escrituras que el amor….Cualquier noción de Dios sin amor está vacía del contenido más vital de la idea verdadera. La propia plenitud

---

[204] Ibid., p. 439.

[205] Pope, W. P. *A Compendium of Christian Theology.* New York: Philips & Hunt, n.d., Vol. 2, p. 345.

[206] Ibid., 352.

[207] Ibid., 346-47.

de otras perfecciones, como el conocimiento infinito y el poder y la justicia, en ausencia del amor, las reviste del temor mas terrible, lo suficiente, como para envolver al mundo en desesperación.[208].

De acuerdo con Miley, el determinismo divino hace cualquier teodicea viable (la justificación de los caminos de Dios) imposible. Aparte de la creencia en el libre albedrío, todo mal debe ser puesto en la cuenta divina.[209] Al abordar la doctrina de la predestinación, Miley no la rechazó con base en la incompatibilidad de esta con el libre albedrío, sino que él rechazó la elección y la reprobación incondicionales, que él dijo que deben andar juntas, pues ambas hacen a Dios injusto, sin afecto, arbitrario y falso. El carácter de Dios está en juego: «Una reprobación por pecado inevitable debe ser contraria a la justicia divina», y «la doctrina de la reprobación está desaprobada por la universalidad de la expiación; por la sinceridad divina en la oferta universal de la salvación en Cristo y por el amor universal de Dios.»[210] Finalmente, Miley señaló que la reprobación y la elección incondicionales solo pueden estar basadas en la elección arbitraria, puesto que no hay nada en el carácter o naturaleza de una persona que haga que Dios la elija.[211] Entonces, todo esto es contrario al retrato del Dios misericordioso, justo, compasivo y amable que encontramos en la Biblia. El libre albedrío sigue a este discernimiento sobre la imposibilidad del determinismo divino, pero no controla tal discernimiento.

Los arminianos del siglo XX y contemporáneos y la bondad de Dios

¿Qué decir de los arminianos del siglo XX y del siglo XXI? ¿Ellos mantienen el patrón de Arminio, Episcopio, Limborch, Wesley, Watson, Pope, Miley y muchos otros arminianos más antiguos? ¿Ellos basan su arminianismo en una visión del carácter de Dios o una creencia preconcebida a priori en el libre albedrío? El espacio nos impide tratar a todos pero nos es suficiente decir que cualquier crítico tendría mucha dificultad en encontrar un verdadero arminiano, ya sea en el pasado o en el presente,

---

[208] Miley, J. (1989). *Systematic Theology*. Peabody, Mass.: Hendrickson, Vol. 1, p. 204-5.

[209] Ibid., p. 330.

[210] Ibid., 265.

[211] Ibid., 266.

que defienda al libre albedrío como el primer principio de su teología. El amor de Dios como guía conductora de la teología arminiana se enfatiza innumerables veces por los autores de *The Grace of God, the Will of Man* [La gracia de Dios, la voluntad del hombre]. El editor Clark Pinnock habla por todos los autores cuando plantea la pregunta básica que fundamenta el conflicto arminiano-calvinista: «Es Dios el monarca absoluto que siempre se sale con la suya o más bien es el Padre amable y sensible a nuestras necesidades aun cuando lo decepcionamos y frustramos algunos de sus planes?»[212] Pinnock pregunta a sus lectores: «Dios ama a sus vecinos, o quizás Dios los excluye de la salvación?»[213]. Pero ¿las dos cosas no se pueden combinar? ¿Dios no puede amar y excluir a las mismas personas? Los arminianos responden con un resonante no. No es posible combinar el amor verdadero con la exclusión cuando la exclusión es incondicional y para el sufrimiento eterno. Un calvinista evangélico sugiere que Dios ama a todas las personas, incluyendo a los réprobos, de alguna manera, pero solo ama a algunas personas (los elegidos) en todos los sentidos. Esto no tiene sentido para los arminianos. ¿De qué manera podría Dios ser amoroso con aquellos a quienes ha decretado incondicionalmente enviar a las llamas del infierno por la eternidad? Decir que Dios los ama de todos modos (aunque sólo de *cierta* forma) es hacer del *amor* un término ambiguo, vaciándolo de su significado. ¿Será que Dios no puede ser un Dios de amor aunque él dicte y determine los destinos eternos de las personas, incluyendo algunos para el tormento sin fin? Nuevamente, ¿cuál sería el significado del amor en este caso? Y ¿en qué se diferenciaría tal Dios del diablo, aparte de en términos de la población total del infierno? Para citar de nuevo a Wesley diré: «¿Este amor no le hiela la sangre?»

El teólogo arminiano Fritz Guy asevera de manera correcta que para el arminianismo «el amor de Dios es el contenido interior de todas las doctrinas del cristianismo. Todas las doctrinas *se tratan* del amor» y «en la realidad de Dios, el amor es más fundamental que la justicia o el poder y está antes que ellos.»[214] Esto es porque el carácter de Dios es definitivamente revelado en Jesucristo; no es porque los arminianos prefieren un

---

[212] Pinnock, C. H. (1989). *The Grace of God, the Will of Man*. Grand Rapids: Zondervan, p. 9.

[213] Ibid., p. 10.

[214] Guy, F. (1989). The Universality of God's Love, en *The Grace of God, The Will of Man*, ed. Clark H. Pinnock. Grand Rapids: Zondervan, p. 35.

Dios sentimental y bueno. El teólogo arminiano William G. MacDonald esclarece el tema al decir:

> Al hacer teología, siempre debemos hacer la pregunta más importante acerca de Dios: «¿Cuál es su nombre?» (Éx 3:14). Su verdadera identidad es, al fin y al cabo, el punto de discusión de toda doctrina. ¿Qué tipo de Dios se ha manifestado a sí mismo en la historia, culminando en la infalible revelación en Cristo? ¿Qué enseña e implica una doctrina específica como la elección respecto a la naturaleza de Dios? El carácter de Dios está en juego en toda doctrina y, en especial, en la doctrina de la elección.[215]

MacDonald concluye: «Los intentos de hacer de la elección individualista el absoluto de un sistema teológico, al fin, lograron el éxito al alejarse de los contingentes de la gracia por las certezas de los decretos, frente a los cuales las personas están indefensas. Así que el amor de Dios por todo el mundo es entonces puesto en duda.»[216]

El punto es que para estos y otros arminianos contemporáneos, la creencia dominante no es el libre albedrío, sino el carácter bondadoso de Dios, que se manifiesta en amor y justicia. El libre albedrío sólo entra porque sin él Dios se torna la realidad toda-determinante, que es forzosamente el autor del pecado y del mal, ya sea de manera directa o indirecta. Esto hace que Dios sea moralmente ambiguo y contradice, en especial, la revelación neotestamentaria de Dios.[217]

---

[215] Macdonald, W.G. (1989). The Biblical Doctrine of Election, en The Grace of God, The Will of Man, ed. Clark H. Pinnock. Grand Rapids: Zondervan, p. 207.

[216] Ibid., 224-25.

[217] Algunos exégetas calvinistas intentaron decir que en Juan 3:16 (y otros pasajes) donde se dice que Dios es amor o que ama a todo el mundo, el significado de la expresión «todo el mundo» es «todo tipo de personas» o «personas de todas las tribus y naciones del mundo». Los arminianos ven esto como una interpretación teológica forzada y no como una verdadera exégesis.

MITO 5

La teología arminiana niega la soberanía de Dios

El arminianismo clásico interpreta la soberanía y la providencia de Dios de manera diferente al calvinismo, pero sin negarlas de ninguna manera; Dios está en el control de todo sin controlarlo todo.

OCASIONALMENTE, ASÍ COMO A MUCHOS ARMINIANOS, A MÍ me han hecho la pregunta acusatoria ¿No crees en la soberanía de Dios, o sí? Esta pregunta por lo general la hace un calvinista que sabe que soy arminiano; muchos calvinistas aprenden en sus iglesias e instituciones educacionales que los arminianos no creen en la soberanía de Dios. Incluso algunos arminianos creen que los calvinistas afirman y que los arminianos niegan la soberanía y la providencia de Dios, lo cual es simplemente incorrecto. Y, aun así, alguna versión de este concepto erróneo a menudo surge en el pensamiento calvinista. Ese es el caso de un teólogo calvinista evangélico de vanguardia, escritor y locutor de radio, que le dijo a su público que, aunque los arminianos aseguran que creen en la soberanía divina, cuando esta afirmación se examina de manera meticulosa, permanece muy poco de la soberanía de Dios. El pastor calvinista y teólogo Edwin Palmer dice sin rodeos que «el arminianismo niega la soberanía de Dios.»[218]

Los arminianos quedan más que desconcertados con esta afirmación calvinista respecto a la teología arminiana. ¿Estos calvinistas han leído

---

[218] Palmer, E.H. (1972). *The Five Points of Calvinism*. Grand Rapids: Baker, p. 85.

a Arminio sobre la providencia de Dios? ¿Han leído alguna literatura arminiana clásica acerca del tema o simplemente hacen uso de los relatos de terceros acerca de la teología arminiana? Me da la impresión de que muchos calvinistas críticos del arminianismo nunca han leído de manera detenida los textos de Arminio o a la teología arminiana. Pareciera que sus opiniones acerca del arminianismo provienen de Jonathan Edwards (quién escribió contra el arminianismo de cabeza de Nueva Inglaterra, que se estaba tornando unitario y deísta); de los teólogos de Princeton del siglo xix Archibald Alexander, Charles Hodge y B. B. Warfield, de Augustus Hopkins Strong, teólogo bautista de cambio de siglo; y de Louis Berkhof y Loraine Boettner, teólogos calvinistas del siglo xx. Aunque algunos de estos autores hayan tenido algún conocimiento sólido de la teología arminiana, al parecer le dieron una interpretación decididamente poco caritativa al arminianismo, lo que es menos que totalmente fiel a lo que Arminio y sus seguidores quisieron decir. Si esto es o no verdad, queda claro para los arminianos que la información distorsionada sobre la teología arminiana asola a los estudiantes, pastores y laicos calvinistas contemporáneos. Una noción que está decididamente equivocada con respecto a la creencia arminiana acerca de la soberanía de Dios, juega un papel importante. Tan solo negar que los arminianos creen en la soberanía de Dios, como lo hace Palmer, es tan descaradamente falso que aturde las mentes de los arminianos

Por supuesto, cuando los calvinistas dicen que los arminianos no creen en la soberanía de Dios, ellos de manera indudable están trabajando con una noción preconcebida de la soberanía de tal naturaleza que ningún concepto, además del de ellos, puede posiblemente alcanzar los patrones exigidos. Si empezamos por definir *soberanía* de manera determinista, el punto de discusión ya está resuelto; en este caso, los arminianos no creen en la soberanía divina. Sin embargo, ¿quién dice que la *soberanía* forzosamente incluye el control absoluto o el gobierno meticuloso en exclusión de la contingencia real y el libre albedrío? ¿La *soberanía* conlleva estos significados en la vida humana? ¿Los regentes soberanos dictan todos los detalles de las vidas de sus subordinados o supervisan y gobiernan de un modo más general? Y, con todo, aun esta analogía no ilustra de manera adecuada la creencia arminiana en la soberanía y providencia divina. El arminianismo clásico va mucho más allá de la creencia en una providencia general para incluir la afirmación de la implicación directa e íntima de Dios en todo evento de la naturaleza e historia. Lo único que la visión arminiana de la soberanía de Dios excluye es a Dios como autor del pecado y del mal. Los seguidores fieles de Arminio siempre han creído que Dios gobierna todo el universo y toda la historia. Nada en absoluto puede suceder sin el permiso de Dios, y muchas cosas son controladas y causadas específica y directamente por Dios, aun el pecado y el mal no escapan del gobierno providencial de Dios en la teología arminiana clásica. Dios las permite y las limita sin desearlas ni causarlas.

En el pensamiento cristiano clásico, la soberanía de Dios es expresada más generalmente en la doctrina de la providencia; la predestinación también es una expresión de soberanía, pero sigue la idea más general de la providencia. La providencia de Dios es de manera más usual considerada tanto general como específica (particular) y se dividide en tres categorías: preservación o sustentación, concordancia y gobierno. La soberanía sustentadora de Dios es su preservación providencial del orden creado; aun las leyes naturales, como la gravedad, son consideradas por los cristianos como expresiones de la providencia divina general. Si Dios retirara su poder sustentador, la propia naturaleza se debilitaría y colapsaría; el caos sustituiría el orden en la creación. Los deístas pueden decir que esto agota la providencia de Dios, pero la ortodoxia cristiana clásica, sea oriental, católico romana o protestante, confiesa sentidos adicionales de la soberanía providencial de Dios con relación al mundo. Los arminianos, junto con los calvinistas y otros cristianos, afirman y se adhieren a la providencia especial de Dios, en la que Él no solo sustenta el orden natural, sino que también actúa de forma especial con relación a la historia, incluyendo la historia de la salvación. La concurrencia de Dios es su consentimiento y cooperación con las decisiones y acciones de las criaturas. Ninguna criatura podría decidir o actuar sin el poder cooperativo de Dios. Para que alguien alce el brazo requiere de la concurrencia de Dios, quien presta, por así decirlo, el poder suficiente para que se pueda levantar el brazo, y sin la cooperación de Dios aun esta acción trivial sería imposible.

La mayor parte de la atención y de la controversia en la doctrina de la providencia de Dios está puesta alrededor del tercer aspecto: gobierno. ¿Cómo Dios gobierna el mundo? Mientras que la preservación y la concurrencia pueden ser consideradas formas de gobierno, los teólogos en su mayoría ven el gobierno como yendo más allá de los detalles particulares de los asuntos de las criaturas y de los humanos. ¿Dios gobierna al determinar meticulosamente todo el curso de todas las vidas, incluyendo las elecciones y acciones morales? ¿O Dios permite a los humanos una esfera de libertad y, luego responde atrayéndolos a su plan perfecto para la consumación de la historia? Los calvinistas, y algunos otros cristianos, creen que el control de Dios sobre la historia humana siempre está *de facto*, en otras palabras plenamente cumplido en un sentido minucioso y determinístico, lo que significa que nada puede frustrar la voluntad de Dios. Los arminianos, y algunos otros cristianos, creen que el control de Dios sobre la historia humana ya está siempre *de jure*, es decir por derecho y poder, si no es que completamente ejercido, pero en el presente sólo parcialmente *de facto*. Dios puede y, de hecho, ejerce control, pero no con exclusión de la libertad humana no de tal manera que lo convierta en el autor del pecado y el mal. A fin de cuentas, Jesús enseñó a sus discípulos a orar «hágase tu voluntad, como en el cielo, así también en la tierra» (Mt 6:10). Si la soberanía de Dios ya hubiera sido completamente ejercida de facto, ¿por qué alguien necesitaría orar para que la voluntad de Dios se hiciera en la tierra? En este caso, esta voluntad ya estaría siendo hecha en la tierra. Se requiere esta diferencia entre la soberanía de Dios *de facto* y *de jure* en la oración del Padre Nuestro.

Si el calvinista desea decir que la diferencia arminiana entre control soberano *de facto* y *de jure* es falsa, y que la soberanía *implica* no solo regir por derecho, sino también en la realidad determinística y minuciosa excluyendo el poder de las criaturas de frustrar la voluntad de Dios en cualquier punto, entonces la definición arminiana de la providencia divina no alcanzaría la verdadera soberanía. Pero los arminianos rechazan una definición restringida de la soberanía es decir el control absoluto y meticuloso, puesto que esta definición no evita presentar a Dios como el autor del pecado y del mal; y en este caso, los arminianos creen que Dios sería, moralmente ambiguo. La palabra *soberanía* tan solo no significa control absoluto.

La definición calvinista de soberanía es sencillamente incongruente con la soberanía según la conocemos en el mundo. Aunque los calvinistas puedan expresarla en lenguaje más blando, los arminianos creen que el «control absoluto y meticuloso» es la visión calvinista clásica. El propio relato de Calvino de la doctrina de la providencia en los *Institutes of the*

Christian Religion [Institutos de la religión cristiana] provee ejemplos concretos de eventos que parecen accidentales, pero que no lo son, pues de acuerdo con Calvino, nada sucede al azar o de manera fortuita. No hay accidentes, todo lo que sucede es preordenado por Dios para un propósito y Dios hace que todo sea cierto de manera eficaz, aunque no sea por causalidad directa e inmediata.[219] De acuerdo con Calvino, si un hombre se aparta de sus compañeros de viaje y es atacado forma violenta por salteadores, es robado y muerto, los cristianos deben considerar este evento, como todas las otras cosas, planeado y dirigido por Dios y no una casualidad.[220]

Edwin Palmer no ocultó de nadie su creencia en tal providencia meticulosa, extendiéndola aun al pecado y al mal: «Todas las cosas, incluso el pecado, son hechas por Dios», y «la Biblia es clara: Dios ordena el pecado.»[221] En su libro acerca de la providencia, el filósofo evangélico británico y teólogo Paul Helm no llega a afirmar con la misma vehemencia de Palmer que Dios ordena el pecado, pero sí afirma que nada, de ninguna manera, sucede fuera del plan y la voluntad de Dios: «No solo cada átomo y molécula, cada pensamiento y deseo, son sustentados por Dios, sino también todas las combinaciones e intersecciones de los mismos están bajo control directo de Dios.»[222] Los arminianos encuentran interesante que muchos calvinistas, como Helm y aun el mismo Calvino, utilicen términos como «permiso» y «concesión» al debatir el gobierno providencial de Dios del pecado y del mal.[223] Por causa de su determinismo divino que lo abarca todo, podemos suponer con justicia que ellos quieren decir lo que Palmer de forma audaz llamó «permiso eficaz». En otras palabras, Dios no mira o permite meramente al pecado y al mal, sino que los planea, los dirige y los direcciona, causando de manera indirecta que

---

[219] Calvino, J. (1960) *Institutes of the Christian Religion*. (trans. Ford Lewis Battles) ed. John T. McNeill. Philadelphia: Westminster Press, pp. 208-10. En este contexto, Calvino dice: «Dios hace que todos los acontecimientos se dirijan hacia donde Él desee, por la brida de su providencia» (p. 210).

[220] Ibid., p. 208-10.

[221] Palmer, E. H. (1972). *The Five Points of Calvinism*. Grand Rapids: Baker, p. 101, 103.

[222] Helm, P. (1994). *The Providence of God*. Downers Grove, Ill.: InterVarsity Press, p. 22.

[223] Ibid., p. 101. Helm, como la mayoría de los calvinistas, no se permite decir que Dios causó la Caída de la humanidad con sus terribles consecuencias, él sólo dice que Dios la permitió. Lo cual parece inconsistente con la afirmación previa de Helm de que todo giro y distorsión de cada pensamiento y deseo es controlado por Dios, además de la insistencia general en la providencia meticulosa que siempre manifiesta.

sucedan; Dios los hace una realidad, pues quiere que acontezcan por causa de un bien mayor y, a fin de cuentas, para su propia gloria. Aquí el contraste a la explicación arminiana de la soberanía y la providencia de Dios, sería la interpretación calvinista, como la expresó Palmer:

> La preordenación (sinónimo de soberanía y providencia) significa el plan soberano de Dios por medio del cual Él decide todo lo que va a pasar en todo el universo. Nada en este mundo ocurre accidentalmente. Dios está detrás de todas las cosas. Él decide y hace que todas las cosas que están por acontecer, de hecho, acontezcan…. Él preordenó todo… Incluso el pecado[224].

Esta es la visión de soberanía y providencia a la que Arminio se oponía; él no se oponía a la doctrina de la soberanía y providencia de Dios que evita transformar a Dios en el autor del pecado y del mal. Para los arminianos, la típica visión calvinista no puede evitar mostrar a Dios como el autor del mal y del pecado debido a una consecuencia lógica y necesaria, ¡sino que se da por una admisión descarada!

Los arminianos clásicos creen en la soberanía y providencia de Dios sobre la historia humana. Estas no son doctrinas extrañas o desconocidas para los arminianos; muchos autores arminianos, comenzando con el mismo Arminio, las señalaron y las explicaron con abundancia de pormenores. Los calvinistas imparciales deben reconocer que los arminianos, ciertamente, están preocupados por explicar y defender la soberanía de Dios (aunque los calvinistas no puedan concordar con la explicación arminiana).

La visión de Arminio de la soberanía y la providencia de Dios

La misma teología de Arminio de forma clara enseña que Dios tiene el derecho y el poder de disponer de su creación, incluyendo sus criaturas, de la manera que encuentre adecuada. El teólogo holandés no permitió ninguna limitación inherente de Dios por la creación, sino solamente por el propio carácter de Dios, que es amor y justicia. «Dios puede, en efecto, hacer lo que quiera con lo que es suyo; pero Él no puede desear hacer con

---

[224] Palmer, *Five Points of Calvinism*, p. 25.

lo que es suyo lo que Él no puede legítimamente hacer, puesto que Su voluntad está circunscrita a los límites de la justicia.»[225] En esta cuestión, Arminio no estaba argumentando que Dios está limitado por la justicia humana, Arminio no creía que Dios estuviera moralmente comprometido con nociones humanas de justicia. No obstante, él sí creía que la justicia de Dios no puede estar tan ajena a la mejor comprensión de la justicia, sobre todo como se comunica en la Palabra de Dios, que llegue al punto en que se vacíe de significado. Por tanto, aunque Dios tenga el derecho y el poder de hacer lo que le plazca con cualquier criatura, el carácter de Dios expresado como amor y justicia supremos hace que ciertos actos de Dios sean inconcebibles, entre estos actos estarían la predestinación del pecado y del mal. Esta es la única gran preocupación de Arminio; él concordaba con las principales ideas generales de la doctrina agustiniana de la providencia de Dios según fueron expresadas en Lutero y Calvino, pero él tenía que oponerse al determinismo divino en la providencia meticulosa, ya que conduce de forma inevitable a que Dios sea el autor del pecado.

Para la gran sorpresa de muchos arminianos, ni que decir de los calvinistas, Arminio afirmaba una fuerte doctrina de la soberanía providencial de Dios. Para él, Dios es la causa de todo, excepto del mal, lo cual él sólo permite.[226] Y todo lo que sucede, incluyendo al mal, debe ser permitido por Dios, el mal no puede suceder si Dios no lo permite.[227] Dios tiene la habilidad de impedir que cualquier cosa acontezca, pero para preservar la libertad humana, él permite el pecado y el mal, sin aprobarlos.[228] Arminio dijo de la providencia de Dios que: «Esta preserva, regula, gobierna y dirige todas las cosas, y que nada en el mundo sucede fortuitamente o por casualidad.»[229] Él elucidó esto para mostrar la diferencia entre su propia visión de la soberanía y la del calvinismo:

---

[225] Arminius, J. Friendly Conference with Mr. Francis Junius. Citado por: Sell. A. P. F. (1982). *The great debate: Calvinism, Arminianism, and Salvation*. Grand Rapids: Baker, p. 13.

[226] Arminius. A Declaration of the Sentiments of Arminius. *Works*, Vol. 1, p. 658.

[227] Arminius. An Examination of Dr. Perkins's Pamphlet on Predestination. *Works*, Vol. 3, p. 369.

[228] Arminius. A Letter Addressed to Hippolytus A Collibus. *Works*. Vol. 2, p. 697-98. Nuevamente, es importante señalar que la libertad humana no es el principal fin o propósito de Dios al crear a los seres humanos o al darles la gracia preveniente. Antes bien, la libertad es necesaria para un propósito mayor de una relación amorosa, de acuerdo con la teología arminiana la relación que no es compartida libremente por ambas partes no puede ser verdaderamente amorosa o personal.

[229] Arminius. A Declaration of the Sentiments of Arminius. *Works*, Vol. 1, p. 657.

«Nada se hace sin la ordenación (o designación) de Dios»: Si el significado de la palabra «ordenación» es que «Dios designa cosas de todo
tipo para que se realicen», este modo de enunciación es erróneo y trae
como consecuencia que Dios es el autor del pecado. Pero si significa
que «cualquier cosa que se haga, Dios la ordena para un buen fin» los
términos en que se concibe son correctos en ese caso.[230]

En otras palabras, todo lo que sucede, incluyendo el pecado (por
ejemplo, la Caída de Adán), es, como mínimo, permitido por Dios, pero
si es de hecho malo, y no solo malo en un entendimiento erróneo, no
tiene autorización o autoría de Dios. Dios lo permite «intencionalmente
y de buena voluntad», pero no de manera eficaz. Además, Dios controla
(ordena, designa, limita, dirige) *en el sentido de que* lo lleva a un buen
fin. «Dios sabe cómo extraer la luz de su propia gloria y favorecer a sus
criaturas a partir de las tinieblas y perversidad del pecado.»[231] Por tanto,
para Arminio, la providencia gobernante es abarcadora y activa sin ser
toda-controladora u omnicausal.

La explicación de Arminio sobre la providencia divina difícilmente
podría ser más elevada o más fuerte sin ser idéntica al determinismo divino calvinista. Para él, Dios está íntimamente implicado en todo lo que
sucede sin ser el autor del pecado y del mal o sin violar la libertad moral
de los seres humanos. Así es como le escribió Arminio al diplomático
Hippolytus A. Collibus:

Yo más que solícitamente evito dos causas de ofensa: que Dios no sea
propuesto como autor del pecado y que la libertad de la voluntad humana no sea quitada. Estos son dos puntos que, si alguien sabe cómo
evitar, no pensará en ningún acto que yo no permitiría gustosamente
que se atribuya a la Providencia de Dios, siempre que se tenga justa
consideración a la preeminencia divina.[232]

Arminio se sorprendió con la acusación de que tenía opiniones corrup-
tas con respecto a la providencia de Dios, pues él no midió esfuerzos para

---

[230] Ibid., p. 705.

[231] Arminius. The Public Disputation of James Arminius. *Works*, Vol. 2, p. 172.

[232] Arminius. A Letter Addressed to Hippolytus A Collibus. *Works*. Vol. 2, p. 697-98.

afirmarla. ¡Él incluso llegó a decir que todo acto humano, incluyendo el pecado, es imposible sin la cooperación de Dios! Esto simplemente forma parte de la concurrencia divina y Arminio no estaba dispuesto a considerar a Dios un espectador. Sus dos únicas excepciones para el control providencial de Dios fueron afirmadas en su carta a Hippolytus A. Collibus donde expresa que Dios no causa el pecado y que la libertad humana (de cometer el pecado libremente) no deber ser restringida. En la misma carta él opinó que la acusación surgió de su negación de que la Caída de Adán hubiera sido necesaria por algún decreto de Dios. Y sin embargo, él llegó aun al punto de aseverar que Adán pecó «infaliblemente» (¿inevitablemente?) aunque no «necesariamente». En otras palabras, de acuerdo con Arminio, la Caída de Adán no fue una sorpresa o una conmoción para Dios, Dios sabía que iba a suceder pero no se le impuso ninguna necesidad a Adán para que pecara. Para Arminio, la explicación calvinista convencional de que Adán pecó porque Dios quitó su gracia moralmente sustentadora y el poder de Adán, equivale a afirmar que Adán pecó por necesidad. Arminio no podría soportar esto, pues mancillaría el carácter de Dios.

Está probado en el relato de la concurrencia divina, que Arminio poseía una visión elevada de la soberanía de Dios y no cayó en el modo deísta de pensar acerca de la providencia. Según esto, Dios no permite el pecado como espectador ya que Dios jamás está en la posición de espectador. Mas bien, Dios no solo permite el pecado y el mal de forma deliberada y voluntaria, aunque no con aprobación o eficacia, sino que coopera con la criatura en el pecar, sin mancillarse con la culpa del pecado. Dios permite y efectua un acto pecaminoso, tal como la rebelión de Adán, porque ninguna criatura puede actuar independientemente de la ayuda de Dios. En innumerables escritos suyos, Arminio explicó detalladamente la concurrencia divina, que es indudablemente el aspecto más sutil de su doctrina de la soberanía y providencia. Para Arminio, Dios es la primera causa de todas las cosas que suceden; incluso un acto pecaminoso no puede ocurrir sin Dios como primera causa, pues las criaturas no poseen la habilidad de actuar sin su Creador, que es la causa suprema de la existencia de las mismas criaturas. Por lo tanto, aun el pecado exige:

La *Divina Concurrencia,* que es necesaria para producir todo acto, pues absolutamente nada puede tener alguna entidad, salvo a partir

del Primer y Principal Ser, que de forma inmediata produce esta entidad. La Concurrencia de Dios no es su influjo inmediato en una *causa* secundaria o inferior, sino una acción de Dios fluyendo [*influens*]
inmediatamente para el *efecto* de la criatura, de manera que el mismo
efecto en una y en la misma acción entera pueda ser producido simultáneamente [*simul*] por Dios y la criatura.[233]

Arminio argumentó que cuando Dios permite un acto, Dios jamás
niega la concurrencia a una criatura racional y libre, pues eso sería contradictorio. En otras palabras, una vez que Dios decide permitir un acto,
incluso un acto pecaminoso, Él no puede consistentemente retener el
poder de cometerlo. Sin embargo, en el caso de los actos pecaminosos y
de maldad, mientras que el mismo evento es producido tanto por Dios
como por el ser humano, la culpa del pecado no es transferida a Dios,
pues Dios es quien efectúa el acto, pero sólo en el sentido de que permite
el propio pecado.[234] Por lo que las Escrituras, a veces, atribuyen malas acciones a Dios, pues Dios está de acuerdo con ellas. Dios coopera con los
pecadores que las cometen, pero eso no implica que Dios sea la causa eficaz de esas malas acciones o que Él las desee, salvo que estén de acuerdo
con su «voluntad consecuente». Dios las permite y coopera con ellas de
forma involuntaria, a fin de conservar la libertad de los pecadores, sin lo
cual ellos no serían responsables y las personas arrepentidas no entrarían
en una relación verdaderamente amorosa y personal con Dios.

Para Arminio y sus seguidores es absolutamente crucial una distinción entre los dos modos de la voluntad de Dios: la voluntad antecedente
y la voluntad consecuente de Dios. La primera es prioritaria; la segunda existe porque Dios reluctantemente permite la deserción humana a
fin de conservar y proteger la integridad de la criatura. En su voluntad
antecedente, «Dios juzgó que era competencia de su suprema bondad
omnipotente más bien producir el bien a partir de los males, en lugar
de no permitir que los males ocurran.»[235] La voluntad de Dios precede
al mismo pecado, precede la Caída y es la razón por que la Caída pudo
suceder. En su voluntad consecuente Dios coopera con el pecador en el

---

[233] Arminius. Public Disputations. *Works*, Vol. 2, p. 183.

[234] Arminius. An Examination of Dr. Perkins's Pamphlet. *Works*, Vol. 3, p. 415.

[235] Ibid., p. 408.

pecado después y como consecuencia de la libre decisión del pecador de pecar (con el permiso de Dios). El pecado, entonces, no está dentro de la voluntad de Dios de la misma manera, está sólo dentro de la voluntad antecedente de Dios en la medida en que Dios determina permitir el pecado dentro de su creación. El pecado está sólo dentro de la voluntad, por consiguiente, en la medida en que es necesario para preservar la libertad y producir un bien mayor. Arminio utilizó esta distinción para explicar por qué no todos son salvos. «Dios desea seriamente que todos los hombres sean salvos; no obstante, compelido por la maldad obstinada e incorregible de algunos, Él determina que estos naufraguen en la fe, es decir, que sean condenados.»[236] Por tanto, aunque Dios no apruebe el pecado, el pecado no frustra la voluntad de Dios. Dios, en su voluntad antecedente, determina permitir el pecado y, por consiguiente, determina permitir que los pecadores no arrepentidos sean condenados.

Arminio aparentemente asumió una voluntad de Dios perfecta o ideal como parte de la voluntad antecedente de Dios, en la cual nadie jamás pecaría, pero creía en una «voluntad aligerada» de Dios con relación a las criaturas humanas, lo que incluye una autolimitación divina por el bien de la integridad de los mismos como seres libres. La entrada de pecado en el mundo, permitida y apoyada por Dios sin aprobación, requiere una autolimitación previa de Dios. Pero esta autolimitación no implica que Dios pasa a no involucrarse o que sea un mero espectador, frotando las manos de manera patética y ansiosa con relación a la desobediencia de sus criaturas. Dios sabe lo que está haciendo: por amor Él respeta la libertad de sus criaturas para el bien de una relación auténtica, por justicia Él no fuerza o predetermina las acciones de sus criaturas. Como resultado de esta autolimitación divina y la consecuente caída de la creación, Dios tiene que actuar de manera diferente a como lo hubiera hecho, si la humanidad no hubiera caído. Todo esto sólo es posible por causa del soberano aligeramiento de Dios de su perfecta voluntad, que es parte de su voluntad antecedente, la parte que no se sale con la suya porque el pecado interviene.[237]

---

[236] Ibid., p. 430-31.

[237] Ver a Witt, W.G. (1993). *Creation, Redemption and Grace in the Theology of Jacobus Arminius.* [Tesis doctoral, University of Notre Dame. Indiana] p. 494-506, acerca de la autolimitación de Dios y la «voluntad flexible». El abordaje de Witt a la doctrina de la providencia es superior al de Richard Muller (1991) en *God, Creation and Providence in the Thought of Jacob Arminius,* Grand Rapids: Baker. El último intenta distorsionar la verdadera figura del pensamiento de Arminio.

La acusación de que Arminio negaba la soberanía de Dios o que, de cualquier manera, la reducía es imposible de sostener. Arminio poseía una elevada visión de la providencia de Dios, y sería imposible mantener una visión más elevada o más fuerte sin caer en el determinismo divino. De acuerdo con Arminio, todo está gobernado por los decretos eternos de Dios, aunque no son iguales, nada puede ocurrir sin el permiso y la cooperación de Dios. El dominio de Dios es completo, aunque algunas cosas, tales como el pecado y la condenación, sucedan dentro de este dominio, que Dios sólo permite sin aprobar. Dios puede y, de hecho, limita al pecado y al mal, y los hace encajar en su plan general para la historia.

La soberanía y providencia de Dios en el arminianismo después de Arminio

Simón Episcopio. Los teólogos arminianos después de Arminio siguieron su liderazgo en lo que respecta a las doctrinas de la soberanía y providencia divina. La mayor preocupación de ellos siempre fue proteger el carácter de Dios de cualquier insinuación de autoría del pecado y del mal. Pero juntamente con esto ellos desarrollaron un gran aprecio por el dominio todo-abarcador de Dios sobre la creación, que va mucho más allá de la mera conservación (sustentación) para el gobierno. Episcopio, heredero de Arminio, hizo eco del horror de su mentor con relación a cualquier doctrina de la providencia que hiciera que Dios pareciese ser el autor del pecado. Él escribió que los calvinistas rígidos hacen a Dios imprudente e injusto y «el verdadero y mismo autor del pecado», ya que de manera necesaria sugiere que Dios «destinó fatalmente al réprobo a este eterno mal».[238] Por otro lado Episcopio, al igual que Arminio, afirmó

Por ejemplo, Muller sugiere que Arminio se apartó de la creencia en la omnipotencia divina por la autolimitación divina bajo la influencia de los inicios de la cosmología moderna (*God, Creation and Providence*, p. 240). ¡Pero no veo tal abandono o influencia en Arminio! La opción de Arminio por una autolimitación divina en la «voluntad flexible» de Dios no presenta ninguna limitación a la omnipotencia divina. Dios simplemente escogió no utilizar todo el poder que tiene o que podría usar. Para Arminio, Dios siempre permanece omnipotente en el sentido más radical posible dentro de una estructura de referencia metafísicamente realista (por ejemplo, el poder de Dios condicionado por su carácter). Además, la aparente creencia de Arminio en la autolimitación surgió de su obsesión con el carácter de Dios como amor y justicia, que nace de la revelación divina en Jesucristo y en la Escritura, y no de influencias culturales modernas precoces.

[238] Episcopius, Simon. (1684). *Confession of Faith of Those Called Arminians*. London: Heart & Bible, p. 104.

que Dios gobierna y dirige todas las acciones humanas y todos los eventos en la creación.[239] Episcopio excluyó sólo una clase de acciones de la
ordenación y causalidad directa e inmediata de Dios: «En lo que respecta
a la desobediencia o pecados, aunque él odie eso con la mayor de las
aversiones, con todo, de hecho, a sabiendas y voluntariamente lo permite
y lo soporta, sin embargo, no con tal permiso que la desobediencia no
pueda más que seguir... Esto significa que Dios sería completamente el
autor del pecado.»[240] Él quiso decir que Dios voluntaria y deliberadamen-
te permite el pecado, pero no lo causa, aun quitando la gracia suficiente y
poder para evitar el pecar. La elevada visión de Episcopio de la soberanía
de Dios está bien expresada en la declaración: «No hay, por tanto, nada
que acontezca en ningún lugar del mundo entero, de manera imprudente
o por casualidad, es decir, que Dios no lo sepa, no lo considere o que él
sea un mero espectador.»[241]

Episcopio estuvo de acuerdo con Arminio en que Dios concuerda
con la voluntad de la criatura libre y racional sin imponerle ninguna
necesidad sobre la criatura de hacer el bien o el mal.[242] Dios concede el
don del libre albedrío a las personas y lo controla al crear límites acerca
de lo que puede hacer.[243] Dicho de otro modo, para Episcopio y todos
los verdaderos arminianos, el libre albedrío nunca es autónomo o absoluto. (Que los arminianos creen que el libre albedrío es así es otro mito
que encontramos a menudo). Dios protege el libre albedrío, solo la libertad de Dios es absoluta.[244] El libre albedrío humano siempre es solo
libre albedrío dentro de ciertas condiciones, existe y se ejerce dentro
de un contexto restringido y la limitación de Dios es un factor en este
contexto. Aparentemente Arminio y Episcopio creían que Dios impide
actos de libre albedrío que no podrían ser dirigidos al bien, pero Dios
nunca dirige la voluntad para el mal o decreta acciones malas: «Él jamás decreta malas acciones para que acontezcan, tampoco las aprueba,
ni las ama, ni él alguna vez las otorgó propiamente o las ordenó: mucho

---

[239] Ibid.

[240] Ibid., p. 109.

[241] Ibid., p. 115.

[242] Ibid., p. 114-15.

[243] Ibid., p. 110.

[244] Arminius. Public Disputations. *Works*, Vol. 2, p. 190.

menos las provoca o las procura, tampoco las incita o fuerza alguien a hacerlas.»[245]

Philip Limborch. El remonstrante posterior Philip Limborch, puede haberse apartado de Arminio y de los primeros remonstrantes en lo referente a la depravación total y la absoluta necesidad de la gracia restauradora para cualquier ejercicio de una buena voluntad hacia Dios, pero concordó plenamente con ellos sobre la soberanía y providencia divina. Limborch afirmó la preservación de Dios de la naturaleza, la concurrencia con todo evento, y el gobierno de todas las cosas.

El gobierno de la providencia es ese acto poderoso de Dios mediante el cual administra y dispone de todas las cosas con la más alta sabiduría para que tiendan mejor al avance de su gloria y al bienestar eterno de la humanidad. Este gobierno se extiende a todas las cosas para que no haya nada en todo el universo sino lo que está bajo la guía de la providencia[246].

Limborch argumentó que Dios se limita tanto a sí mismo como a los seres humanos, de manera que su propia voluntad se ejerza con relación al libre albedrío humano, y este último es incapaz de hacer cualquier cosa, salvo lo que le es permitido por Dios y que pueda ser dirigido al bien. La concurrencia de Dios es necesaria para todas las decisiones y acciones de las criaturas. Dios no es el autor de ninguna mala acción, pero siempre es el autor de las buenas acciones, en la medida en que él confiere a los humanos la habilidad de hacerlas. En general, la soberanía de Dios significa que ninguna persona puede actuar sin el permiso y asistencia voluntaria de Dios: «Indudablemente un hombre no puede siquiera concebir en su mente, mucho menos puede ejecutar sus propias acciones, a no ser por el conocimiento, permiso y asistencia de Dios», pero «nosotros exhortamos... Que Dios no induce o predetermina a los hombres a todas las acciones, aun aquellas que son malas, de las que tenemos certeza que las Escrituras nunca permitirán.»[247]

---

[245] Episcopius, S. (1684). *Confession of Faith of Those Called Arminians.* London: Heart & Bible, p. 110.

[246] Limborch, P. (1713). *A Complete System, or Body of Divinity.* (Trans. William Jones) London: John Darby, p. 149.

[247] Ibid., p. 160, 162.

Así como Arminio, Episcopio y Limborch mantuvieron una elevada y sólida doctrina de la soberanía y providencia de Dios. Ellos sólo eximieron de los decretos de Dios y de la acción directa (causación) a los actos pecaminosos. Aunque ellos no hayan discutido sobre calamidades, podemos seguramente presumir que las considerarían parte del gobierno providencial de Dios. Los arminianos posteriores fueron los que empezaron a cuestionar esto y a ampliar el alcance de la voluntad consecuente de Dios para incluir muchos desastres naturales junto con las acciones pecaminosas e inmorales de las personas. Incluso los actos pecaminosos (y calamidades) no escapan al gobierno de Dios, aunque estén en una categoría diferente a la de las buenas acciones. Los actos pecaminosos y malvados jamás son planeados o decretados por Dios, Dios sólo decreta permitirlos. Dios nunca los instiga o los hace realidad (por ejemplo, al retirar la gracia necesaria para evitarlos). No hay ningún impulso secreto de Dios hacia el mal ni un Dios oculto que manipule a la gente para pecar. Aun así, las decisiones y las malas acciones están circunscritas por Dios de manera que encajen en sus propósitos; y las dirige hacia el buen fin que Él tenía en mente para la creación, además no pueden acontecer sin el permiso y la cooperación de Dios. El motivo por el cual Dios permite y coopera con estas es para preservar la libertad humana (y, por consiguiente, la integridad de la realidad personal) y para extraer el bien a partir de ellas. Esta fuerte creencia en la soberanía divina anula por completo la impresión de que los arminianos creen sólo en la providencia general (preservación, sustentación de la creación) y no en la providencia especial o que ellos no creen en la soberanía divina.

John Wesley. John Wesley no escribió mucho acerca de la doctrina de la providencia, sin embargo, él claramente creía en la soberanía de Dios, pero rechazaba cualquier idea de un determinismo divino fijo o de otro tipo. Él defendió el libre albedrío contra el calvinismo de su época y cuidadosamente lo equilibró con la soberanía divina. Para él «la soberanía de Dios se manifiesta por medio del libre albedrío, no es socavada por el mismo.»[248] Wesley no era un filósofo, aunque sabía filosofía, ni un teólogo sistemático; su enfoque estaba en predicar y comentar acerca de la Escritura en vez de resolver todo dilema doctrinal. La doctrina de

[248] Wesley, J. (1994). *Johns Wesley's Scriptural Christianity*. Citado en Oden, T. C. Grand Rapids: Zondervan, p. 267.

la providencia asumió un papel secundario en sus argumentos contra la predestinación incondicional. Sin embargo, sus sermones «Sobre la providencia divina» y «Sobre la soberanía de Dios» incluyeron evidentes aprobaciones de enseñanzas cristianas clásicas acerca de la preservación, concurrencia y el gobierno de Dios de toda parte de la creación. Él negó una mera providencia general, la cual estaba ganando popularidad entre los deístas, con la exclusión de la providencia detallada y particular. Él llamó esta visión de «insensatez auto contradictoria»[249] y desafió a sus oyentes y lectores:

> Por lo tanto, o permite la providencia particular, o no finge creer en alguna providencia en absoluto. Si no cree que el Gobernador del mundo gobierna todas las cosas en él, pequeñas y grandes, el fuego y el granizo, la nieve y el vapor, el viento y la tempestad; y que cumple su palabra; que Él rige reinos y ciudades, flotas y ejércitos, y todos los individuos de los cuales están compuestos (y, con todo, *sin forzar las voluntades de los hombres ni necesitar alguna de sus acciones*); no finja creer que él gobierna alguna cosa.[250]

Pero Wesley añadió que el libre albedrío no es una disminución de la soberanía de Dios, poder o gobierno providencial; en realidad cae dentro de tales categorías en la medida que Dios lo permite y lo delimita para sus propios buenos designios. Sin embargo, de acuerdo con Wesley, el pecado no puede ser atribuido a la preordenación de Dios o aun a impulso secreto, aunque Dios solamente permita el mal que abre camino a un bien mayor.[251]

La soberanía y providencia de Dios en el arminianismo del siglo XIX

Los principales teólogos arminianos del siglo XIX repitieron la teología de Arminio sobre la soberanía y la providencia de Dios y le agregaron

---

[249] Wesley, John. On Divine Providence. Citado en Oden, T. *John's Wesley Scriptural Christianity*, p. 116.

[250] Wesley, J. An Estimate of the Manners of the Present Times, en Oden, T. C. (1994). *John Wesley's Scriptural Christianity*. Grand Rapids: Zondervan, p. 116.

[251] Ibid., p. 115.

sus propios giros. Sin embargo, incluso entre estos teólogos metodistas que muchos suponen que formaron un puente entre el arminianismo primitivo y la teología liberal del siglo xx, el gobierno soberano de Dios sobre la naturaleza y la historia permanece intacto e incluso, en cierto modo, más profundo. Una persona no puede leer a Richard Watson, William Burton Pope, Thomas Summers o John Miley sin reconocer su fiel compromiso con la preservación soberana de Dios, la concurrencia y el gobierno del universo, incluyendo los asuntos de la humanidad. Al mismo tiempo, todos encontraron que los relatos calvinistas convencionales estaban seriamente defectuosos al hacer de Dios el autor del pecado y el mal, al elevar la soberanía a un control integral y al disminuir el libre albedrío humano hasta el punto de desaparecer.

Richard Watson. De acuerdo con Watson, «la soberanía de Dios es una doctrina bíblica, que nadie puede negar pero esto no implica que las nociones que a los hombres les gusta formar a partir de ella deban ser asumidas como bíblicas.»[252] Muy especialmente, rechazó como no bíblica cualquier doctrina de la soberanía de Dios que da como resultado hacer de Dios el autor del pecado, porque esto es incompatible con la bondad de Dios.[253] Él reconoce que la mayoría de los calvinistas no atribuye el pecado a la causalidad de Dios, pero también argumentó que la explicación de ellos de la razón por la cual Adán cayó en el jardín forzosamente incluye o conduce a la causalidad divina, aunque sólo sea de manera indirecta. Su propia posición era que no hay una respuesta a por qué Dios permitió la Caída, salvo que Dios podría haber impedido la Caída, pero que decidió que era mejor permitirla.[254] Claramente, para Watson, la Caída no fue preordenada por Dios o incluida en la voluntad perfecta antecedente de Dios, sino que resultó de la autodeterminación y autoafirmación del hombre contra Dios, y que fue permitida por Dios en su voluntad consecuente.

Watson contribuyó con dos ideas relativamente nuevas al flujo de la teología arminiana, aunque no todos los arminianos las hayan tomado a partir de él. Primero, él argumentó contra lo que llamaba la «teoría filosófica» del libre albedrío, que ahora es comúnmente conocida como

---

[252] Watson, R. (1851). *Theological Institutes.* New York: Lane & Scott, Vol. 2, p. 442.

[253] Ibid., p. 429.

[254] Ibid., p. 435.

libre albedrío compatibilista. Esta es la idea de libre albedrío abogada y
defendida por Jonathan Edwards, pero sus raíces se pueden encontrar,
por lo menos, en épocas tan antiguas como la de Agustín. La idea es que
la voluntad es controlada por motivos y los motivos son dados por algo
externo al ser, tal como Dios. La mayoría de los calvinistas, cuando for-
zados a explicar por qué las personas actúan de ciertas maneras o eligen
ciertas cosas, apela al motivo más fuerte como explicación y luego añaden que los motivos no son autodeterminados, sino dados a las personas
por alguien o por algo. En esta teoría las personas son «libres» cuando
actúan de acuerdo con sus deseos, cuando hacen lo que quieren hacer,
aun cuando no podrían actuar de manera diferente. Este «libre albedrío»
es compatible con el determinismo. Watson lo rechazó como incompatible con la responsabilidad: «Pues si la voluntad es, absolutamente dependiente de los motivos y los motivos surgen de circunstancias incontrola-
bles, que los hombres se alaben o se culpen unos a otros es un absurdo
evidente y, aun así, todas las lenguas están repletas de tales términos.»[255]
De acuerdo con Watson, la voluntad no es mecánicamente controlada
por los motivos infundidos por algo o alguien; antes bien, la mente y la
voluntad son capaces de juzgar los motivos y decidir entre ellos. El afirmaba que la libertad moral consiste en pensar, razonar, escoger y actuar
teniendo como base el juicio mental.[256] Evidentemente, para Watson, el
libre albedrío implica ser capaz de hacer algo diferente de lo que uno
quiere hacer y de lo que uno hace. Esta es la esencia del libre albedrío
libertario (incompatibilista). El primer aporte de Watson fue proveer una
crítica de la doctrina calvinista del libre albedrío (la «doctrina filosófica»)
y recomendar una alternativa.

El segundo aporte de Watson a la teología arminiana fue su negación de la atemporalidad de Dios o la teoría del «eterno ahora» de la
eternidad de Dios. Él también negó la inmutabilidad divina. No todos
arminianos están de acuerdo con Watson respecto a estos temas, pero él
abrió la puerta para desarrollos posteriores dentro del arminianismo, tal
como el teísmo abierto. No obstante, lo más importante es que él luchó
de manera constructiva y creativa con la cuestión de la relación de Dios

---

[255] Ibid., p. 440-41.
[256] Ibid., p. 442.

con el tiempo, en vista de la realidad del libre albedrío y las interacciones de las creaturas con Dios. Hasta Watson, la mayoría de los teólogos arminianos, incluso Arminio, mantenían la interpretación agustiniana de la eternidad de Dios, es decir, no hay duración del ser de Dios en o a través del tiempo, o no hay sucesión real del pasado, presente y futuro en Dios. Aun para Arminio, la consciencia de Dios de la creación es tal que todos los tiempos están simultáneamente ante los ojos de Dios. Watson no podía ver el sentido en esto a la luz del libre albedrío humano y su habilidad de afectar el conocimiento de Dios (por ejemplo, Dios prevé decisiones y acciones libres sin causarlas). La mayor preocupación de Watson era proteger el libre albedrío a fin de proteger el carácter de Dios (amor) y la responsabilidad humana. Para él, las doctrinas de la inmutabilidad y eternidad como un eterno ahora eran especulativas y no bíblicas.[257] Con base en los relatos bíblicos que ilustran cómo las criaturas libres y racionales afectan a Dios, Watson rechazó la idea de que Dios no pueda cambiar de ninguna manera. De acuerdo con él, el conocimiento de Dios de lo que es posible es atemporal y no proviene de los eventos del mundo, mientras que el conocimiento de Dios de lo que es actual es temporal y proviene de eventos en el mundo.[258] Sin embargo, Dios es soberano en la medida que él es plenamente capaz de responder de manera adecuada a todo lo que los seres humanos (u otras creaturas) hacen y encaja estas acciones en su plan y propósito; Dios también es soberano en la medida que todo lo que sucede es conocido de antemano y permitido por Él.

William Burton Pope. William Burton Pope también protestó contra la doctrina calvinista de la soberanía de Dios como providencia meticulosa. Él afirmó que tal teología, conduce ineludiblemente a la conclusión de que «todo es de la soberanía absoluta, incuestionable y despótica de Dios.»[259] Él aseveró que la enseñanza arminiana/remonstrante acerca de la soberanía de Dios no solo preserva el carácter de Dios y la responsabilidad humana, sino que también preserva la fe de la iglesia cristiana antes de Agustín.[260] Ese es también el argumento preciso que usó un siglo después el teólogo metodista Thomas C. Oden en *The Transforming Power*

---

[257] Watson, *Theological Institutes*. Vol. 2, p. 400-401.

[258] Ibid., p. 402-4.

[259] Pope, W. B. (s.f.) *A Compendium of Christian Theology*. New York: Philips & Hunt. Vol. 2, p. 352.

[260] Ibid., p. 357.

of Grace [El poder transformador de la gracia]. Oden está plenamente de acuerdo con Pope y dice: «La Remonstrancia representó una reapropiación sustancial del consenso patrístico oriental preagustino.»[261] Pese a su descripción algo áspera y el rechazo de la doctrina calvinista de la soberanía, Pope no dudó en afirmar y proclamar la supervisión detallada y minuciosa de Dios de todos los eventos en la naturaleza e historia:

> Como Él está presente en todos los lugares en Su infinito poder, toda relación providencial debe ser minuciosa y especial: pensar lo contrario del control divino de las leyes de la naturaleza y de las acciones de los hombres es inconsistente con los primeros principios de la doctrina. Esta es la gloria de la enseñanza de las Escrituras, que desconoce un cuidado divino general que no desciende a los detalles más pequeños.[262]

Con todo, en el buen estilo arminiano, Pope observó que el gobierno providencial de Dios de la historia de manera necesaria incluye el libre albedrío de los seres humanos. Su argumento es que el propio concepto de providencia o gobierno pierde mucho de su significado si los objetos de gobierno están sujetos a un «gobierno inflexible de un alma que debe actuar su destino».[263] Antes, el verdadero gobierno busca guiar, persuadir y enseñar, no controlar. «Por lo tanto, la visión más impresionante que se puede extraer de esta doctrina la considera como la guía lenta, pero segura, de todas las creaturas cuyo estado aún no está eternamente establecido hasta la consumación de su destino como predesignado por Dios.»[264]

Thomas Summers y John Miley. Thomas Summers y John Miley se unieron a Watson y a Pope en el rechazo de la soberanía divina como control absoluto, mientras afirmaron una elevada doctrina de la providencia. De acuerdo con Miley (en plena concordancia con Summers, que no puede ser citado aquí por la limitación de espacio), «Una teoría de la providencia que debe hacer imposible la acción moral o hace de Dios el

---

[261] Oden, T. C. (1994). *The Transforming Power of Grace*. Nashville: Abingdon, p. 152.

[262] Pope, W. B. (s.f.) *A Compendium of Christian Theology*. New York: Philips & Hunt. Vol. 1, p. 444.

[263] Ibid., 452.

[264] Ibid., 452-53.

agente determinante en todo mal, no puede tener lugar en una verdadera teología.»[265] La providencia de Dios no es coerción, sino iluminación y persuasión en el ámbito de la libertad moral. Sin embargo, no está limitada, pues «Dios rige en todos los campos de la naturaleza y en sus pormenores, así como en sus magnitudes.»[266] Para Miley y la mayoría de, si no es que todos, los arminianos posteriores, la manera fundamental de gobernar de Dios sobre los asuntos humanos es por medio de la persuasión, pero el poder persuasivo de Dios es mayor que el de cualquiera de sus creaturas. La influencia de Dios se manifiesta directamente sobre todo asunto, de manera que nada puede acontecer sin el impulso de Dios o la atracción de Dios para el bien. Sin embargo, las criaturas libres y racionales tienen el poder de resistir a la influencia de Dios, este poder fue dado por el propio Dios. La teología de Miley asume una autolimitación divina por el bien de la libertad humana, por lo que él escribió contra la principal teoría alternativa de la soberanía divina, lo siguiente:

> Si la agencia de la providencia debe ser absoluta, incluso en los ámbitos morales y religiosos, no puede haber aproximación a una teodicea. Todo mal, físico y moral, debe ser atribuido directamente a Dios. El hombre tampoco puede tener ninguna agencia personal o responsabilidad en ningún ámbito. Pues para el bien y para el mal, el hombre no es más que un sujeto pasivo de una providencia absoluta. A la luz de la razón, conciencia y de las Escrituras, no existe tal providencia sobre el hombre.[267]

La exposición de la teología arminiana en este capítulo hasta este punto ya debería haber sido suficiente como para refutar las alegaciones de los críticos de que el arminianismo carece de cualquier doctrina de soberanía divina o que rechaza la providencia especial de Dios a favor de una providencia general de preservación y conservación solamente. A partir de Arminio, los arminianos de corazón, en oposición a los arminianos que se desviaron hacia el deísmo o la teología liberal posterior,

---

[265] Miley, J. (1983). *Systematic Theology*. Peabody, Mass.: Hendrickson, Reimpresión (1989). Vol. 1, p. 329.

[266] Ibid., p. 309.

[267] Ibid., p. 330.

comprometidamente asumieron y promovieron la concurrencia y el gobierno de Dios, aun en los detalles de la historia, pero ellos buscaron
desarrollar un concepto de soberanía de Dios que evitaría hacer de Dios
el autor del pecado y del mal, algo que ellos creían que los calvinistas no
podían hacer. Esto implicó necesariamente la idea de la autolimitación
voluntaria por parte de Dios con relación a la creación y en aras de la
libertad humana. Ellos creían que tal noción no le resta valor a la supervisión soberana de Dios de las decisiones y acciones humanas; de esta
manera, Dios es capaz de hacer que todo trabaje para el bien en su plan
y propósito. Sobre todo, estos arminianos afirmaron que nada puede suceder aparte del permiso de Dios. Dios es lo suficientemente poderoso
como para impedir que cualquier cosa acontezca, pero Él no siempre
ejerce ese poder, puesto que, al hacerlo, esto privaría a sus criaturas libres
y racionales, creadas a su imagen, de la realidad y libertad características. Pope, en especial, dejó claro que esta libertad es una función de la
libertad condicional humana, y que no existirá de la misma manera en
la eternidad.

El arminianismo del siglo XX con respecto a la soberanía y la providencia de Dios

Thomas Oden. ¿Y los arminianos del siglo XX? ¿Ellos también creen y
enseñan una elevada doctrina de la soberanía de Dios? Aunque él no
se denomine arminiano, la teología metodista de Oden sigue el patrón
arminiano. En el libro *The Transforming Power of Grace* [El poder transformador de la gracia] él explica como la libertad humana no limita la
soberanía divina. La libertad de decirle no a Dios es otorgada por el propio Dios, pero es incapaz de frustrar los planes y propósitos supremos
de Dios.

> Aunque la libertad temporal sea capaz de resistir a la gracia divina, el
> propósito de Dios en la historia se llevará a cabo a largo plazo, aun
> si, a corto plazo, se ve frustrado por el desafío humano. El hecho de
> que Dios conceda esta libertad temporal y finita a los hombres, no se
> trata de una limitación de la soberanía divina sino una expresión de
> la grandeza de la compasión de Dios y del cuidado paternal y alegría
> en compañerismo. Esto no limita la capacidad de Dios, sino que se

presenta como una autolimitación dada libremente del alcance real de la actividad de Dios dentro y para la miserable historia del pecado.[268]

Henry Thiessen. El teólogo evangélico Henry C. Thiessen anduvo de forma confiada y correcta por los caminos del pensamiento arminiano primitivo acerca de la providencia, ¡aunque él estuviese aparentemente inconsciente de que era arminiano! Y aunque él (o su editor) haya llamado de forma incorrecta al «arminianismo» de semipelagianismo, su soteriología era plenamente arminiana. El escribió sobre la providencia:

> Esa actividad continua de Dios por la cual Él hace que todos los eventos de los fenómenos físicos, mentales y morales trabajen para Sus propósitos y que este propósito no es menos que el plan original de Dios para la creación. Sin duda, el mal entró en el universo, pero no se le permite frustrar el propósito original, benevolente y santo de Dios.[269]

Ray Dunning. El teólogo nazareno H. Ray Dunning objeta fuertemente ante la soberanía determinista del calvinismo:

> Una cosmovisión determinista, ya sea filosófica o teológica, evita la pregunta (del mal), pero abandona cualquier dimensión personal significativa en la relación de Dios con el mundo. Si los hombres son peones que... el Soberano Maestro del Ajedrez mueve de manera unilateral e incluso caprichosa, el carácter personal de la relación divino-humana es efectivamente descartado.[270]

Aún así, de acuerdo con Dunning, Dios ejerce un «seguimiento» detallado sobre la creación, no utilizando el control determinista, sino más bien una persuasión poderosa y milagros ocasionales para cambiar el rumbo de la historia hacia sus finalidades deseadas. Lo único que Dios no hace es coaccionar a las personas.[271]

---

[268] Oden, T. (1994). *The Transforming Power of Grace*. Nashville: Abingdon, pp. 144-5.

[269] Thiessen, H.C. (1949). *Lectures in Systematic Theology*. Grand Rapids: Eerdmans, p. 177.

[270] Dunning, H.R. (1988). *Grace, Faith and Holiness*. Kansas City, Mo.: Beacon Hill, pp. 257-58.

[271] Ibid., p. 258.

Jack Cottrell. El teólogo del siglo xx de la Iglesia de Cristo, Jack
Cottrell, examinó y rechazó la idea calvinista de la soberanía divina y
adoptó una perspectiva arminiana[272]. Él argumenta que todos los intentos de moderar y modificar el determinismo rígido dentro del calvinismo
no tienen éxito. Los dos problemas del calvinismo son: la omnicausali-
dad divina (aun utilizando causas secundarias) y la incondicionalidad
del propósito y la ordenación.[273] Su conclusión es que «esta idea de incondicionalidad excluye cualquier noción significativa de la libertad humana», con el resultado de que es inconsistente con la bondad de Dios y
la responsabilidad humana.[274] Cottrell presenta un concepto alternativo
de soberanía que es enteramente consistente con el arminianismo clásico,
aunque, a diferencia de la mayoría de los arminianos, él utilice el término
control para describir el gobierno de Dios. En esta visión, Dios se limita
a sí mismo con relación a la creación a fin de permitir espacio para la libertad de la criatura; algunos de los decretos de Dios son condicionales y
algunos son incondicionales. Independientemente de lo que las personas
hagan con su libertad, Dios traerá su reino, pero las personas incluidas
en su reino no son determinadas por Él, sino por los humanos que usan
el don del libre albedrío. Dios ejerce control absoluto y total sobre toda
parte de la creación sin determinarlo todo. Él hace todo esto por medio
de Su presciencia e intervención en las cuestiones de las criaturas, todas
las veces que sea necesario para conseguir sus propósitos.[275]

---

[272] Aunque los teólogos de la Iglesia de Cristo no utilizan generalmente el término arminiano
para su teología, yo le pregunté a Cottrell si él es arminiano y recibí una respuesta afirmativa. Y
en *The Nature of the Divine Sovereignty* [La naturaleza de la soberanía divina] (ver el siguiente
pie de página) él llama a su visión de «arminiana».

[273] Cottrell, J. (1989). The Nature of the Divine Sovereignty. En *The Grace of God. The Will of Man,*
Ed. Clark H. Pinnock. Grand Rapids: Zondervan, pp. 106-7.

[274] Ibid., p. 103.

[275] Ibid., p. 111. Algunos arminianos, principalmente los teístas abiertos, tal como John Sanders,
quedaron preocupados con la suposición de Cottrell de que la presciencia divina absoluta daba a
Dios una ventaja providencial. ¿Cómo puede Dios intervenir, *debido a* algo que Él prevé, cuando
Él prevé todo, incluso su propia futura intervención? Acerca de este problema y desafío, ver a
John Sanders (1988). *The God Who Risks.* Downers Grove III.: Intervarsity Press, p. 200-6. Una
visión alternativa (a la de Cottrell) es provista por el filósofo evangélico Dallas Willard (1998),
quien niega que Dios sea «un gran ojo cósmico que no parpadea, que debe saber todo, ya sea que
Él quiera o no» (*The Divine Conspiracy.* San Francisco: Harper San Francisco, p. 244-450). De
acuerdo con Willard (y teístas abiertos) Dios puede escoger no saber todo del futuro de manera
que pueda interferir en respuestas a la oración. De acuerdo con Willard y teístas abiertos, eso no
empequeñece en nada la soberanía de Dios, pues Dios es omnipotente, todo-habilidoso y capaz.

Aun habiendo otorgado relativa independencia a sus criaturas, como Creador él se reserva el derecho de intervenir, en caso necesario. Así, Él es capaz de no solo permitir que las acciones humanas sucedan, sino también de impedirlas, si Él así lo decide... Además, la presciencia de Dios también lo capacita a planear sus propias respuestas y usos de las elecciones humanas, aun antes de que tales sean llevadas a cabo. De esta manera, él permanece en completo control y es capaz de realizar sus propósitos, principalmente con relación a la redención[276].

Algunos arminianos se preocupan con la admisión de Cottrell de que Dios, algunas veces, pueda que tenga que violar el libre albedrío a fin de realizar Sus propósitos en la historia, pero él no quiere decir que Dios determina las elecciones morales o espirituales de las personas. Al parecer, Cottrell está sugiriendo que Dios controla la historia al prever cuando algo puede salir o apartarse de su plan y él interviene restableciendo la situación. Y, al actuar así, puede incluso anular la voluntad humana en asuntos que nada tengan que ver con la condición espiritual o el destino eterno de los individuos. Un ejemplo sería el endurecimiento del corazón del Faraón por parte de Dios en el relato del libro del Éxodo. El Faraón no era un buen hombre a quien Dios hizo malo. Más bien, el Faraón era un hombre malo cuyo corazón momentáneamente comenzó a vacilar, pero Dios endurece su resolución de manera que Israel pudiera escapar.

Conclusión

Una cosa debería quedar absolutamente clara a partir de todos estos ejemplos de las explicaciones arminianas sobre la soberanía y la providencia, la acusación común de que el arminianismo carece de una visión elevada o sólida de la soberanía de Dios es falsa. Todo arminiano clásico comparte con todo calvinista clásico la creencia de que Dios está a cargo de toda la creación y la gobierna, y que poderosamente y tal vez unilateralmente logrará la consumación de su plan. Los arminianos objetan el determinismo divino del calvinismo porque no puede evitar hacer de Dios el autor del pecado y del mal. Cuando el calvinista responde que el

---

[276] Ibid., p. 112.

calvinismo evita eso, el arminiano pregunta sobre el origen del primer impulso al mal en la creación.

Si Dios es la realidad que todo lo determina y las criaturas no tienen libertad incompatibilista (libertaria), entonces ¿de dónde vino ese primer motivo o intención malvada? Si el calvinista dice de Dios, lo cual es lógicamente consistente con el determinismo divino, entonces Dios es ciertamente el autor del pecado y del mal. Si el calvinista dice que de las criaturas autónomas, entonces esto abre un agujero en el determinismo divino tan grande que lo consume. ¿Puede surgir algo sin la ordenación y el poder determinante de Dios? Para los arminianos, queda un signo de interrogación sobre la inteligibilidad del calvinismo. No parece inteligible afirmar un determinismo divino absoluto por un lado y afirmar que cualquier parte de la creación queda fuera de eso por otro lado.

Se puede presumir que Paul Helm hable por todos los calvinistas consistentes cuando escribe que todo pensamiento y deseo están bajo el control directo de Dios.[277]¿Qué significa «control de Dios»? Los arminianos son diligentes en afirmar el control de Dios solo si eso significa que Dios permite, coopera y saca el bien de la libertad humana para sus propios planes y propósitos supremos. Ciertamente el control, por lo general, significa algo más en Helm y en el calvinismo en general. La lógica interna del calvinismo, el determinismo divino exhaustivo, conduce a decir que, como nada sucede que Dios no haya preordenado y ciertamente hecho, Dios es la causa final de todo pensamiento y deseo malvado, pues él busca la gloria para sí mismo por medio de la condenación de los impíos. Para los arminianos este debe ser el caso, aunque los calvinistas no lo admitan. Esta es la principal razón por la cual los arminianos son arminianos y no calvinistas, para preservar la bondad del carácter de Dios y la exclusiva responsabilidad humana por el pecado y el mal.[278]

---

[277] Helm, P. (1994). *The Providence of God*. Downers Grove, III.: InterVarsity Press, p. 22.

[278] Al señalar esta aparente inconsistencia del calvinismo yo no estoy sugiriendo que todo calvinista adopta lo que los arminianos ven como la consecuencia lógica y necesaria de su afirmación del determinismo divino. La mayoría de los calvinistas ciertamente no considera a Dios como la causa de todo pensamiento y deseo malévolo. Lo que quiero decir es simplemente que esto sería lógicamente exigido por el determinismo divino (tal como la explicación de Helm de la providencia). En este punto muchos calvinistas apelan al misterio y se alejan de la adopción de la consecuencia lógica y necesaria de su doctrina de la providencia. Yo admití anteriormente que el arminianismo también tiene sus problemas. Sin embargo, uno de los motivos por los cuales los arminianos son arminianos y no calvinistas es porque se dan cuenta de que, si se adhiriesen

MITO 6

El arminianismo es una teología centrada en el hombre

Una antropología optimista es ajena al verdadero arminianismo, el cual está plenamente centrado en Dios. La teología arminiana confiesa la depravación humana, incluyendo la esclavitud de la voluntad.

UNO DE LOS CONCEPTOS ERRÓNEOS MÁS PREDOMINANTES y perjudiciales acerca del arminianismo es que se afirma que está centrado en el hombre, pues cree en la habilidad innata de los seres humanos en ejercitar una buena voluntad para con Dios y de contribuir con la salvación, aun después de la Caída de Adán. Otra forma de expresar el mito afirma que el arminianismo no cree que las consecuencias de la Caída de la humanidad sean verdaderamente devastadoras, por tanto, cree que en el ámbito moral y espiritual, el libre albedrío humano sobrevivió a la Caída y que en el peor de los casos las personas son seres dañados, pero no totalmente depravados. Aunque esta visión elevada de la humanidad y su libertad moral y poder (y, a veces, aun bondad) sea una marca de la mayoría de la sociedad occidental contemporánea, e incluye gran parte

a la explicación calvinista de la providencia divina, ellos también tendrían que asumir que Dios es el autor del primer impulso hacia el mal, pues esto les parece lógicamente implícito en el determinismo divino. No ven ninguna dificultad igualmente insuperable (es decir, inconsistencias lógicas) en su propia teología. Reconocen que su propia teología tiene que apelar al misterio en algunos puntos, como todas las teologías, pero no creen que el arminianismo tenga que evitar afirmar las consecuencias lógicamente buenas y necesarias de cualquiera de sus principios esenciales. Los calvinistas pueden estar en desacuerdo, por supuesto.

del cristianismo, esta no es la visión del arminianismo clásico. El arminianismo clásico trata la Caída y sus consecuencias con mucha seriedad. Algunas acusaciones de los calvinistas contra la teología arminiana demuestran casi una completa falta de conocimiento o entendimiento de la literatura arminiana clásica. El teólogo calvinista Edwin H. Palmer es culpable de esta atroz distorsión del arminianismo cuando escribió que los arminianos «creen que, a veces, el hombre natural y no regenerado tiene bondad suficiente en él de manera que, si el Espíritu Santo lo ayuda, él querrá escoger a Jesús. El hombre escoge a Dios y, luego, Dios escoge al hombre». Él también alegó que «el verdadero meollo del asunto, entre calvinistas y arminianos, es que el arminiano dice que la persona no salva es capaz, por su propia fuerza, con el auxilio del Espíritu Santo, de pedirle a Jesús que lo salve.»[279] Por supuesto, las afirmaciones de Palmer acerca del arminianismo aquí, al parecer, contienen una inconsistencia. Si los arminianos creen que las personas necesitan ayuda del Espíritu Santo para creer en Cristo, ¿cómo se explica que crean en sus propias fuerzas? En realidad, el arminianismo clásico, de hecho, dice que las personas pueden escoger a Dios, pero sólo con la ayuda del Espíritu Santo. Esto se llama gracia preveniente. Y, de acuerdo con Arminio y sus verdaderos seguidores, todas las veces que la gente escoge a Dios, esta es una prueba de que no son personas «naturales y no regeneradas», sino personas ya bajo la influencia sobrenatural del Espíritu Santo. Entonces, para añadir insulto a la infamia, Palmer acusó a los arminianos de haber robado la gloria de Dios, dando la gloria a los hombres: «¿El hombre retiene un poco de la gloria para sí mismo, la habilidad de creer? ¿O toda la gloria es dada a Dios? La enseñanza de la depravación total consiste en que Dios recibe toda la gloria y que el hombre no recibe ninguna gloria.»[280]

Palmer seguramente no estaba solo al hacer esta acusación contra el arminianismo. En el libro *Whatever Happened to the Gospel of Grace?* [¿Qué pasó con el evangelio de la gracia] el célebre teólogo y pastor calvinista James Montgomery Boice, quien fue uno de mis profesores en el seminario, habla de las «personas que no pueden dar gloria a Dios». El primer grupo es el de los incrédulos. ¡El segundo grupo es el de los arminianos!

---

[279] Palmer, E. H. (1972). *The Five Points of Calvinism*. Grand Rapids: Baker, p. 27.
[280] Ibid.

La descripción de Boice de la creencia arminiana del pecado y la salvación es un insulto debido a su tono de burla. Él más que sugirió que los arminianos no creen en la salvación solo por la gracia y que creen en la habilidad natural humana de iniciar y contribuir con la salvación. «Ellos quieren glorificar a Dios. En realidad, ellos pueden y dicen "a Dios sea la gloria", pero no pueden decir "*solo* a Dios sea la gloria", pues insisten en mezclar el poder o la habilidad de la voluntad humana con la respuesta humana al evangelio de la gracia.»[281] Boice, además, continuó diciendo que en el cielo un arminiano tendrá que ufanarse: «Yo escogí creer, yo, por mi propio poder, recibí a Jesucristo como mi Salvador». Entonces, él concluyó: «Una persona que piensa de esta manera no entiende la todo-penetrante y esclavizadora naturaleza del pecado humano.»[282] Ahí está, la calumnia de que los arminianos no toman el pecado en serio y que creen en la habilidad humana de cooperar con la gracia y por tanto, contribuyen con algo para su propia salvación. Esto es simplemente falso y Boice debía haberlo sabido.

Otros críticos del arminianismo han caído en el mismo error, así como Palmer y Boice. De hecho, el error es tan extendido que muchos arminianos llegan a creer en esto y rechazan la etiqueta de arminiano, mientras que permanecen como verdaderos arminianos. Una vez más vemos la acusación de que el arminianismo equivale al semipelagianismo, que es la creencia de que los humanos pueden y deben iniciar la salvación haciendo ejercicio de su buena voluntad para con Dios, antes de que Dios responda con la gracia salvadora. El semipelagianismo, que fue condenado por el Segundo Concilio de Orange en 529 d.C., niega la depravación total y la esclavitud de la voluntad al pecado. Michael Horton, director ejecutivo de la *Alliance of Confessing Evangelicals* [Alianza de Evangélicos Confesionales], una organización predominantemente calvinista, escribió en 1992 que: «Arminio revivió el semipelagianismo».[283] En lenguaje teológico, esta es la versión breve de las críticas de Palmer y Boice. Horton afirmó de manera explícita que el arminianismo es una

---

[281] Boice, J. M. (2001). *Whatever Happened to the Gospel of Grace?* Wheaton, Ill.: Crossway, p. 167.

[282] Ibid.

[283] Horton, M. (1992). Evangelical Arminians. En *Modern Reformation*, n. 1, p. 18. Desde 1992 Horton ha modificado su actitud con relación al arminianismo y los arminianos, sin retractarse totalmente de lo que había dicho con anterioridad. En comunicaciones personales conmigo, él afirma su creer que los arminianos pueden ser evangélicos, pero que el arminianismo es una teología defectuosa, inconsistente con los impulsos básicos de la Reforma.

teología centrada en el hombre y que el arminianismo afectó de forma negativa al movimiento evangélico estadounidense.[284] «Uno puede rápidamente darse cuenta como el cambio de un mensaje centrado en Dios, en la pecaminosidad humana y la gracia divina, a un mensaje centrado en el hombre, en el potencial humano y la relativa impotencia divina podría crear una perspectiva más secularizada.»[285] Inmediatamente después de esta afirmación, Horton mencionó al arminianismo de manera que el contexto deja claro cuál «mensaje» tiene en mente. El arminianismo no es un «mensaje sobre el potencial humano y la impotencia divina relativa». Ni los arminianos creen, como lo sugirió Horton, «que nosotros nos salvamos con la ayuda de Dios.»[286]

W. Robert Godfrey, presidente del Seminario Teológico Westminster de California, coincide con Palmer, Boice, Horton y otros calvinistas, al sugerir que el arminianismo está íntimamente asociado al semipelagianismo. En un artículo de 1992 en la revista *Modern Reformation*, Godfrey, expresó que la confusión entre el calvinismo y el arminianismo «está relacionada al conflicto entre Agustín, el campeón de la gracia, y Pelagio, que insistía que la voluntad del hombre era tan libre que le era posible salvarse únicamente a través de sus propias habilidades naturales».[287] Para Godfrey, la influencia del arminianismo es perniciosa, puesto que debilita la total confianza en Dios y eleva la habilidad humana. El arminianismo incluso afecta al culto evangélico: «¿Uno busca entretener e incitar las emociones y la voluntad de los hombres cuya salvación está, en última instancia, en sus propias manos? ¿O uno presenta las demandas de Dios lo más claramente posible mientras reconoce que el fruto viene sólo del Espíritu Santo?»[288] Por supuesto, ¡los verdaderos arminianos responderían de manera positiva a la segunda opción, junto con los calvinistas! Los arminianos no creen que la salvación está básicamente en sus propias manos, ya que la salvación viene toda de la gracia.

Aun algunos calvinistas bien informados, que leyeron la teología arminiana con al menos cierto nivel de hermenéutica de caridad, por lo

[284] Ibid., p. 15-9.
[285] Ibid., p. 16.
[286] Ibid., p. 17.
[287] Godfrey, W. R. (1992). Who Was Arminius? En *Modern Reformation*, n. 1, p. 7.
[288] Ibid., p. 24.

general no logran establecer la visión arminiana de la capacidad humana. Richard A. Muller, un prominente calvinista experto en Arminio, se
equivocó al evaluar la creencia de Arminio en la habilidad humana natural de conocer a Dios. Él contrasta la teología arminiana con la reformada y dice que «los pensamientos de Arminio evidencian, por tanto, una
mayor confianza en la naturaleza y en las fuerzas naturales del hombre
para discernir a Dios en carácter, que en la teología de sus contemporáneos reformados.»[289] La implicación (se hizo clara en el contexto) es que
Arminio no tomaba tan en serio los efectos de la Caída; él supuestamente
creía que alguna bondad y habilidad para conocer a Dios había sobrevivido a la Caída. Esto sólo puede surgir una lectura llena de prejuicio
de Arminio por medio de los lentes de la teología católica romana. ¡A lo
largo de su vida, Arminio fue falsamente acusado de ser, en secreto, un
jesuita! (Se creía que los jesuitas eran enemigos mortales de los protestantes holandeses). La afirmación de Muller que dice que Arminio era un
«tomista modificado» (un seguidor del teólogo católico medieval Tomás
de Aquino), parece diseñada para distanciarlo de la tradición reformada.[290] Los arminianos que conocen la teología de Arminio no negarán
que él estaba influenciado, de alguna forma, por la tradición escolástica
medieval y por Tomás de Aquino, pero esto no equivale a decir que él
era un «tomista modificado», lo que claramente lo coloca más cerca de la
tradición romana que de la tradición reformada.

Aun los autores de *Why I Am Not An Arminian* [Por qué no soy armi-
niano], Robert Peterson y Michael Williams, que por lo general son conci-
liadores, acusan al arminianismo de mantener una antropología optimista. Estos autores reconocen que Arminio y los primeros remonstrantes (y
arminianos posteriores) creen en la necesidad absoluta de la gracia, incluso para el primer ejercicio de una buena voluntad para con Dios. También
admiten que el arminianismo no es pelagiano o semipelagiano. Estos dos
calvinistas correctamente observan que Arminio y los arminianos:

> Sustentaban que la voluntad humana está tan corrompida por el peca-
> do que la persona no puede buscar la gracia sin la capacitación de la

---

[289] Muller, R. A. (1991). *God, Creation and Providence in the Thought of Jacobus Arminius.* Grand
Rapids: Baker, p. 234.

[290] Ibid., 271.

gracia. Ellos, por tanto, afirmaban la necesidad y prioridad de la gracia en la redención. La gracia debe anteceder la respuesta de la persona al evangelio. Esto sugiere que el arminianismo está más cercano al semiagustinianismo de lo que está del semipelagianismo o pelagianismo.[291]

Los arminianos agradecen esta clara absolución de herejía. Con todo, posteriormente en el libro estos autores calvinistas a menudo precisos y benevolentes desdicen lo que habían expresado. Ellos se refieren a la «visión optimista de Arminio del libre albedrío y su visión sinergista de la redención», a la creencia remonstrante (arminiana)de que la «gracia (preveniente) es meramente persuasiva» y a la «casi idólatra creencia (arminiana) del ser humano autónomo».[292] El problema de tales afirmaciones no es solo que contradicen la teología arminiana real, sino que también contradicen sus propias confesiones acerca de la creencia de la teología arminiana en la gracia preveniente, justo en el contexto de donde estas afirmaciones son hechas. Por ejemplo, ¿cómo puede ser que la gracia preveniente sea meramente persuasiva, como si la voluntad ya fuese capaz de aceptar a Dios, pero necesite persuasión, cuando «bajo la gracia preveniente la voluntad se restaurada de tal manera que el pecado no impide la respuesta de la voluntad al evangelio?»[293] La descripción de los autores de la doctrina arminiana de la gracia preveniente es mejor que las conclusiones acerca de la antropología arminiana, conclusiones que no están justificadas por la antropología arminiana. Si lo que ellos dicen respecto a la gracia preveniente es verdad (y mucho de lo que dicen lo es), entonces ¿cómo el arminianismo podría mantener la doctrina del ser humano autónomo? El arminianismo no la mantiene. En la redención y en la creación los seres humanos dependen por completo del poder sustentador y renovador de Dios para cualquier cosa buena, incluso para un ejercicio de buena voluntad hacia Dios y la aceptación de la oferta de Dios de salvación gratuita.

La única conclusión posible es que muchos calvinistas críticos del arminianismo de manera consciente o inconsciente, han levantado falsas

---

[291] Peterson, R. A.; Williams, M. D. (2004). *Why I Am Not an Arminian*. Downers Grove, III.: Intervarsity Press, p. 39.

[292] Ibid., p. 115,116,117.

[293] Ibid., p. 116.

acusaciones contra Arminio y los arminianos. Estos calvinistas han distorsionado hasta un punto más allá del reconocimiento arminiano acerca de la humanidad. Todo el que lee la teología arminiana verdadera e histórica acerca del tema quedará maravillado con la discrepancia entre lo que es ampliamente dicho acerca de la doctrina arminiana y lo que los arminianos han escrito sobre la humanidad.

La antropología pesimista de Arminio

Contrario a mucha de la opinión popular y erudita, Arminio no creía en la habilidad moral humana natural después de la Caída de Adán, más bien Arminio creía en la depravación total, incluyendo la esclavitud de la voluntad al pecado. William Witt, experto en Arminio, dice de manera correcta: «Independientemente de lo que sea verdadero acerca de los sucesores de la teología arminiana, él mismo sostenía la doctrina de la esclavitud de la voluntad, que es, en todos los aspectos, tan incisiva como cualquier cosa en Lutero o en Calvino.»[294] Witt demuestra de manera concluyente y a partir de los propios escritos de Arminio que, aunque este último haya sido influenciado por Tomás de Aquino en algunas áreas de su pensamiento, él no siguió a Aquino o a la tradición católica en tomar a la ligera la doctrina de la depravación heredada. Arminio creía profundamente en el pecado original como corrupción heredada, que afecta cada aspecto de la naturaleza y personalidad humana, además presenta a los seres humanos como incapaces de cualquier cosa buena aparte de la gracia sobrenatural. Witt de forma acertada menciona que la teología de Arminio no era pelagiana o semipelagiana en ningún sentido, puesto que Arminio creía que todo lo que es bueno en la vida humana, aun la habilidad de responder al evangelio con fe depende de la gracia preveniente que restaura el libre albedrío. El libre albedrío de los seres humanos, en la teología de Arminio y en el arminianismo clásico, se denota más propiamente como albedrío *liberado*. La gracia hace libre a la voluntad de la esclavitud del pecado y del mal, y así le otorga la habilidad de cooperar con la gracia salvadora al no resistirla (¡que no es lo mismo que contribuir con algo a su trabajo!). Witt contradice a Boice acerca de la habilidad de los arminianos de jactarse en el cielo ya que para Arminio

---

[294] Witt, W. G. (1993). *Creation, Redemption and Grace in the Theology of Jacobus Arminius*. [Tesis doctoral, University of Notre Dame. Indiana] p. 479.

la persona salva no puede jactarse, puesto que *incluso la fe es un don de Dios.*[295]

Arminio se distanció lo más lejos posible del pelagianismo y del semipelagianismo, refiriéndose a ellos como «toda la tropa de pelagianos y semipelagianos en la propia iglesia», que él llama «ignorantes» de temas espirituales.[296] Arminio refutó la acusación de pelagianismo dirigida contra él (o contra su doctrina) por el calvinista inglés William Perkins, diciendo que el poder para creer y obtener la salvación no es parte del equipo natural del ser humano, sino que está «divinamente concedido sobre la naturaleza del hombre».[297] Arminio no pudo haber dejado su creencia más clara respecto a que los seres humanos están totalmente incapacitados y son totalmente dependientes de la gracia para la salvación. El capítulo nueve aclara la doctrina de Arminio con respecto de la salvación solo por la gracia. En ese capítulo me concentraré en la doctrina de Arminio sobre la condición humana resultante de la Caída de Adán.

Es evidente que Arminio rechazó las acusaciones de pelagianismo y semipelagianismo y esto se puede leer en varias partes de todos sus escritos. Pero ¿se pueden sostener sus negaciones? Si él creía que las personas caídas son incapaces de ejercer una buena voluntad para con Dios o aun de no resistir a la gracia de Dios para la salvación, entonces la acusación de que él sustentaba una antropología optimista es falsa. Algunos críticos parecen estar hechizados por una suposición no investigada de que cualquier soteriología sinergista es automáticamente humanista y fundada en una visión optimista de los humanos y sus habilidades espirituales. El hecho de que Arminio creía que los humanos debían cooperar con la gracia de Dios para la salvación está más allá de cualquier disputa. Pero los críticos necesitan considerar lo que Arminio y los arminianos en general quieren decir por cooperación, y en qué basan ellos la habilidad humana de cooperar con Dios. Estos términos son susceptibles a varios significados, para Arminio la habilidad humana de cooperar con la gracia de Dios es en sí misma un don de Dios, no es una habilidad humana natural, ya que se perdió cuando Adán pecó, y toda su posteridad heredó esa inhabilidad.

---

[295] Ibid., p. 662.

[296] Arminius. Examination of Dr. Perkins's Pamphlet on Predestination. *Works*, Vol. 3, p. 273.

[297] Ibid., p. 482.

En la *Declaración de Sentimientos* que Arminio presentó a los oficiales del estado holandés, él declaró acerca de los seres humanos:

En su estado pecaminoso y caído el hombre no es capaz, por sí mismo, ya sea de pensar, querer o hacer lo que es, de hecho, bueno; sino que es necesario que sea regenerado y renovado en su intelecto, afecto o voluntad y en todas sus facultades por Dios en Cristo, por medio del Espíritu Santo, a fin de que esté debidamente capacitado para comprender, estimar, considerar, desear y realizar cualquier cosa que sea realmente buena. Cuando él es hecho partícipe de esta renovación y regeneración, considero que, una vez liberado del pecado, él es capaz de pensar, desear y hacer lo que es bueno, pero no sin la ayuda continua de la gracia divina.[298]

Esta confesión es tan clara que debería cerrar el caso con absolución. ¿Cómo podría alguien con una antropología optimista o humanista decir eso? ¿Cómo podría el pelagianismo o semipelagianismo decir eso? Claramente Arminio no era ninguno de éstos. Él era un optimista acerca de la gracia, ¡no con relación a la naturaleza humana! Debido a su creencia en la condición humana caída de impotencia espiritual y esclavitud de la voluntad, Arminio atribuyó todo lo recibido en la salvación a la gracia:

Yo atribuyo a la gracia EL COMIENZO, LA CONTINUIDAD Y LA CONSUMACIÓN DE TODO BIEN, y hasta tal punto llevo su influencia, que un hombre, aunque regenerado, de ninguna manera puede concebir, desear ni hacer ningún bien en absoluto, ni resistir ninguna tentación del mal *sin esta gracia preveniente y estimulante, siguiente y cooperante.* A partir de esta declaración claramente se verá que de ninguna manera yo hago injusticia o soy injurioso con la gracia, atribuyendo, como dicen de mí, demasiado al libre albedrío del hombre: Pues toda la controversia se reduce a la solución de esta pregunta: «¿Es la gracia de Dios una cierta fuerza irresistible?» O sea, la controversia no tiene que ver con aquellas acciones u operaciones que puedan atribuirse a la gracia, (puesto que reconozco y enseño muchas

---

[298] Arminius. A Declaration of Sentiments. *Works.* Vol. 1, p. 659-60.

de estas acciones y cooperaciones como cualquier otro hombre), sino que se refiere únicamente al modo de operación, *si es irresistible o no*: Respecto a lo cual, creo, según las Escrituras, que muchas personas se resisten al Espíritu Santo y rechazan la gracia que se les ofrece.[299]

Entonces Arminio de manera clara creía que las personas en realidad dependen totalmente de la gracia para cualquier y cada cosa buena que ellas tienen o hacen. La gracia es el inicio y la continuación de la vida espiritual, incluyendo la habilidad de ejercer una buena voluntad para con Dios. Y para Arminio esta gracia preveniente (que sus traductores llaman «gracia preventiva») es sobrenatural y no es solo la gracia común universalmente esparcida dentro de la creación para restringir el poder del pecado y del mal. En su *Carta a Hippolytus A. Collibus* Arminio explicó más acerca de la visión de la esclavitud de la voluntad y de la gracia, para dejar claro que la gracia que liberta la voluntad y da a los seres humanos la habilidad de cooperar con la gracia salvadora es especial, no general:

El libre albedrío es incapaz de iniciar o perfeccionar cualquier verdad o bien espiritual sin la gracia. Que no digan respecto a mí, como lo dicen de Pelagio, que practico una ilusión con relación a la palabra «Gracia». Lo que quiero decir con eso es que la gracia de Cristo es la que pertenece a la regeneración... Confieso que la mente de *(animalis)* un hombre carnal y natural es oscura y sombría, que sus afectos son corruptos y desordenados, que su voluntad es obstinada y desobediente y que el hombre está muerto en pecados.[300]

Cómo alguien puede leer estos pasajes de Arminio y luego etiquetar su teología de pelagiana o aun de semipelagiana, eso está más allá de la comprensión. La única manera por la cual esto se puede hacer es redefiniendo al pelagianismo y al semipelagianismo de tal manera que incluya a Arminio pero eso ampliaría arbitrariamente las fronteras de estas dos herejías. Es dudoso que haya integridad en eso. Arminio finalmente

---

[299] Ibid., p. 664.

[300] Arminius. A Letter Addressed to Hippolytus A. Collibus. *Works*. Vol. 2, p. 700-701.

acabó con cualquier duda acerca de su ortodoxia protestante en esta área de doctrina cuando afirmó que la creencia en Cristo nunca es una posibilidad aislada (aparte) de la gracia especial: «Ningún hombre cree en Cristo, salvo el que fuera previamente dispuesto y preparado por la gracia preveniente o preventiva.»[301]

Arminio deja claro que la condición caída del hombre, que seguramente puede ser llamada de depravación total, se origina en el abandono de Adán de la voluntad de Dios. Arminio negó que Dios sea, de cualquier forma, la causa de este primer pecado y creía que el calvinismo rígido no puede evitar imputar tal acto a Dios por causa de la alegación de la predestinación y retirada de la gracia necesaria. Antes bien, la causa eficaz de la Caída de la humanidad es la humanidad misma estimulada por el diablo.[302] Dios meramente permitió el pecado y no es, de ninguna manera, culpable, pues «Él no negó ni retiró nada que fuese necesario para evitar este pecado y cumplir la ley, pero Él había dotado a Adán de manera suficiente con todas las cosas imprescindibles para este fin y lo preservó después de haber sido investido de esa manera»[303]. Arminio estaba de acuerdo con Agustín y el calvinismo en que uno de los resultados de la Caída de Adán es la caída de su posteridad, como dijeron los puritanos «en la caída de Adán, todos nosotros pecamos»:

> La totalidad de este pecado… no es particular de nuestros primeros padres, sino que es común a toda la raza y a toda su posteridad, quienes, en el momento en que se cometió este pecado, estaban en sus lomos, y que desde entonces, ha descendido de ellos por la vía natural de propagación, de acuerdo con la bendición primitiva: pues en Adán «todos pecaron» (Ro 5:12). Por lo tanto, cualquier castigo que fue infligido a nuestros primeros padres ha sido igualmente impregnado y aún continúa en toda su posteridad: de manera que todos los hombres son «por naturaleza hijos de ira» (Ef 2:3), merecedores de la condenación y muerte temporal y eterna; ellos son, además, carentes de justicia y santidad originales (Ro 5:12, 18, 19). Con estas maldades ellos permanecerían oprimidos para siempre, a

---

[301] Arminius. Certain Articles to Be Diligently Examined and Weighed. *Works.* Vol. 2, p. 724.

[302] Arminius. Public Disputations. *Works.* Vol. 2, p. 152.

[303] Ibid., pp. 152-53.

menos que fueran libertados por Cristo Jesús, a quien sea la gloria para siempre.[304]

¿Gloria para quién? A Dios, no a los hombres. Esta confesión transparente de Arminio echa por tierra todas las opiniones de que él era pelagiano o semipelagiano, o que poseía una visión optimista de la humanidad. Si los humanos tienen cualquier libre albedrío en temas espirituales, es una voluntad liberta por causa de Jesucristo y no por causa de cualquier vestigio de bondad en ellos.

Las visiones de los remonstrantes y de Wesley de la condición humana

Simón Episcopio. La primera generación de remonstrantes, liderada por Simón Episcopio, siguió de cerca la teología de Arminio; no hay lugar más evidente que la doctrina de Episcopio sobre el pecado original y la depravación heredada. Al igual que su mentor, Episcopio tenazmente negaba cualquier necesidad de la Caída de la humanidad; Adán no fue forzado a rebelarse, tampoco su rebelión fue asegurada por ningún decreto divino. No hubo determinación oculta o necesidad por parte de Dios o del diablo.[305] «Tampoco Adán cayó en pecado debido a la retirada o negación… de alguna virtud o acción necesaria para que el pecado fuera evitado».[306] De acuerdo con Episcopio, si fuera el caso de que Adán cayó por causa de la predeterminación de la Caída y la hizo inevitable por la retirada de la gracia y el poder necesario para impedirla, Dios sería el autor del pecado y el pecado no sería, en efecto, pecado.[307] La Caída fue

---

[304] Ibid., pp. 156-57. Arminio negó que los niños nazcan condenados porque el pecado de Adán no les es imputado por causa de Cristo. En otras palabras, no creía en la inocencia natural ni siquiera de los niños. Más bien, él creía que la muerte de Cristo en la cruz hizo a un lado la culpa del pecado original para que la jefatura federal de la raza de Adán se rompiera. Sin embargo, no creía lo mismo sobre la corrupción del pecado original. Para Arminio, todos heredan una humanidad corrupta que hace inevitables los pecados reales de presunción y culpa. ¡Note, sin embargo, que él no dice que los seres humanos no son culpables del pecado de Adán! Lo son excepto en la medida en que interviene Cristo. Es un concepto dialéctico del pecado original como culpa heredada y culpa eliminada por Cristo.

[305] Episcopius, S. (1684). *Confession of Faith of Those Called Arminians*. London: Heart & Bible, p. 118.

[306] Ibid.

[307] Ibid.

instigada por Satanás, pero causada sólo por Adán, quien implicó a toda su posteridad en muerte y miseria con él.[308] Episcopio reveló su propia creencia en la depravación total en el proceso de recomendar la necesidad de la gracia para cualquier cosa buena:

> Sin la gracia nosotros no podemos liberarnos del miserable yugo del pecado ni hacer, de ninguna manera, cualquier cosa verdaderamente buena en la religión, tampoco, al fin y al cabo, algún día escapar de la muerte eterna o cualquier verdadero castigo de pecado. Mucho menos podemos en cualquier momento sin ella y por nosotros mismos, o por cualquier otra criatura, obtener la salvación eterna.[309].

Episcopio negó cualquier habilidad humana natural para iniciar la salvación o contribuir con algo que la causara, él consideraba la condición humana completa y absolutamente incapaz en temas espirituales aparte de la gracia especial:

> El hombre… no tiene fe salvadora de o a partir de sí mismo; tampoco es nacido de nuevo o convertido por el poder de su propio libre albedrío: al verse en el estado de pecado él no puede pensar, mucho menos desear o hacer cualquier cosa buena que sea, de hecho, razonablemente buena para salvación… de o a partir de sí mismo; pero es necesario que él sea regenerado y totalmente renovado por Dios en Cristo por la Palabra del evangelio y por la virtud del Espíritu Santo juntamente con él mismo: a saber, en entendimiento, afectos, voluntad y todas sus atribuciones (fuerza) y facultades, para que él pueda entender correctamente, meditar, desear, y realizar estas cosas que son buenas para la salvación.[310]

Queda claro entonces que Episcopio no era culpable de la acusación que a menudo se hacía contra los remonstrantes de apartarse de las doctrinas protestantes, de la depuración total y *sola gratia*, solamente la gracia. En su estado natural, caído, aparte de la gracia preveniente y especial

[308] Ibid. pp. 120-21.
[309] Ibid., p. 127.
[310] Ibid., p. 204.

de Dios, los humanos no tienen libre albedrío para hacer cualquier cosa que sea espiritualmente buena, sus voluntades están presas al pecado. *Phillip Limborch.* Ahora llegamos renuentemente al caso especial del líder remonstrante posterior y vocero Phillip Limborch, quien abandonó la teología de Arminio, sobre todo en este caso de la condición humana. La acusación de que el arminianismo asume una antropología optimista está probablemente fundada en la lectura que alguien hizo de Limborch, que fue repudiada (en este punto) por todos los arminianos clásicos posteriores, como los teólogos metodistas del siglo xix y por el teólogo nazareno del siglo xx, Wiley.

De acuerdo con Limborch, que, indudablemente, fue influenciado por el iluminismo del siglo xvii y quizás por el socianismo, la Caída de la humanidad no resultó en esclavitud de la voluntad o depravación total, sino sólo en una «miseria universal», que inclina a las personas a los actos pecaminosos. Él llamó esta condición de «desdicha heredada», pero fracasó en explicar su naturaleza exacta.[311] Al parecer, para él los humanos después de Adán nacen sin culpa o tal corrupción, lo que haría que el pecado sea inevitable, real y presuntuoso. Sin embargo, una red de pecado dentro de la raza humana seduce a las personas para que cometan tales pecados, por los cuales ellos se vuelven condenados.[312] Él expresamente negaba la depravación heredada o el pecado habitual (pecado residiendo dentro de la naturaleza). Limborch parece algo inconsistente, a veces, pues en algunas ocasiones él realmente admite la realidad del pecado original heredado en la vida humana:

> Pero aquí se puede preguntar si no hay ningún pecado original con el que todos los hombres son mancillados desde el nacimiento. En respuesta a esto, decimos que el término *pecado original* no se encuentra en ninguna parte de las Escrituras y es igualmente demasiado inadecuado, debido a que no se puede decir de forma adecuada que el pecado, que es voluntario, nos es innato. Pero si por *pecado original* quieren decir el infortunio que acometió a la humanidad en la transgresión de Adán, nosotros prontamente lo aceptamos, aunque no se

---

[311] Limborch, P. (1713). *A Complete System, or Body of Divinity*, trad. William Jones. London: John Darby, p. 192.

[312] Ibid., pp. 209-10.

pueda, en el sentido adecuado, ser llamado pecado. De igual manera, decimos que los infantes nacen con un nivel inferior de pureza al de Adán cuando él fue creado y que ellos tienen cierta inclinación al pecado que no nace de Adán, sino que proviene de sus padres más inmediatos.[313]

Tal afirmación acerca de la condición humana es algo confusa. No obstante, en el contexto más extendido de la obra de Limborch, parece sugerir que tras la caída de Adán los seres humanos son todos influenciados por el pecado por sus padres, aun si no heredan una naturaleza corrupta o pecaminosa. Con todo, él realmente admitió que los infantes nacen en un estado de «menor grado de pureza» que el de Adán.

El resultado es que Limborch sostenía una visión más optimista de la condición humana que la de Arminio o Episcopio y esto se puede ver claramente en su relato de la salvación, que es semipelagiano. De acuerdo con él, las «semillas de la religión» permanecen en las personas, pese a la miseria colectiva de la humanidad por causa de Adán, y todos pueden hacer uso de esas semillas de religión para adorar a Dios verdaderamente.[314] Para él «todos los hombres no son, por naturaleza, incapaces de aprender y malos, puesto que la rebelión no es resultado de nuestra propia naturaleza, tampoco nace con nosotros, sino que se adquiere por medio de una educación perversa y por malas costumbres».[315] ¿Qué podría constituir una negación más clara de las doctrinas de la depravación total y absoluta necesidad de gracia especial aun para ejercer una buena voluntad con Dios? Limborch también confundió la gracia común y la gracia preveniente, de manera que la última no precisa ser sobrenatural, aunque «estimule» el libre albedrío de las personas para el bien. En general, Limborch se apartó tanto de Arminio que no merece ser llamado un verdadero arminiano. John Mark Hicks hace lo correcto al distinguir claramente entre Arminio de un lado y Limborch del otro: «Arminio debe ser respetado como un teólogo de la Reforma, pero Limborch y sus hermanos remonstrantes deben ser vistos como defensores de una teología

---

[313] Ibid., p. 192.
[314] Ibid., p. 199.
[315] Ibid., p. 409.

que empequeñece las características de la Reforma.»[316] Es importante
establecer una clara línea entre el arminianismo verdadero y clásico, y
el remonstrantismo que sigue a Limborch y, después, a los arminianos
de cabeza, la mayoría de los cuales se volvieron deístas, unitarios y libre
pensadores.

John Wesley. John Wesley recuperó el verdadero arminianismo y luchó para rescatarlo de la mala reputación que le había dado Limborch.
Su doctrina del pecado original regresó a Arminio y a Episcopio y no
siguió la visión más optimista de Limborch. Wesley era un optimista
de la gracia, no un optimista del libre albedrío o del potencial humano.
Thomas Oden correctamente distancia a Wesley del pelagianismo y del
semipelagianismo.[317] Wesley negaba que cualquier bondad natural en la
humanidad hubiese sobrevivido tras la Caída. Puede ser que en algún
momento el haya preferido el término *privación* en lugar de *depravación*,
pero eso no implica que él creyera en la bondad humana o la habilidad
moral innata, él no creía en eso. Pareciera que Wesley pudo haber mal
entendido la doctrina reformada de la depravación total, como si esta
enseñara que los seres humanos son tan malos como posiblemente podrían serlo. Como un optimista de la gracia, Wesley jamás podría afirmar
que cualquier criatura hecha a imagen y semejanza de Dios pudiera tor-
narse completamente mala. Por consiguiente, encontramos su ocasional
preferencia por la palabra *privación* para describir la corrupción de la
humanidad y la pérdida de rectitud.[318]

Wesley confesaba que todos los humanos (excepto Cristo) están
«muertos en transgresiones y pecados» hasta que Dios llame a sus almas
muertas a la vida.[319] De acuerdo con él, todas las «almas de los hombres»
están muertas en pecado por *naturaleza* aun si la gracia preveniente

[316] Hicks, J. M. (1985). *The Theology of Grace in the Thought of Jacobus Arminius and Philip van Limborch*. [Tesis doctoral, Westminster Theological Seminary. Philadelphia] p. 3.

[317] Oden, T. C. (1994). *Johns Wesley's Scriptural Christianity*. Grand Rapids: Zondervan, p. 251, 269.

[318] Sobre la visión de Wesley del pecado original como privación, ver a Charles W. Carter (1993), Hamartiology: Evil, the Marrer of God's Creative Purpose and Work, en *A Contemporary Wesleyan Theology*, Ed. Charles W. Carter. Grand Rapids: Francis Asburry Press, Vol. 1, p. 268-9. Carter afir-ma de manera correcta que para Wesley el pecado original resulta tanto en privación (de algo de la imagen de Dios y justicia) como depravación (corrupción, inclinación hacia el pecado).

[319] Wesley, J. (1986). On Working Out Our Salvation. En *The Works of John Wesley*, Ed. Albert C. Outler. Nashville: Abingdon. Vol. 3, p. 206-7.

universal de Dios estuviera trabajando en ellos. En su sermón «Acerca del pecado original», él presentó un testimonio sobre la condición caída de la humanidad ¡que dejaría a cualquier agustiniano orgulloso! Él refutaba la tendencia moderna de enfatizar el «lado justo de la humanidad» y argumentaba que la humanidad en su época, no era para nada diferente de la humanidad anterior al diluvio en los días de Noé, con nada bueno y totalmente mala, excepto lo que había sido obrado por la gracia de Dios. «En su estado natural, todo hombre nacido en el mundo es un idólatra de rango.»[320] Él llegó al punto de decir, a lo mejor de manera homilética, que los humanos caídos portan la imagen del diablo y andan en los pasos de Satanás.[321] Nadie podría estar más claro respecto a la condición humana en pecado y totalmente depravada que aquél que escribió y dijo:

> Aquí está el *shibbolet*: ¿Está el hombre, por naturaleza, lleno de toda forma de mal? ¿Está vacío de todo el bien? ¿Está totalmente caído? ¿Está su alma totalmente corrompida? O, para volver al texto, ¿es «todo designio de los pensamientos del corazón de ellos de continuo malo?» Si reconoce esto, usted hasta aquí es cristiano. Niéguelo y usted no es más un pagano todavía.[322]

La estimación de Wesley de la naturaleza humana caída también se muestra en su insistencia en la gracia sobrenatural como la base de cualquier cosa buena. Él nunca se cansó de señalarlo, y este entendimiento fluye virtualmente en todos sus sermones y tratados. Distante de permitir cualquier gloria a los humanos, Wesley reservaba toda la gloria para Dios de manera que aun todas las buenas obras son profanas y pecaminosas. «La salvación no se deriva de las obras que hacemos cuando creemos: porque *es Dios entonces quien las opera en nosotros*, y, por tanto, él nos

---

[320] Wesley, J. (1989). On Original Sin. En *John Wesley*, Ed. Stephen Rost, abrev. Ed. Nasville: Thomas Nelson, p. 23-24,29.

[321] Seguramente Wesley no quiso decirlo de manera literal, puesto que esto entraría en conflicto con la humanidad a la imagen de Dios. Wesley nunca negó, e incluso sostuvo, la imagen fragmentada de Dios sobreviviendo como un vestigio en la naturaleza humana tras la Caída. No hay duda de que es un ejemplo de hipérbole de sermón, pero revela algo sobre la visión de Wesley de la humanidad y socava la afirmación hecha por los críticos de que él no creía en la depravación total.

[322] Ibid., p. 34.

galardona por lo que él mismo opera, solo alaba las riquezas de su misericordia, pero no nos deja nada de qué gloriarnos.»[323]

Conclusión. Arminio y sus seguidores del siglo XVII y XVIII asumieron la doctrina del pecado original y de la depravación total, teniendo como excepción sólo a Limborch y algunos de sus seguidores. Los arminianos clásicos afirmaron la esclavitud de la voluntad con el pecado de una manera evocativa a Lutero y Calvino. Desafortunadamente, la mayoría de los críticos del arminianismo no está familiarizada con esta historia; ellos, al parecer, sólo conocen el legado de Limborch y de los remonstrantes posteriores, cuya teología es rechazada por los arminianos clásicos y esto ha sido el arminianismo para los críticos. Sin embargo, esto no es un trato justo para el arminianismo, sería como describir al calvinismo como sinónimo del supralapsarianismo o del hipercalvinismo, o aun con Schleiermacher, el padre de la teología liberal, que alegaba ser calvinista. Así como el calvinismo, el arminianismo ha sufrido deserciones y revisiones por personas que mantuvieron llamándose Arminianos. Los calvinistas y otros críticos del arminianismo deberían ser cuidadosos al distinguir entre el verdadero arminianismo, que es optimista acerca de la gracia, pero no con relación a la naturaleza humana, y el remonstrantismo que siguió a Limborch (y se manifestó en Finney), que transformó la verdadera teología arminiana en algo más parecido al semipelagianismo.

Los arminianos del siglo XIX y la condición humana

Algunos críticos del arminianismo tienen consciencia de que Arminio y Wesley sustentaron de manera firme el pecado original y la depravación total, pero piensan que después de Wesley el arminianismo cayó en la herejía del semipelagianismo o peor. Esto es falso. Los pensadores arminianos prominentes del siglo XIX se mantuvieron firmes en estas doctrinas y evitaron de manera estricta el semipelagianismo. Richard Watson, William Burton Pope, Thomas Summers y John Miley afirmaron la depravación heredada y la esclavitud de la voluntad aparte de la gracia especial y sobrenatural. Algunos de ellos criticaron de forma dura a Limborch y al remonstrantismo y separaron el verdadero arminianismo de estos últimos. Debido a limitaciones de espacio, tendremos que tratar a estos cuatro

---

[323] Wesley, J. (1989). Salvation by Faith. En *John Wesley*. Ed. Stephen Rost, abrev. Nashville: Thomas Nelson, pp. 91,98.

de manera breve. La conclusión, con todo, es la misma con Arminio y Wesley: los arminianos de corazón del siglo XIX no eran optimistas con relación al potencial humano, fueron optimistas con relación a la gracia. **Richard Watson**. Watson afirmó el tema de manera inequívoca: «El verdadero arminiano, tan plenamente como el calvinista, asume la doctrina de la depravación total de la naturaleza humana en consecuencia de la caída de nuestros primeros padres.»[324] Watson apuntó al abismo existente entre la propia doctrina de Arminio del pecado original y el semipelagianismo, y abrazó la primera:

> Que la corrupción de nuestra naturaleza, y no solo su mayor responsabilidad de ser corrompida [como con Limborch], es la doctrina bíblica que aquí será demostrada. Esta [visión semipelagiana] no era la opinión de Arminio ni de sus seguidores inmediatos. Tampoco es esta la visión del vasto cuerpo de cristianos, a menudo llamados arminianos, que siguen las opiniones teológicas del señor Wesley.[325]

Watson hizo la misma conexión entre Adán y su posteridad que hizo Arminio, un liderazgo federal de Adán que trajo como resultado la caída de toda la raza en corrupción y muerte espiritual. Watson explícitamente reconoció *tanto* la privación *como* la depravación.[326] Limborch fue objeto de serias y graves críticas de este antiguo sistemático metodista; Watson acusó a Limborch de abandonar a Arminio y al verdadero arminianismo al reducir la herencia del pecado original a propensiones y tendencias pecaminosas. En cambio, Watson consideraba a todos los descendientes de Adán (a excepción de Cristo) como nacidos de pecadores, culpables y condenados apartados de la muerte expiatoria de Cristo e incapaces de hacer cualquier cosa buena con relación al bien sin la especial gracia previniente de Dios. Aun el arrepentimiento es un don de Dios, ¡los hombres y las mujeres pecaminosos no son capaces de arrepentirse sin la gracia de Dios![327] Esta es difícilmente una antropología optimista.

---

[324] Watson, R. (1851). *Theological Institutes*. New York: Lane & Scott. Vol. 2, p. 48.

[325] Ibid., p. 45. Desafortunadamente, como muchos metodistas, ¡Watson, al parecer, no sabía que hay arminianos no metodistas!

[326] Ibid., p. 53-55.

[327] Ibid., p. 99.

William Burton Pope. Al igual que Watson, el teólogo metodista posterior William Burton Pope asumió una doctrina del pecado original elevada y condenó a Limborch y a las deserciones de los remonstrantes posteriores de tal doctrina. Pope definió al pecado original como «el pecado
hereditario y la pecaminosidad hereditaria de la humanidad derivados
de Adán, su líder natural y su representante».[328] Este pecado trae condenación y corrupción de tal forma que todos los seres humanos (a excepción de Cristo) por herencia, están inclinados sólo al mal. «El pecado
original es la completa impotencia para hacer el bien; él es, en sí mismo,
un duro y absoluto cautiverio».[329] Pope hincó una estaca en el corazón del
semipelagianismo (¡y en el corazón de la crítica de que el arminianismo
es semipelagianismo!) al decir:

> Ninguna habilidad permanece en el hombre para volverse a Dios;
> y esta declaración concede y vindica el núcleo del pecado original
> como interno. El hombre natural... está sin poder de siquiera coo-
> perar con la influencia divina. La cooperación con la gracia es de la
> gracia. Por tanto, se mantiene eternamente libre del pelagianismo y
> del semipelagianismo.[330]

Thomas Summers. Thomas Summers y John Miley, dos teólogos
metodistas posteriores del siglo XIX, hicieron eco de Watson y de Pope.
Summers retrató el verdadero arminianismo como una vía media entre
los extremos del agustinianismo y del pelagianismo. El agustinianismo
imputa la culpa del pecado de Adán a todo infante (excepto a Jesucristo)
y el pelagianismo niega la corrupción heredada. Summers explota contra
los que identifican a Arminio como pelagiano: «Qué ignorancia e inso-
lencia tienen estos hombres que acusan a Arminio de pelagianismo o de
cualquier inclinación para esto.»[331] Él claramente marca las diferencias
entre el arminianismo y el semipelagianismo de Limborch y de otros remonstrantes posteriores, y dice que «todos los verdaderos arminianos...

---

[328] Pope, W. B. (s.f.). *A Compendium of Christian Theology*. New York: Philips & Hunt. Vol. 2, p. 47.

[329] Ibid., p. 60.

[330] Ibid., p. 80.

[331] Summers, T. O. (1888). *Systematic Theology*. Nashville: Publishing House of the Methodist Episcopal Church. Vol. 1, p. 34.

creen firmemente en la doctrina del pecado original».[332] Summers afirmaba la depravación total en los términos más fuertes posibles y condenaba una «nueva divinidad» (inicios de la teología liberal) que reduce la inhabilidad moral humana. Para él «sin la gracia, la voluntad es mala, puesto que la naturaleza del hombre es tan mala que por sí mismo, no puede escoger lo que es correcto».[333]

John Miley. John Miley concuerda por completo con sus antepasados y colegas metodistas del siglo xix, al decir: «En cuanto a la descendencia de Adán, todos nosotros heredamos la depravación de la naturaleza en la cual él cayó en transgresión».[334] Sin embargo, Miley subrayó (con más fuerza que los arminianos anteriores) que el pecado original no incluye la condenación. Su lema era «depravación natural sin demérito natural».[335] Al parecer, para él la culpa del pecado original no necesita ser puesta de lado por la expiación de Cristo (como Watson, Summers y Pope), ya que tal culpa no existe. Los individuos no pueden ser culpados por los pecados de otros, pero pueden heredar una naturaleza corrupta y caída. No obstante, Miley realmente creía que todos los seres humanos, a excepción de Cristo, son culpables de sus propios pecados, que son inevitables por causa de la depravación heredada naturalmente. Él afirmaba que el libre albedrío se perdió con la Caída, sobre todo en los ámbitos morales y espirituales; el poder para elegir hacer el bien es una «dádiva de la gracia» y no una habilidad natural.[336] Solamente con la ayuda del Espíritu Santo los descendientes de Adán pueden recuperar el libre albedrío; la obra de la regeneración moral es totalmente del Espíritu Santo y no un logro humano.[337] La condición natural de la humanidad aparte del Espíritu Santo es «un estado de alienación de la verdadera vida espiritual y completamente sin aptitud para un estado de santa bienaventuranza. Tampoco nosotros tenemos ningún poder de auto redención».[338]

---

[332] Ibid.

[333] Ibid. pp. 64-65.

[334] Miley, J. (1989). *Systematic Theology*. 1983. Peabody, Mass.: Hendrickson.Vol. 1, p. 509.

[335] Ibid., Vol.1. p. 521.

[336] Ibid., Vol. 2, p. 305.

[337] Ibid.

[338] Ibid. Vol. 2, p. 529.

Conclusión. Sin duda una razón por la que los críticos abusan del arminianismo acusándolo de tener una antropología optimista es que los teólogos metodistas del siglo XIX, sobre todo cimentados en la teología de Wesley afirmaron un cura universal de la depravación total por la gracia de Dios por medio de la obra expiatoria de Cristo en la cruz. De acuerdo con Watson «así como todos son afectados por la ofensa de Adán, de igual manera somos beneficiados por la obediencia de Cristo».[339] Para él y para los arminianos posteriores del siglo XIX, la muerte de Cristo no solamente resolvió la cuestión de la culpa del pecado original, por lo que el pecado de Adán no se imputa a cada niño que nace, sino que también mitigó la corrupción de la depravación heredada. De la cruz fluyó para la humanidad un poder de renovación espiritual «tanto para remover la muerte espiritual, como para estimular en ellos varios niveles de sentimientos religiosos, capacitándolos para buscar el rostro de Dios y, al ser reprendidos, volverse y, al mejorar esta gracia, arrepentirse y creer en el evangelio».[340] Pope concordó con Watson en esto. Watson decía que la vida y la muerte de Cristo proveyeron un don gratuito para toda la humanidad, «el don fue la restauración del Espíritu Santo; no como la habitación del Espíritu de regeneración, sino como el Espíritu de iluminación, lucha y convicción.»[341] Esta común (pero no universal) doctrina arminiana de la gracia preveniente universal implica que, por causa de Jesucristo y del Espíritu Santo, ningún ser humano está realmente en un estado de absoluta oscuridad y depravación. Debido al pecado original, la incapacidad de hacer el bien es el estado natural de la humanidad, pero por causa de la obra de Jesucristo y de la operación universal del Espíritu Santo, ningún ser humano está realmente en un estado de absoluta oscuridad y depravación. Wesley relaciona esto a una elevada consciencia presente en todos como una obra de Dios hecha por medio de Jesucristo y por el Espíritu Santo. Ello no implica que las personas tengan una oportunidad igual para salvación, sólo significa que en todo lugar las personas poseen cierta habilidad de oír y de responder de manera libre al evangelio.

En el libro *Por qué no soy arminiano*, Robert Peterson y Michael William persiguen esta doctrina arminiana y la tratan como un equivalente de la

[339] Watson, R. (1851). *Theological Institutes*. New York: Lane & Scott. Vol. 2, p. 57. Ibid., p. 58.

[340] Ibid., p. 58.

[341] Pope, W. B. (s.f.). *A Compendium of Christian Theology*. New York: Philips & Hunt. Vol. 2, p. 57.

negación del pecado original y de la depravación total. Ellos acusan que, pese a la aparente concordancia entre el arminianismo y el calvinismo en cuanto al pecado original, la diferencia permanece vasta y grande; ya que, ellos sostienen que (basando mucho de su argumentación en las palabras de un erudito wesleyano contemporáneo), en la teología arminiana ¡nadie es realmente depravado! La depravación y la esclavitud de la voluntad son sólo hipotéticas y no reales. Sin embargo, esto parece algo engañoso, puesto que ellos saben muy bien que los arminianos realmente asumen la depravación total como el estado natural de los seres humanos. ¿Qué pensarían de una persona que dijera de un hombre que está legalmente ciego, pero que con gafas especiales logra ver un poco, que el ciego solo está «hipotéticamente ciego»? O, ¿qué dirían que una persona que, al hablar sobre una mujer que es sorda, pero que con un dispositivo de audición especial logra oír un poco, dijera que la mujer sólo está «hipotéticamente sorda»? ¿Qué pensarían de un católico romano que acusara a todos los protestantes de creer en una mera iniquidad hipotética de cristianos regenerados y justificados debido a la doctrina de la reforma de la justicia imputada? La doctrina *simul justus et peccator* se encuentra en el núcleo de la Reforma Protestante y dice que los cristianos son siempre, en el mejor de los casos, pecadores y justos a la vez, porque su justicia es imputada por Cristo a su cuenta. Para los ojos de los católicos esto parece un subterfugio, pero ¡para los ojos de los protestantes es el mismo núcleo del evangelio! Ciertamente estos dos autores reformados rechazarían cualquier afirmación de que ellos creen en una pura hipotética injusticia de los cristianos. En la teología protestante clásica ni la pecaminosidad ni la justicia es ficción.

Así es para los arminianos, ya que la habilidad moral de responder libremente al evangelio, debido la voluntad liberada por la gracia, es un don gratuito de Dios por medio de Cristo para todas las personas, en cierta medida. ¡Esto no implica que ahora cualquiera puede buscar y encontrar a Dios utilizando sólo la habilidad natural! Es un don sobrenatural que puede ser, y usualmente es rechazado o descuidado. De acuerdo con la teología arminiana, por causa de Cristo y del poder del Espíritu Santo, todas las personas están siendo influenciadas para el bien; la herida mortal del pecado de Adán está siendo curada y aun así la naturaleza caída aún está con los hombres. Esta realidad dual es análoga al *simul justus et pecator*, o a la guerra entre la carne y el Espíritu dentro de

todo cristiano. La inhabilidad de desear el bien no es meramente hipotética; es el estado de la naturaleza en el cual toda persona (a excepción de
Jesucristo) vive. Pero ninguna persona está totalmente abandonada al estado de naturaleza sin alguna medida de gracia para que lo supere, si él o
ella coopera con la gracia al no resistirla. Los arminianos están de acuerdo con Peterson y William en que «sin el Espíritu Santo no habría *ninguna fe y ningún nuevo nacimiento* en pocas palabras no habría *ningún
cristiano*».[342] La única pregunta es si los cristianos son preseleccionados
por Dios dentro de un grupo de otras personas (que no tienen ninguna
esperanza y ninguna oportunidad de responder al evangelio, puesto que
Dios decidió ignorarlos y no ofrecerles el don de la gracia irresistible)
o si ellos respondieron libremente al evangelio porque hicieron uso de
la gracia preveniente extendida a todos. Si Peterson y William están en
lo correcto, el corazón de Dios está completamente cerrado para todos,
a excepción de los elegidos, y el resto de la humanidad jamás recibe la
habilidad de oír y responder al evangelio. ¿Qué tipo de Dios es el que se
glorifica a sí mismo de esta manera?

Los arminianos del siglo xx y la depravación humana

Ningún cambio importante ocurrió en el arminianismo del siglo xx. Así
como sus antepasados teológicos y espirituales, el arminianismo clásico
contemporáneo y moderno asume la pecaminosidad heredada y la incapacidad moral de ejercer una buena voluntad para con Dios aparte de la
gracia preveniente. H. Horton Wiley, teólogo nazareno, dijo: «No solo
todos los hombres nacen bajo la condena del pecado como consecuencia del pecado, sino que también nacen con una naturaleza depravada,
que, en contraste con el aspecto legal de la penalidad, es, por lo general,
llamada de pecado innato o depravación heredada.»[343] Él describió esta
herencia como afectos alienados, intelecto oscurecido y voluntad perver-
tida. «La depravación es total en la medida en que afecta la plenitud del
ser del hombre.»[344] Para Wiley, como para todos los arminianos verdaderos, los seres humanos son totalmente incapaces de hacer alguna cosa

---

[342] Peterson, R.A.; Williams, M. D. (2004). *Why I Am Not an Arminian*. Downers Grove, III.: Intervarsity Press, p. 172.

[343] Wiley, H. O. (1941). *Christian Theology*. Kansas City, Mo.: Beacon Hill, Vol. 2, p. 98.

[344] Ibid., p. 129.

buena en cuestiones espirituales aparte de una comunicación especial de la gracia. Él prefería llamar a esta condición «impotencia para el bien» en lugar de «esclavitud de la voluntad», pero el efecto parece ser el mismo.[345] Wiley estuvo de acuerdo con Wesley y los arminianos del siglo XIX en que la depravación total es mitigada por la gracia preveniente universal que procede de la cruz de Cristo por medio del Espíritu Santo, que otorga una «habilidad de la gracia» para que las personas caídas escuchen y respondan al evangelio. Esta habilidad de la gracia libera a la voluntad de la esclavitud y le permite responder de manera positiva a la persona que escucha el evangelio. ¿Es esta una inhabilidad meramente hipotética? No, es tanto una inhabilidad real como una habilidad real a la vez. Una es natural y la otra es sobrenatural. Es como el cristiano que lucha entre la carne (naturaleza caída) y el Espíritu que en él habita. Nadie diría que el cristiano regenerado tiene una naturaleza humana caída meramente hipotética, pese al hecho de que el Espíritu dentro de él aplaca el poder de la carne y da al cristiano una habilidad para vencer la carne.

Wiley es probablemente el portavoz de todos los arminianos clásicos del siglo XX, muchos otros podrían ser nombrados y citados, pero sus afirmaciones no serían sustancialmente diferentes a las que aquí se ofrecieron. La única conclusión que se puede sacar de todo el contenido compartido en este capítulo es la que ofrece Charles Cameron en su artículo «Arminio, ¿héroe o hereje?» Esta conclusión aplica igualmente a todo arminiano verdadero: «No debería… de suponerse que Arminio tiene un énfasis centrado en el hombre que aleja nuestra atención de la gracia de Dios».[346] El verdadero arminianismo da a Dios toda la gloria y ninguna a los hombres; la salvación viene enteramente de Dios, aunque las personas deben escoger de manera libre no resistirla. Pero aun esta habilidad de no resistir a la gracia salvadora es de Dios, no es parte del equipo natural de la humanidad.

En este punto, por supuesto, sabemos que algunos calvinistas alegarán que el arminianismo, no obstante, sigue centrado en el ser humano, en la medida en que la persona que se salva hace una elección libre y por tanto, contribuye con el elemento decisivo para su propia salvación. Los

---

[345] Ibid., p. 138.
[346] Cameron, C. M. Arminius – Hero or Heretic? En *Evangelical Quarterly*, 64, n. 3, p. 223.

arminianos rechazan esto. El elemento decisivo de la salvación es la gracia, el único «aporte» del ser humano es la no resistencia. Por esto es absurdo decir que la mera aceptación de un regalo es el elemento decisivo. Imagínese a una mujer al borde de la bancarrota que se jacta de que el endosar y depositar un cheque que recibió de regalo y le salvó de la quiebra, fue el elemento decisivo en su rescate financiero. Cualquiera que la oyera, y supiera de las verdaderas circunstancias de su situación, la consideraría una ingrata o lunática. El elemento decisivo fue el regalo del cheque. Si un calvinista dice que los que son salvos de acuerdo con el entendimiento arminiano pueden jactarse de que ellos hicieron algo que los no salvos no hicieron, un arminiano puede levantarse y sugerir que, en el esquema calvinista, los que son salvos por causa de la elección incondicional y gracia irresistible también pueden vanagloriarse del hecho de que Dios los escogió y no a los demás. El calvinista, refutando dirá que eso no forma parte del calvinismo; el arminiano responderá que tampoco la vanagloria forma parte del arminianismo. ¡Toda la gloria a Dios!

El arminianismo no es una teología de la gracia

El principio material del pensamiento arminiano clásico es la gracia preveniente. Toda la salvación es total y enteramente por la gracia de Dios.

UN MITO QUE A MENUDO SE EXPRESA ES QUE el arminianismo clásico no es una teología de la gracia, algo que podemos encontrar en la mayoría de los libros calvinistas que mencionan al arminianismo. Se dice que el calvinismo incluye «las doctrinas de la gracia» como si otras tradiciones del cristianismo poco supieran de la gracia. Una idea errónea ampliamente sustentada es que la teología arminiana se concentra en el libre albedrío con exclusión de la gracia y se cree que su soteriología gira en torno a la elección humana de Dios en vez de la misericordia salvadora y poder de Dios. Una vez más el espectro del semipelagianismo muestra su espantoso rostro. La acusación común es que el arminianismo es una forma de semipelagianismo que coloca la iniciativa de la salvación del lado humano y requiere lo que equivale a una buena obra meritoria hacia la justicia para la salvación, siendo la peor acusación que los arminianos creen que se salvan a sí mismos en vez de ser salvos por Dios. Todas estas afirmaciones respecto al arminianismo son falsas. La teología arminiana clásica siempre ha dado solamente a Dios toda la gloria por la salvación, sin reservar alguna gloria para los hombres. Esta teología siempre ha negado la justicia por medio del desempeño o las buenas obras y siempre ha abrazado con fuerza la salvación por gracia solo por medio únicamente de la fe.

El teólogo calvinista Edwin Palmer fue quien más expresó, sin medias palabras, este mito sobre el arminianismo. Al hablar sobre la teología arminiana él ofreció la siguiente analogía:

> La teoría que concede al hombre un poco de crédito por su salvación al otorgarle la habilidad de creer muestra al hombre como si estuviera ahogándose. Su cabeza se sumerge y emerge en el agua mientras él mueve los brazos, intentando mantener la cabeza sobre el agua. Si alguien no lo salva, él morirá. Puede que él esté con sus pulmones llenos de agua, incluso perder la consciencia por un momento o dos, pero aún tiene consciencia y la habilidad suficiente como para mover sus brazos y gritar al socorrista para que lo rescate. ¡Si él llama al socorrista, el socorrista lo salvará![347]

El problema con la analogía de Palmer es que el arminianismo clásico no retrata a los seres humanos como siendo capaces de iniciar o ayudar en su propia salvación; los seres humanos están muertos en sus transgresiones y pecados hasta que la gracia preveniente de Dios los despierte y los habilite a ejercer su buena voluntad para con Dios en arrepentimiento y fe. Aun el arrepentimiento y la fe son, en la teología arminiana tradicional, dones de Dios, aunque son dones que deben ser aceptados por una mera decisión de no resistirlos. La analogía de Palmer es una completa distorsión de la verdadera visión arminiana del estado del hombre y de la gracia de Dios. Una mejor ilustración, que también hace uso del agua, sería pensar en un hombre cayendo inconsciente en un hoyo. Dios llama al hombre y le ofrece ayuda. El hombre recobra la consciencia. Dios vierte agua en el hoyo y anima al hombre herido para que flote en el agua y salga del pozo. Todo lo que el hombre tiene que hacer es permitir que el agua lo eleve no luchando contra ella o no aferrándose al fondo del hoyo. Esta es una analogía (aunque rudimentaria y simple) de la gracia preveniente. ¿Cómo puede una persona rescatada en estos términos vanagloriarse de este rescate? Todo lo que hizo fue relajarse y permitir que el agua (la gracia) la salvara.

La doctrina principal que es característica del arminianismo es la *gracia preveniente*. Puede que no sea un término bíblico, pero es un

---

[347] Palmer, E. H. (1972). *The Five Points of Calvinism*. Grand Rapids: Baker, p. 18.

concepto bíblico asumido en todas las Escrituras. Es la poderosa pero resistible atracción de Dios de la que habló Jesús en Juan 6. Al contrario de lo que algunos comentaristas calvinistas argumentan, la palabra griega *elkō* (por ejemplo, Juan 6:44) no tiene que significar «arrastrar» o «coaccionar» (según afirma, por ejemplo, el teólogo calvinista R. C. Sproul en *Elegidos por Dios*).[348] De acuerdo con varios léxicos griegos, esta palabra puede significar «atraer» o «llamar».[349] Los arminianos creen que, si una persona es salva, es porque Dios inició una relación y habilitó a tal persona a responder libremente con arrepentimiento y fe. Esta gracia preveniente incluye al menos cuatro aspectos o elementos: llamado, convicción, iluminación y capacitación.[350] Ninguna persona puede arrepentirse, creer y ser salva sin la ayuda sobrenatural, de inicio a fin, del Espíritu Santo. Todo lo que la persona tiene que hacer es cooperar no resistiendo. Esta doctrina de la gracia preveniente es el objetivo de este capítulo, que demostrará la falsedad de las aserciones de Palmer y de otros calvinistas acerca del arminianismo y la gracia.

Palmer no es el único erudito que fracasó en entender o transmitir correctamente la doctrina arminiana acerca de esta gracia. Aunque alguien no esté de acuerdo con la posición arminiana, él o ella deben siempre expresarla como un arminiano la expresaría, lo que incluye un énfasis en la gracia preveniente. Los calvinistas Michael Horton y Robert Godfrey fallan en esto.[351] En sus artículos *Who Saves Who?* [¿Quién salva quién?] y *Evangelical Arminians* [Arminianos evangélicos], Horton equipara la teología arminiana al semipelagianismo y argumenta que en la teología arminiana Dios no realiza toda la salvación ya que la persona participa realizando, al menos, parte de la salvación. Él resume todo su argumento contra el arminianismo con la declaración de que «si alguien no cree en

---

[348] Sproul, R. C. (1994). *Chosen by God*. Wheaton, Ill.: Tyndale House, p. 69.

[349] Aquí estoy en deuda con el cuidadoso estudio exegético inédito *The 'Drawings' of God* [Las atracciones de Dios] de Steve Witzki. Witzki se refiere al *Greek-English Lexicon of the New Testament and Other Christian Literature*, 3ª ed., *The Analytical Lexicon to the Greek New Testament*, *Greek-English Lexicon to the New Testament*, *Analytical Lexicon of the Greek New Testament*, *Greek and English Lexicon to the New Testament* y *The New Analytical Greek Lexicon*.

[350] Grenz, S. J. (2000). *Theology for the Community of God*. Grand Rapids: Eerdmans, pp. 412-514.

[351] Yo espero confiadamente que ellos hayan cambiado su retórica desde 1992, cuando la revista *Modern Reformation* publicó la edición especial llena de distorsiones acerca de Arminio y del arminianismo.

la doctrina de la elección incondicional es imposible que tenga una doctrina elevada de la gracia».[352] Esa expresión se entiende como un golpe al arminianismo, pero no da en el blanco pues el arminianismo clásico posee una doctrina elevada de la gracia, aunque rechaza la elección incondicional. Horton ignora o descuida la confianza del arminianismo en la gracia preveniente. Ciertamente muchos de sus lectores no sabían de esta importante doctrina arminiana, a menos que hayan leído la literatura arminiana clásica. Por otro lado, Robert Godfrey es aún más severo en su rechazo al arminianismo, bajo el pretexto de que supuestamente niega la salvación por la gracia: «Arminio finalmente fracasó en tener una genuina teología de la gracia... Jesús ya no es el verdadero Salvador de Su pueblo» y «la enseñanza de Arminio transforma la fe, de un instrumento que descansa en la obra de Cristo, a una obra de hombre y tiende a cambiar la fe que recibe la justicia de Cristo en una fe que es la propia justicia.»[353] Estos y otros ataques a la teología de Arminio y al arminianismo clásico son distorsiones serias.

La gracia cura la herida mortal del pecado y capacita a los seres humanos, que, de lo contrario, estarían en la esclavitud de la voluntad al pecado, a responder libremente al mensaje del evangelio.[354] La gracia trae el favor divino inmerecido a los hombres que ejercitan su fe con arrepentimiento y confianza en Cristo para su salvación. A fin de demostrar la verdadera elevada doctrina de la gracia de la teología arminiana, serán necesarios algunos recordatorios de la doctrina del pecado (incluyendo la depravación) y anticipaciones de la doctrina de la justificación (que es por la fe). Es posible que los calvinistas versados (y otros no arminianos) ya estén anticipando preguntas y respuestas como: «¿La mera decisión humana de aceptar y no resistir a la gracia de Dios para la salvación no sería una obra meritoria?». Los arminianos responden a eso con un rotundo no. Resumiendo, y, a la vez, anticipando, el arminianismo clásico muestra que cualquiera que demuestre un primer indicio o inclinación de buena voluntad para con Dios ya está bajo influencia de la gracia. La

---

[352] Horton, M.S. (1992). Who Saves Who? En *Modern Reformation*, n. 1., p. 1.

[353] Godfrey, W. R. (1992). Who Was Arminius? En *Modern Reformation*, n. 1., pp. 6-7.

[354] Este capítulo necesariamente tendrá cierta sobreposición con el capítulo 6, acerca de la depravación humana, y con el capítulo 9, acerca de la justificación por la fe. La gracia, por supuesto, conecta las dos.

gracia es la causa primera del libre albedrío genuino como liberación de la esclavitud al pecado y la gracia es la fuente de todo lo que es bueno. En su forma previniente (que antecede), es la «chispa de estímulo» sobre la que Charles Wesley escribió en su famoso himno arminiano *And Can it Be?* [¿Y puede ser?] Esta gracia despierta al prisionero que reposa impotente en el calabozo de la oscuridad del pecado y rompe sus cadenas a fin de que él pueda levantarse y seguir a Cristo. No hay una sola sugerencia en la teología arminiana clásica de la salvación por las obras de justicia; toda la bondad es atribuida únicamente a la gracia de Dios.

Arminio y la gracia de Dios en la salvación

Cualquiera que lea la teología de Arminio de modo imparcial y con mente abierta se dará cuenta de su compromiso con la gracia de Dios. En ningún momento él atribuye alguna eficacia causal para la salvación a la bondad humana o aun a la fuerza de voluntad. William Witt de manera sabia dice que: «la teología de Arminio es enteramente una teología de *sola gratia*, y nada tiene en común con el semipelagianismo o con el sinergismo luterano».[355] Además, de acuerdo con Witt, «Arminio posee una elevada teología de la gracia. Él insiste enfáticamente que la gracia es gratuita porque es obtenida por medio de la redención de Dios en Cristo y no a través del esfuerzo humano.»[356] Arminio trabajó duramente para elevar la gracia como la única causa eficaz de la salvación y aun del primer impulso de la buena voluntad para con Dios, incluyendo el deseo de recibir al evangelio y responder positivamente a él. Su enfoque estaba en la gracia interna como llamado interior en lugar de una gracia exterior, común o general. De acuerdo con Arminio, ninguna persona puede ni siquiera desear a Dios sin una especial operación interior renovadora de la gracia.

En su *Declaración de Sentimientos*, Arminio se expresó sobre el tema de la manera más explícita que podía, no dejando duda respecto a su compromiso con la gracia solamente:

Yo atribuyo a la gracia EL COMIENZO, LA CONTINUIDAD Y LA CONSUMACIÓN DE TODO BIEN, y hasta tal punto llevo su

---

[355] Witt, W.G. (1993). *Creation, Redemption and Grace in the Theology of Jacobus Arminius*. [tesis doctoral, University of Notre Dame. Indiana] p. 193.

[356] Ibid., pp. 259-60.

influencia, que un hombre, aunque regenerado, de ninguna manera puede concebir, desear ni hacer ningún bien en absoluto, ni resistir ninguna tentación del mal *sin esta gracia preveniente y estimulante, siguiente y cooperante*. A partir de esta declaración claramente se verá que de ninguna manera yo hago injusticia o soy injurioso con la gracia, atribuyendo, como dicen de mí, demasiado al libre albedrío del hombre: Pues toda la controversia se reduce a la solución de esta pregunta: «¿Es la gracia de Dios una cierta fuerza irresistible?» O sea, la controversia no tiene que ver con aquellas acciones u operaciones que puedan atribuirse a la gracia, (puesto que reconozco y enseño muchas de estas acciones y cooperaciones como cualquier otro hombre), sino que se refiere únicamente al modo de operación, *si es irresistible o no*: Respecto a lo cual, creo, según las Escrituras, que muchas personas se resisten al Espíritu Santo y rechazan la gracia que se les ofrece.[357]

Para Arminio, entonces, la cuestión no era si la salvación es enteramente de la gracia, sino si la gracia es resistible. Por supuesto, los calvinistas de entonces, y los actuales, argumentan que, si la gracia es resistible, la salvación no es por completo de la gracia. Los arminianos simplemente no ven ningún sentido en esta aserción. Un regalo rechazado sigue siendo un regalo, si se recibe de manera libre. Un regalo recibido libremente no es menor que uno recibido bajo coerción.

Como si la declaración de Arminio respecto a la gracia no fuese suficiente, él escribió una declaración tan fuerte como esa, si no aún más fuerte: «Este profesor obtiene mi más elevado asentimiento (aprobación, aplauso), atribuyendo a la Gracia Divina lo máximo posible, siempre y cuando defienda la causa de la gracia, no inflija ofensas a la Justicia de Dios y no retire el *libre albedrío para lo que es malo*.»[358] En otras palabras, Arminio intentaba evitar que se le atribuyera a Dios la autoría del pecado y del mal, al afirmar el libre albedrío de las personas caídas en el pecado sin cualquier impulso secreto o coerción venidos de Dios. A fin de que nadie dudara de su elevada doctrina de la gracia, Arminio, al tratar de la operación sobrenatural del Espíritu Santo sobre el alma humana,

---

[357] Arminius. A Declaration of Sentiments. *Works*. Vol. 1, p. 664.

[358] Arminius. A Letter by the Rev. James Arminius, D. D. *Works*. Vol. 2, pp. 700-1.

enfatizó la gracia, diciendo: «el inicio de todo lo que es bueno, así como el progreso, la continuidad y la confirmación, y no solo eso, sino aun la perseverancia en el bien, no vienen de nosotros mismos, sino de Dios por medio del Espíritu Santo.»[359] Para Arminio, entonces, la gracia, en la forma de la obra libertadora y fortalecedora del Espíritu Santo, antecede todo el movimiento positivo del arbitrio (voluntad) liberto con relación a la salvación. La gracia también acompaña y posibilita la perseverancia de la persona regenerada en la gracia.

¿A la luz de estas claras confesiones, qué podemos hacer sobre las afirmaciones de los críticos calvinistas de que Arminio era semipelagiano y que negaba la *sola gratia*? O los calvinistas nunca leyeron los textos de Arminio directamente de la fuente, o lo leyeron, pero lo entendieron mal, o lo entendieron, pero decidieron tergiversarlo de todas maneras. A lo mejor una cuarta alternativa se acerque más a la verdad: los críticos de Arminio lo entienden, pero lo consideran inconsistente. Después de todas las afirmaciones de él sobre la necesidad de la gracia de principio a fin en el proceso de salvación, él afirmó, además, que la persona bajo la influencia de la gracia puede resistirla y, para ser salvo, debe aceptarla libremente, por su propia volición, no resistiendo a la gracia. Entonces, para ellos, esto equivaldría a quitar con una mano lo que Arminio dio con la otra. Bueno, tenemos que estar en desacuerdo en este punto. Con todo, la imparcialidad exige que ellos, como mínimo, mencionen las fuertes afirmaciones de Arminio de la gracia: es la base y la causa de todo lo espiritualmente bueno que una persona puede hacer, incluyendo el primer movimiento de su corazón hacia Dios. Muchos calvinistas no mencionan estas afirmaciones, minando su propia credibilidad, lo que plantea dudas sobre la integridad de ellos.

Arminio creía profundamente tanto en la gracia preveniente como en la gracia regenerativa. Para él, la gracia preveniente no es solo persuasiva, sino que también renueva la persona a la imagen de Dios y libera la voluntad de manera que pueda, por primera vez, ejercitar una buena voluntad para con Dios en arrepentimiento y fe. Esta gracia, incluso otorga las dádivas de arrepentimiento y fe a la persona, quien sólo debe aceptarlas y no resistirlas. En primer lugar, la persona carnal es incapaz

---

[359] Arminius. Public Disputations. *Works*. Vol. 2, p. 195.

de tener fe: «pues, como este acto de fe no está en el poder de un hombre natural, carnal, sensual (*animalis*) y pecador; y como nadie puede ejercer la fe, excepto por medio de la gracia de Dios; pero como toda la gracia de Dios es administrada de acuerdo con la voluntad de Dios», entonces «la fe evangélica es un asentimiento de la mente, producido por el Espíritu Santo, por medio del Evangelio, en los pecadores, quienes a través de la ley conocen y reconocen sus pecados, y se arrepienten por ellos».[360] Entonces el arrepentimiento y la fe son obras producidas en el pecador por el Espíritu Santo y no son obras de un «hombre autónomo», pero la persona debe recibir el arrepentimiento y la fe y no resistirlos para ser salvo. No obstante, Arminio atribuyó toda la eficiencia en la salvación a Dios y a su gracia: «El inicio de todo lo que es bueno, así como el progreso, la permanencia y la confirmación, y no solo eso, sino que aun la perseverancia en el bien no viene de nosotros mismos, sino de Dios a través del Espíritu Santo.»[361]

Carl Bangs, biógrafo de Arminio, tiene razón al aseverar que el objetivo de Arminio era «una teología de la gracia que no deje al hombre "nada de nada"». Porque, para él, «la gracia no es una fuerza, sino una Persona».[362] La preocupación de Arminio no era solamente el no hacer a Dios el autor del pecado, sino también que la relación divino-humana no fuera mecánica, sino más bien auténticamente personal. Para él, la doctrina del calvinismo rígido redujo a la persona que es salva a un autómata y la relación divino-humana al nivel de la relación entre una persona y un instrumento. Por tanto, él tuvo que dejar espacio para la resistencia, pero nunca insinuó que la persona que se salva se convierte en una fuente de la salvación, Arminio lo negó rotundamente. Toda la esencia de la soteriología de Arminio es que «la capacidad de creer pertenece a la naturaleza, pero el creer real pertenece a la gracia, y nadie cree en verdad sin gracia preveniente y acompañante.»[363] Parece que para Arminio, aun la regeneración precede a la conversión, es decir, Dios inicia la renovación del alma, lo que a menudo se llama «nacido de nuevo», antes de que la persona humana se arrepienta y tenga fe. El calvinismo insiste en que la regeneración

---

[360] Arminius. Private Disputations. *Works.* Vol. 2, pp. 394-400.

[361] Arminius. Private Disputations. *Works.* Vol. 2, p. 195.

[362] Bangs, C. (1985). *Arminius.* Grand Rapids: Zondervan, pp. 195, 343.

[363] Witt, W. G. (1993). *Creation, Redemption and Grace,* pp. 629-30.

precede a la conversión, puesto que de otra manera, el arrepentimiento y la fe serían obras autónomas del ser humano. Esto significaría que la persona no es realmente depravada, sino que es capaz de convencer a la gracia de Dios, la cual no sería un mero regalo. Sin embargo, para Arminio hay una etapa intermedia entre la no regeneración y la regeneración.

Esta etapa intermedia es cuando el ser humano no está tan libre para responder al evangelio (como alegaron los semipelagianos), pero está *liberado* para responder a las buenas nuevas de la redención en Cristo. Arminio, así es que no cree tanto en el libre albedrío, sino en un albedrío liberado, que, aunque inicialmente está esclavizado por el pecado, ha sido llevado por la gracia preveniente del Espíritu de Cristo a un punto donde pueda responder libremente al llamado divino.[364]

Esta etapa intermedia no está sin regenerar ni está regenerada, sino más bien, quizás, está en una posterior no regenerada y preregenerada. El alma del pecador está siendo regenerada, pero el pecador es capaz de resistir y rechazar la gracia preveniente de Dios al negar el evangelio. Todo lo que se necesita para la salvación completa es el ablandamiento de la voluntad resistente bajo la influencia de la gracia de Dios, de manera que la persona se aparte del pecado y de la auto rectitud, permitiendo que la muerte de Cristo se convierta en el único cimiento de la vida espiritual.

Entonces, ¿la soteriología de Arminio era sinergista? Sí, pero no de la manera como es a menudo entendida. Los calvinistas tienden a considerar el sinergismo como una cooperación igualitaria entre Dios y el ser humano en la salvación; de este modo, el ser humano contribuye con algo esencial y eficaz para la salvación. Pero este no es el sinergismo de Arminio. Antes, su sinergismo es un sinergismo evangélico que reserva todo el poder, capacidad y eficacia de la salvación a la gracia, pero que permite a los seres humanos hacer uso de la capacidad otorgada por Dios de resistir o no resistir a la misma. La única «contribución» de parte de los seres humanos es la no resistencia a la gracia, es lo mismo que aceptar un regalo. Arminio no alcanzaba a entender por qué un regalo que debe ser recibido libremente deja de ser un regalo, según alegan los calvinistas. Para explicar la «cooperación y el acuerdo de la gracia divina con el libre albedrío» él presentó una analogía:

---

[364] Ibid., pp. 636-37.

Para explicar el tema emplearé un símil, el cual yo confieso, aún es bastante *disimilar*; pero su disimilitud confirma grandemente mi parecer. Un hombre rico concede, a un pobre y hambriento mendigo, limosnas con las cuales él será capaz de sustentar a su familia y a sí mismo. ¿El hecho de que el mendigo extienda sus manos para recibir la limosna hace que la limosna deje de ser un regalo auténtico? ¿Se puede decir con propiedad que «las limosnas dependen parcialmente *de la liberalidad* del Donante y parcialmente *de la libertad* del favorecido», aunque este último no fuera a poseer las limosnas a menos que él las hubiera recibido extendiendo la mano? ¿Se puede afirmar correctamente que, *por el hecho de que el mendigo está siempre listo para recibir* «él puede recibir las limosnas o puede no recibirlas, según le plazca?» Si tales aserciones no se pueden hacer respecto a un mendigo que recibe limosnas, menos aún se pueden hacer sobre el don de la fe, puesto que para recibir la fe se requieren muchos más actos de la Gracia Divina.[365]

En este punto, por supuesto, algunos críticos calvinistas todavía mantienen que Arminio hace de la libre aceptación del don de la salvación, incluso la fe, el factor decisivo en la salvación; entonces el acto humano de la aceptación, y no la gracia de Dios, se vuelve la base de la justicia. Ningún arminiano, ni aun Arminio, concordaría con la fórmula de que la mera aceptación de la redención de Cristo por la persona es «el factor decisivo» en la salvación. Para Arminio, así como para todos los arminianos clásicos, el factor decisivo es la gracia de Dios, desde el principio hasta el fin. Si se usa la analogía de Arminio del rico y del mendigo, ¿sería normal decir que la aceptación, por parte del mendigo, del dinero dado por el hombre rico fue el factor decisivo en la sobrevivencia de su familia? ¿Quién diría tal cosa? Toda la atención en este caso se concentraría en el benefactor y no en el pobre receptor de ayuda. Podríamos ampliar la analogía un poco más y sugerir que el hombre rico otorgó el regalo en forma de un cheque, que solamente debe ser endosado y depositado en la cuenta de banco del hombre pobre. ¿Y si alguien declarara que el acto de endosar el cheque y depositarlo fue el factor decisivo en la sobrevivencia

---

[365] Arminius. The Apology or Defence of James Arminius, D. D. *Works*, Vol. 2, p. 52.

de la familia del pobre hombre? Ciertamente aun los calvinistas deben darse cuenta de que ninguna persona razonable diría tal cosa. Del mismo modo es el sinergismo arminiano evangélico, el simple acto de decidir confiar por completo en la gracia de Dios para la salvación y aceptar el don de la vida eterna no es el factor decisivo en la salvación. Este estatus pertenece de forma exclusiva a la gracia de Dios.

Explicaciones sobre la gracia de los remonstrantes post Arminio y de Wesley

Simón Episcopio. Simón Episcopio heredero teológico de Arminio declaró, con el mismo ímpetu de su mentor, la absoluta dependencia de los seres humanos de la gracia para todo lo que es bueno y la suficiencia de la gracia para todo lo que es necesario para la salvación:

> El hombre, por tanto, no posee la fe salvadora de o a partir de sí mismo; tampoco nace de nuevo o se convierte por el poder de su propio libre albedrío: al ver en su estado pecaminoso, él no puede pensar, mucho menos desear o hacer alguna cosa que sea, de hecho, buena para su rescate… de o a partir de sí mismo: pero es necesario que él sea regenerado y plenamente renovado por Dios en Cristo por la Palabra del evangelio y por la virtud del Espíritu Santo en conjunción; para conocer, en entendimiento, los afectos, la voluntad, y todas las fuerzas y facultades, para que él pueda ser capaz de entender, meditar y realizar estas cosas de manera correcta que son buenas para su salvación.[366]

De acuerdo con Episcopio, la gracia preveniente es regenerativa, no obstante puede ser resistida. La salvación viene al no resistirnos a ella. La gracia del llamado se vuelve eficaz y gracia salvadora, cuando el hombre al oír la palabra de Dios no se resiste a ella.[367] Para Episcopio, la gracia preveniente usualmente entra en la vida de una persona cuando la Palabra de Dios es oída, dando a él o a ella todo lo que es necesario y suficiente para la fe y la obediencia. De hecho, la gracia preveniente se

---

[366] Episcopius, S. (1684). *Confession of Faith of Those Called Arminians*. London: Heart & Bible, p. 204.

[367] Ibid., p. 202.

«forja» por la Palabra de Dios.[368] Para Episcopio eso significa que, a diferencia de Wesley que vino después, la gracia preveniente no es necesariamente universal. Dios no es un Salvador de oportunidades iguales. Arminio dejó esta pregunta abierta y él no la respondió de manera definitiva, sino que sólo sugirió en sus escritos que los que nunca oyen la Palabra de Dios proclamada pueden, sin embargo, por la misericordia y gracia de Dios, llegar al conocimiento salvador de Dios. Él no explicó cómo y trató de restringir el alcance de la gracia preveniente al ámbito de los evangelizados.

   Philip Limborch. Episcopio no dejó dudas sobre su compromiso con la gracia. Es un misterio cómo alguien que lea esta confesión concluya que el arminianismo no posee una elevada visión de la gracia: «La fe, la conversión y todas las buenas obras, y todas las acciones piadosas de la salvación, en las cuales alguien puede pensar, son totalmente atribuidas a la gracia de Dios en Cristo como su primera y principal fuente.»[369] La única solución para el misterio de este mito acerca del arminianismo puede ser la influencia de Philip Limborch eclipsando a Episcopio. Aun las personas que nunca oyeron acerca de Limborch generalizaron su teología para todos los arminianos sin distinguir entre su remonstrantismo posterior y el verdadero arminianismo. Con todo, siendo justo con Limborch, él estuvo comprometido con la gracia preveniente como base de toda capacidad moral o bondad en los seres humanos, incluyendo el primer ejercicio de la buena voluntad para con Dios. De acuerdo con Limborch, en sintonía con Arminio y Episcopio: «la gracia de Dios revelada a nosotros por el evangelio es el inicio, el avance y la conclusión de todo bien salvador, y sin la cooperación de la gracia no podríamos pensar, y mucho menos hacer nada que nos condujera a la salvación.»[370] Los problemas de Limborch empezaron cuando él intentó explicar la relación entre la gracia y la fe, en donde la fe comenzó a alejarse de su base arminiana en la gracia como su única fuente y Limborch desplaza su base hacia el libre albedrío.

   Limborch quería decir que aun la fe es producida por Dios. «La causa primera y eficaz de la fe es Dios, de quien, como el Padre de las luces,

[368] Ibid., pp. 201-7.

[369] Ibid., p. 205.

[370] Limborch, P. (1713). *A Complete System, or Body of Divinity*. (Trans. William Jones). London: John Darby. p. 142.

viene toda dádiva y don perfecto».[371] Desafortunadamente, no dejó las cosas allí, y sintió la necesidad de elevar el papel del ser humano en el sinergismo y lo hizo de tal manera que la persona se convierte en un colaborador igualitario con Dios en la producción de la fe. De hecho, pareciera que retrocedió en su pensamiento e hizo de la voluntad humana la base de la fe: «Nosotros, por tanto, decimos que la *fe* es, en primer lugar, un acto mismo de la voluntad, no exactamente actuando por su propia voluntad, sino estimulada y hecha capaz de creer por la gracia divina, preveniente y ayudadora.»[372] Al parecer, Limborch creía que la voluntad de los seres humanos caídos requiere sólo de asistencia y no de renovación. Él parece haber creído que el primer papel de la gracia preveniente es la de fortalecer la habilidad natural de la persona y transmitir el conocimiento y el entendimiento acerca de Dios y el evangelio. John Mark Hicks, experto en Limborch, resume la doctrina de la gracia preveniente de Limborch de esta manera:

> La gracia no restaura la libertad a la voluntad, sino que fortalece el libre albedrío, el cual permanece…. La gracia, sin embargo, es necesaria solamente para asistir a las capacidades caídas del hombre de manera que él pueda recobrar la integridad de Adán. El hombre caído no es substancialmente diferente del hombre creado. Las únicas diferencias son las de grado y no de tipo. El hombre está debilitado en sus capacidades (la voluntad tiene una propensión al mal, el intelecto perdió su sistema de «orientación natural»), pero ellos aún están intactos y potentes. Por consiguiente, la gracia simplemente trabaja con estas capacidades que permanecen.[373]

En otras palabras, mientras el arminianismo clásico antes y después de Limborch habla de una obra personal del Espíritu Santo comenzando a regenerar el alma humana, incluyendo la voluntad, a través de la Palabra, Limborch habló solo de un estímulo o asistencia de la gracia preveniente al alma humana. La asistencia de la gracia es, sobre todo, informativa; la

---

[371] Ibid., p. 504.

[372] Ibid., p. 506.

[373] Hicks, J.M. (1985). *The Theology of Grace in the Thought of Jacobus Arminius and Philip van Limborch*. [Tesis Doctoral, Westminster Theological Seminary. Philadelphia.] p. 177.

persona no regenerada necesita iluminación, pero no de regeneración con el fin de ejercitar una buena voluntad para con Dios. Hicks compara y contrasta a Arminio con Limborch de forma correcta así:

> Ambos creen que el pecado original es fundamentalmente una privación, pero sus definiciones *(sic)* de privación son radicalmente distintas. Para Arminio, el hombre está privado de su capacidad real de desear el bien, pero para Limborch el hombre solo está privado del conocimiento que informa al intelecto, pero la voluntad es capaz por sí misma, si es informada por el intelecto, de decidir y realizar cualquier cosa realmente buena.[374]

Los arminianos posteriores, como Richard Watson, se dieron cuenta del mismo error en el pensamiento de Limborch sobre la gracia y rechazaron su inclinación semipelagiana a favor de la gracia preveniente como regenerativa. Desafortunadamente, Chales Finney, hombre de avivamiento y teólogo del siglo XIX, siguió el modelo de Limborch (transmitido a él por medio de Nathaniel Taylor) que ha llegado a ser malinterpretado como la posición arminiana clásica, lo cual es simplemente incorrecto, en la medida en que Arminio estableció el patrón de excelencia para el verdadero arminianismo.

John Wesley. John Wesley regresó al arminianismo clásico de Arminio y Episcopio al enfatizar el poder sobrenatural y regenerador de la gracia preveniente, para él, la gracia de forma clara trasciende la iluminación o la elevación del intelecto. Es el poder personal del Espíritu Santo, totalmente necesario, operando en el alma de la persona, dandole a él o a ella la capacidad y la oportunidad de no resistir a la gracia salvadora. Thomas Oden observa de forma apropiada que, para Wesley:

> La gracia opera delante de nosotros a fin de atraernos a la fe, para iniciar su obra en nosotros. Aun la primera frágil intuición de la convicción del pecado, la primera insinuación de nuestra necesidad de Dios es obra de la gracia preparadora y antecedente, que gradualmente nos conduce al deseo de agradar a Dios. La gracia opera en forma discreta

---

[374] Ibid., p. 286.

al borde de nuestro deseo, trayéndonos a un tiempo de afligirnos sobre nuestras propias injusticias, desafiando nuestras disposiciones perversas, de modo que nuestras voluntades distorsionadas gradualmente cesan de resistir el don de Dios.[375]

Para Wesley, esta obra de la gracia preveniente es comparable a la creación original de Dios *ex nihilo* (a partir de la nada). De la misma manera que Dios nos creó *ex nihilo*, «Dios recrea nuestra libertad para amar, a partir de la condición caída de muerte espiritual».[376]

Wesley anticipó la acusación calvinista de que aun al afirmar el libre albedrío capacitado por la gracia, se estaría abriendo las puertas al pelagianismo o al semipelagianismo, por lo que rechazó esta crítica como inválida, atribuyendo toda la bondad en los seres humanos a la gracia sobrenatural de Dios: «Sea cual sea la bondad que haya en el hombre o haya sido practicada por el hombre, Dios es el autor y ejecutor.»[377] Todo su sermón «Ejercitando nuestra propia salvación» es una respuesta a la acusación de pelagianismo hecha por críticos calvinistas contra su arminianismo. Albert Outler, editor de los trabajos reunidos de Wesley, dijo: «Si alguna vez hubo una duda sobre el supuesto pelagianismo de Wesley, solo este sermón debería ser suficiente para resolver de forma decisiva el cuestionamiento.»[378] Al comentar sobre el pasaje de la paradoja de la gracia en Filipenses 2:12-13, Wesley declaró:

Esta disposición de las palabras, conectando la expresión «su buena voluntad» con la palabra «produce», remueve toda la imaginación de mérito del hombre y da a Dios toda la gloria de su propia obra. De lo contrario, nosotros podríamos haber tenido espacio para la vanagloria, como si hubiera, en nuestro propio desierto, alguna bondad en nosotros o alguna cosa buena hecha por nosotros, que primeramente llevó a Dios a operar. Pero esta expresión acaba con todas esas vanas

---

[375] Oden, T. C. (1994). *John Wesley's Scriptural Christianity*. Grand Rapids: Zondervan, p. 246.

[376] Ibid., 249.

[377] Wesley, J. (1986). Free Grace. En *The Works of John Wesley*, Vol. 3, Ed. Albert C. Outer. Nashville: Abington, Vol. 3, p. 545.

[378] Outler, A.C. (1986). En la introducción a John Wesley, On Working Out Our Salvation. En *The Works of John Wesley*, Ed. Albert C. Outler. Nashville: Abingdon, Vol. 3, p. 199.

presunciones y muestra de forma clara que su motivo para trabajar estaba enteramente en sí mismo, en su propia y mera gracia, en su misericordia inmerecida.[379]

Wesley prosiguió con el sermón para no dejar dudas sobre el papel primordial de la gracia en la salvación, sin negar cierta cooperación sinérgica entre los seres humanos y el Dios Salvador. Para él, así como para todos los verdaderos arminianos, «Dios trabaja, por tanto, tú *puedes* trabajar... Dios trabaja, por tanto, tú *debes* trabajar».[380] Con todo, para que nadie entienda mal, con el «tú *debes* trabajar» Wesley no quiso decir que la salvación depende de las buenas obras. Esta sería una distorsión ultrajante de su soteriología. El sermón deja muy claro que todo el bien en el hombre viene de Dios como don gratuito, eso incluye el primer deseo bueno, el primer movimiento de la voluntad hacia el bien, así como para santidad interna y externa. Todo ello es soplado por Dios en las personas y trabajado por Dios en las personas.[381] De hecho, Wesley no podría haber expresado el asunto de manera más convincente que cuando dijo que todas las personas «están muertas en delitos y pecados» hasta que Dios llama a la vida a sus almas muertas.[382] Es claro que para él la gracia es regeneradora, aunque la salvación real necesariamente implique la cooperación libre y dispuesta de la persona a través de la no resistencia a la obra salvadora. Aun esa no resistencia es una obra de Dios, todo lo que el ser humano tiene que hacer es recibirla.

Los arminianos del siglo XIX y la gracia

¿La corriente principal de teólogos arminianos del siglo XIX siguió la elevada doctrina de la gracia de Arminio y Wesley? Los teólogos del siglo XIX la siguieron. La calumnia de que el arminianismo rechaza la gracia de Dios en la salvación ignora a los teólogos evangélicos metodistas del siglo XIX y se concentra en Charles Finney, que indudablemente abandonó al verdadero arminianismo (¡si es que en algún momento fue arminiano!).

---

[379] Wesley, J. Working Out Our Salvation, p. 202.

[380] Ibid., p. 206.

[381] Ibid., p. 203.

[382] Ibid., pp. 206-7.

Richard Watson. Richard Watson, quizás el primer teólogo sistemático metodista, critica a Limborch y a los remonstrantes posteriores por apartarse de la elevada visión de Arminio sobre la gracia, y de acuerdo con Watson, Limborch y los remonstrantes posteriores «se alejaron de forma considerable de los principios de su maestro».[383] En todo su discurso sobre la deserción remonstrante, Watson citó a Juan Calvino, de manera libre y aprobando el tema de la depravación humana y de la necesidad de la gracia para todo bien. Al hablar contra Limborch y a favor de Calvino, Watson afirmó que la consecuencia de la Caída no fue sólo una infusión del mal (infortunio, pesar), sino que fue una *pérdida* de la vida espiritual.[384] La única solución para esto es el sacrificio expiatorio de Cristo y la gracia preveniente, que es la presencia renovadora y dadora de vida del Espíritu Santo. Incluso el arrepentimiento, según Watson, es un don de Dios y no una obra humana. Pero ni aun el don del arrepentimiento salva al pecador; sólo la muerte de Cristo en la cruz salva.[385] La gracia preveniente, de acuerdo con el teólogo metodista, opera «removiendo la muerte espiritual (de los humanos) de tal manera que instiga en ellos varios grados de sentimientos religiosos, y los habilita a buscar la presencia de Dios, a cambiar por causa de Su reprensión, y, al desarrollar esa gracia, arrepentirse y creer en el evangelio».[386] Watson observó que la gracia preveniente es irresistible en su primera venida, es dada por Dios a través del Espíritu independientemente de la búsqueda o del deseo humano. No obstante, una vez que esa gracia viene, puede ser resistida y debe ser «mejorada», lo que no implica añadir, sino cooperar con la no resistencia.[387] Watson no dejó dudas respecto a su compromiso con la gracia como iniciación y habilitación de la salvación y dijo:

> Igualmente sagrada es la doctrina que debe sostenerse, de que ninguna persona puede arrepentirse o creer verdaderamente sin la influencia del Espíritu de Dios; y que nosotros no tenemos ninguna base para vanagloriarnos de nosotros mismos, sino que toda la gloria de

---

[383] Watson, R. (1851). *Theological Institutes*. New York: Lane & Scott, Vol. 2, p. 77.

[384] Ibid., p. 81.

[385] Ibid., p. 102.

[386] Ibid., p. 58.

[387] Ibid., pp. 447-9.

nuestra salvación, iniciada y consumada, debe ser dada a Dios solamente, como resultado de la generosidad y riquezas de su gracia.[388]

William Burton Pope. William Burton Pope escribió con la misma
vehemencia de Watson con relación a la gracia preveniente. A diferencia
de otros arminianos, parece que él conectaba de forma especial la gracia
preveniente con la proclamación de la Palabra de Dios. Él creía que la
muerte expiatoria de Cristo en la cruz diseminó en la humanidad un
nuevo impulso espiritual, pero «por especial designio y voluntad de Dios,
la Palabra posee la gracia vinculada a ella, suficiente para todo propósito
para los que se ha enviado.»[389] Esta gracia es:

> La causa única y eficaz de todo el bien espiritual en el hombre: del
> inicio, de la continuidad y de la consumación de la religión en el alma
> humana. La manifestación de la influencia Divina, que precede a
> la vida plena y regenerada no recibe ningún nombre especial en la
> Escritura; pero se describe de tal manera que justifica la designación
> que generalmente se le da de Gracia Preveniente.[390]

La gracia preveniente abarca el esfuerzo, la atracción y demostración
de la verdad de Dios que penetra en el corazón humano con convicción.
Esta gracia rompe la esclavitud al pecado de la voluntad y libera la voluntad humana para que decida contra el pecado y se someta a Dios. Es por
completo, una obra del Espíritu Santo por medio de la Palabra.[391] Pope fue
claro con relación a la superioridad de la gracia sobre la capacidad o cooperación humana: «La gracia de Dios y la voluntad humana son cooperan-
tes, pero no lo son en términos iguales. La gracia tiene la supremacía».[392]

Pope admitió que existe un misterio en el corazón de esta cooperación entre la voluntad humana y la gracia de Dios (el Espíritu Santo).
Aquí, el teólogo metodista expresó la paradoja de la gracia, según se cree
por todos los arminianos auténticos:

[388] Ibid., p. 447.
[389] Pope, W. B. (s.f.) *A Compendium of Christian Theology.* New York: Philips & Hunt, Vol. 2, p. 345.
[390] Ibid., p. 359.
[391] Ibid., p. 363-4.
[392] Ibid., p. 364.

En los secretos recónditos de la naturaleza del hombre, la gracia es dada, inclinándolo y habilitándolo a ceder. Aunque la voluntad deba, por fin, actuar por sus propios recursos e impulsos deliberados, es influenciada a través del sentimiento y del entendimiento, de tal manera para darle fuerza. Es completamente inútil penetrar en este misterio: es el secreto entre el Espíritu de Dios y la agencia del hombre. Hay una operación divina que trabaja el deseo y actúa de tal manera a no interferir en la libertad natural de la voluntad. El hombre se determina a sí mismo, por medio de la gracia divina, a la salvación: nunca tan libre como cuando es influenciado por la gracia[393].

Indudablemente, los calvinistas clásicos saltarán ante la última parte de esta declaración, «el hombre se determina a sí mismo... a la salvación.» Con todo, esto sería equivocado, porque Pope (y otros arminianos clásicos) no quiso decir que el ser humano es la causa eficaz de la salvación, sino la causa instrumental, y sin su libre asentimiento (no resistencia) la gracia preveniente jamás se transformaría en gracia salvadora. La determinación verdadera para la salvación es de Dios, que llama, convence, capacita y subsiguientemente responde con los dones gratuitos de la regeneración y justificación para una respuesta humana positiva.

Thomas Summers. Thomas Summers estuvo plenamente de acuerdo con Watson y Pope sobre Limborch y los remonstrantes posteriores. Summers lamentó el hecho de que las personas llamaran al sistema de Limborch de arminianismo y que ignoraran las diferencias entre el auténtico arminianismo y el remonstrantismo.[394] Además, en armonía con Watson y Pope, Summers atribuyó todo el poder en la salvación y todo el bien a la gracia preveniente de Dios, que «precede nuestras acciones y nos otorga la capacidad para desear y hacer lo correcto, iluminando el intelecto e incitando la sensibilidad».[395] De acuerdo con Summers, el único papel de la persona en la salvación es la no resistencia a la gracia de Dios.[396] Esta debe ser libre ya que Dios no seleccionará personas contra la

---

[393] Ibid., p. 367.

[394] Summers, T. O. (1888). *Systematic Theology*. Nashville: Publishing House of the Methodist Episcopal Church, South, Vol. 2, p. 34.

[395] Ibid., p. 68.

[396] Ibid., p. 83.

voluntad de ellas o sin el libre consentimiento de las mismas. Entonces, la gracia preveniente supera la resistencia natural y automática que las personas caídas tienen con relación al evangelio y las capacita a decidir libremente entre la resistencia y la no resistencia. Para Summers, esa libertad de la voluntad en las cuestiones espirituales es el don necesario y gratuito de Dios para el alma, pues sin esta libertad la responsabilidad sería destruida. Esta libertad de la voluntad debe ser un «poder de contrariedad», una habilidad de hacer lo contrario. Summers claramente unió la libertad incompatibilista con la responsabilidad: «La libertad y la responsabilidad serían destruidas o puestas a un lado si necesitáramos actuar siguiendo motivos sobre los cuales no tenemos ningún control, tan cierto como si algún poder mayor nos tomara y, mecánicamente, nos forzara a realizar cualquier acto contrario a nuestra voluntad.»[397] Entonces él relacionó esto a la voluntad de arrepentirse y de creer (por ejemplo, no resistir a los regalos de la gracia de Dios) en el sinergismo evangélico:

> Solo Dios regenera el alma; pero Él no regenerará a nadie a quien Él no justifique y sólo Dios justifica, pero Él no regenerará a nadie que no renuncie a sus pecados por el arrepentimiento y reciba al Salvador por la fe. Casi no necesitamos decir que, aunque nadie pueda arrepentirse o creer sin la ayuda de la gracia de Dios, con todo, Dios no puede arrepentirse o creer por ningún hombre.[398]

Ahí se encuentra la ofensa del sinergismo evangélico arminiano contra el calvinismo, pero los arminianos cuestionan la alternativa. Summers argumentó que, si el determinismo divino es verdadero, la persona se transforma en una piedra, pese a las objeciones calvinistas en sentido contrario.

John Miley. El teólogo metodista de fines del siglo XIX, John Miley, estuvo completamente de acuerdo con Summers. El libre albedrío, como poder personal de elección por encima de los motivos y entre las alternativas (la habilidad de hacer lo contrario), es un «legado de gracia», no una habilidad natural humana en las cuestiones espirituales.[399] Él aun

---

[397] Ibid., p. 68.

[398] Ibid., p. 120.

[399] Miley, J. (1989). *Systematic Theology*. 1983. Peabody, Mass.: Hendrickson, Vol. 2, p. 305.

argumentó que la gracia preveniente reconcilia al monergismo y al siner-gismo cuando atribuye todo el trabajo de regeneración, de principio a fin, al don del Espíritu divino, mientras reconoce que la acción humana debe cooperar eligiendo el bien.[400] Para Miley, la libertad otorgada al alma por el Espíritu nunca es una violación arbitraria o una indiferencia; es decir, aun bajo el poder regenerador de la gracia preveniente, las personas no reciben la habilidad de hacer todo. Contrario a lo que alegan algunos críticos, el libre albedrío arminiano no es la absoluta libertad de la in-diferencia, es libertad situada bajo la influencia del llamado al bien *y* el quitarse la naturaleza caída. Fue Miley quien mejor expresó la verdadera creencia arminiana con respecto al libre albedrío: «es la libertad de la acción personal, con poder para tomar las decisiones necesarias. Es su-ficiente para el ámbito de nuestra vida responsable.»[401] Este no es el libre albedrío del Iluminismo o de Immanuel Kant, que habló del «yo trascen-dental» del ser humano como si el libre albedrío fuera cualidad divina dentro de la humanidad. El libre albedrío arminiano es una creación de Dios y está limitado en su gama de posibilidades, y aún está bajo la in-fluencia de la naturaleza caída del hombre, así como del Espíritu de Dios.

La gracia en la teología arminiana moderna y contemporánea

H. Orton Wiley. H. Orton Wiley, teólogo del siglo xx de la Iglesia del Nazareno, siguió los pasos de sus antepasados arminianos del siglo xix. Él definió la gracia preveniente como:

> Aquella gracia que «antecede» o prepara el alma para la entrada en el estado inicial de la salvación. Es la gracia preparatoria del Espíritu Santo ejercida hacia el hombre impotente en el pecado. En cuanto a la culpa, puede ser considerada misericordia; con relación a la im-potencia, es el poder que habilita. No obstante, puede ser definida como la manifestación de la influencia divina que precede a la vida regenerada plena.[402]

---

[400] Ibid.

[401] Ibid., pp. 306-7.

[402] Wiley, H. O. (1941). *Christian Theology*. Kansas City, Mo.: Beacon Hill, Vol. 2, p. 346.

Él repitió, casi palabra por palabra, las doctrinas de la gracia y libre albedrío encontradas en Watson, Pope, Summers y Miley. La gracia tiene la preeminencia, y la gracia preveniente es irresistible en su llegada inicial, de modo que «el hombre puede (posteriormente) resistirla, pero no puede escapar de ella.»[403] La gracia preveniente estimula y persuade hacia una cooperación, pero ella no abruma o viola el libre albedrío que una vez concedió. Sobre el sinergismo evangélico, él citó al teólogo arminiano anterior Adam Clarke y con aprobación dijo: «Dios da el poder (para creer), el hombre usa el poder otorgado y glorifica a Dios: sin el poder, ningún hombre puede creer, con el poder, cualquier hombre puede.»[404] Desearía que Wiley hubiera expresado la depravación heredada y la obra regeneradora de la gracia preveniente de manera más completa y enérgica. Una alusión al semipelagianismo de Limborch infecta el relato de Wiley en algunos momentos ya que argumentó, por ejemplo, que la fuerza de voluntad de la volición no fue destruida por la Caída, sino que la «inclinación a pecar» determina la conducta del pecador al influenciar su voluntad.[405] Oímos ecos de Limborch en la declaración de Wiley de que «la gracia es necesaria, no para restaurar a la voluntad su poder de volición, ni restaurar el pensamiento y el sentimiento al intelecto ni la sensibilidad, ya que nunca se perdieron, pero se necesita la gracia para despertar el alma a la verdad en la que descansa la religión y así conmover los afectos inclinando el corazón hacia el lado de la verdad.»[406]

Desde otra perspectiva, él afirmó que tanto el libre albedrío como el arrepentimiento y la fe, fluyen de la gracia preveniente, aunque impliquen también una respuesta libre del agente humano.[407] Él se alejó de Limborch y regresó al arminianismo clásico al afirmar que la fe en sí es tanto una obra de Dios como una respuesta libre de los seres humanos.[408]

Ray Dunning. Ray Dunning, teólogo posterior de la Iglesia del Nazareno, enseña la necesidad absoluta de la gracia preveniente en todo lo que sea espiritualmente bueno en la vida humana. Él admite que la

[403] Ibid., p. 355.
[404] Clarke, A. citado en Ibid., pp. 369-70.
[405] Ibid., p. 357.
[406] Ibid.
[407] Ibid., p. 360.
[408] Ibid., p. 369.

gracia «no es un término bíblico, sino una categoría teológica forjada para capturar un tema bíblico central.»[409] Debido al pecado original, el ser humano es totalmente incapaz de iniciar la relación divino-humana, entonces este trabajo se lleva a cabo por la gracia preveniente, que está fundada en la naturaleza de Dios como amor. Según Dunning, la gracia preveniente es «una interferencia directa del entendimiento neotestamentario de Dios.»[410] Esta gracia restaura el auténtico libre albedrío como la libertad para Dios que se perdió en la Caída. «Esta gracia crea tanto la consciencia como la capacidad, pero ninguna de ellas es salvadora, a no ser que sean respondidas o ejercitadas por alguien por medio de la libertad concedida por la gracia.»[411]. La gracia preveniente, entonces, incluye los momentos o aspectos del despertar, la convicción y el llamado. La predicación de Cristo es el vehículo primario a través del cual el Espíritu Santo obra más eficaz y normativamente la gracia preveniente en el alma del ser humano.[412] La fe es la respuesta adecuada a la gracia preveniente, pero la propia fe es una obra del Espíritu Santo y no de los humanos. Dunning recurre a Wiley al decir que el Espíritu Santo es la «causa eficaz» de la fe; la «causa instrumental» es la revelación de la verdad (el mensaje del evangelio), que tiene que ver con la necesidad y a la posibilidad de la salvación.

Otros teólogos arminianos. Podemos encontrar fácilmente los mismos sentimientos sobre la gracia en escritos de innumerables teólogos arminianos del siglo xx. Larry Shelton, por ejemplo, dice que «la salvación es toda de la gracia. Aunque la voluntad humana deba responder a la oferta de la gracia en todos los niveles de desarrollo espiritual, la voluntad no inicia o merece la gracia o la salvación.»[413] Leroy Forlines, teólogo Bautista del Libre Albedrío, adopta la esclavitud del libre albedrío al pecado bajo las condiciones de la Caída: «Si alguien toma la *libertad de la voluntad* para decir que una persona no convertida puede practicar

---

[409] Dunning, H. R. (1988). *Grace, Faith and Holiness.* Kansas City, Mo.: Beacon Hill, p. 338.

[410] Ibid., p. 339.

[411] Ibid.

[412] Ibid., p 435.

[413] Shelton, R. L. (19839. Initial Salvation: The Redemptive Grace of God in Christ. En *A Contemporary Wesleyan Theology*, ed. Charles W. Carter. Grand Rapids: Francis Asbury Press, Vol. 1, p. 485.

la justicia y *no pecar*, esta persona confunde el significado de la libertad de la voluntad de los seres humanos caídos.»[414] De acuerdo con Forlines, aun la fe es un don de Dios porque sería imposible vivirla sin la ayuda divina. «El Espíritu Santo debe operar antes de que haya una comunicación exitosa del evangelio al pecador y antes de que haya la convicción y respuesta del pecador.»[415] En otras palabras, la gracia preveniente antecede a la conversión y la hace posible. No existe la idea de arrepentimiento y fe como obras de una criatura autónoma, ya que son obras de Dios en el sentido de que son imposibles sin la capacitación divina. Howard Marshal, metodista inglés experto en Nuevo Testamento, de igual manera, se refiere a la libertad para elegir con la gracia preveniente:

> *En todos casos, es Dios quien toma la iniciativa en la salvación* y llama a los hombres hacia Él y opera en sus corazones por su Espíritu. La salvación jamás es el resultado del mérito humano, ni alguien puede ser salvo sin que haya sido primeramente llamado por Dios. Los hombres no pueden, en ningún aspecto, salvarse a sí mismos. Debe ser declarado con mucho énfasis que *el no calvinista afirma esto tan sinceramente como el calvinista* y repudia enteramente el pelagianismo, el cual muchas veces (aunque erróneamente) es considerado inherente a esta posición. Cuando una persona se convierte en cristiano, ya no puede hacer nada que no sea totalmente de la gracia, y aun ver que fue afectado por las oraciones de otras personas…. El efecto del llamado de Dios es colocar al hombre en una posición en la cual pueda decir «sí» o «no» (algo que el hombre no podría hacer antes de que Dios lo hubiera llamado, ya que hasta entonces él estaba en una continua posición de «no»).[416]

Aunque él no se refiera a sí mismo como arminiano, el arminianismo no tiene mejor exponente en el siglo XX que el teólogo metodista evangélico Thomas Oden, cuyo libro *The Transforming Power of Grace* [El poder transformador de la gracia] es una expresión modelo de la

[414] Forlines, F. L. (2001). *The Quest for Truth*. Nashville: Randall House, p. 158.

[415] Ibid., p. 160.

[416] Marshall, I. H. (1975). Predestination in the New Testament. En *Grace Unlimited*, Ed. Clark H. Pinnock. Minneapolis: Bethany Fellowship, p. 140.

teología clásica arminiana. Oden atribuye toda la bondad de las personas no regeneradas y regeneradas a la gracia de Dios. Mientras que el mal es siempre de nuestra propia naturaleza, el bien es siempre la naturaleza de Dios en nosotros:

> Debido al hecho de que caímos de la gracia, somos nosotros mismos quienes acortamos la gracia suficiente otorgada. En la medida en que nos volvemos para recibir la gracia, es el mismo Dios quien capacita el acto de volvernos hacia Él. No podemos volvernos hacia Dios a menos que Dios nos despierte y nos ayude a tener una buena voluntad para con Él. Con todo, cuando nos apartamos de Dios, lo hacemos sin la ayuda de Él, por la propia insensatez de nuestra voluntad.[417]

Oden afirma que la gracia previniente es sobrenatural y no es meramente una intensificación de la gracia común. Esta gracia previniente provee toda la capacitación para el bien, incluyendo un primer estímulo de la buena voluntad para con Dios: «Dios prepara la voluntad y coopera con la voluntad preparada. En la medida en que la gracia acompaña y posibilita la voluntad humana de trabajar con la voluntad divina, se llama gracia cooperante.»[418] «Solo cuando los pecadores son asistidos por la gracia previniente pueden comenzar a ceder sus corazones a la cooperación con formas de gracia subsiguientes». «La necesidad de la gracia que precede es grande, pues fue precisamente cuando "estabais muertos en vuestros delitos y pecados" (Efesios 2:1) que "por gracia sois salvos" (Efesios 2:8).»[419]

Conclusión. Tenemos que preguntarnos qué piensan los críticos del arminianismo cuando lo condenan o lo critican por faltar a la doctrina de la gracia o por empequeñecer la gracia, sin que estos críticos hayan mencionado el imprescindible concepto arminiano de la gracia previniente. Puede que ellos no estén de acuerdo con la creencia, ¡pero no pueden incurrir en el error de siquiera mencionarla como elemento clave de la soteriología arminiana! A. Slaatte tiene razón en que la verdadera

---

[417] Oden, T. (1994). *The Transforming Power of Grace*. Nashville: Abingdon, 1994, p. 49.

[418] Ibid., p 47. Muchos arminianos no hacen esta distinción e incluyen la gracia cooperante y ayudadora bajo la gracia previniente.

[419] Ibid.

teología arminiana está muy alejada de la religiosidad ingenua (con lo que se refiere al idealismo moralista). «La auténtica teología arminiana siempre muestra un profundo respeto por la primacía de la gracia de Dios relacionada con la fe y la doctrina de la pecaminosidad del hombre, mientras que al mismo tiempo aboga por la responsabilidad constante del hombre en la relación salvadora.»[420]

---

[420] Slaatte, H. A. (1979). *The Arminian Arm of Theology.* Washington, D.C.: University Press of America, p. 24.

MITO 8

Los arminianos no creen en la predestinación

La predestinación es un concepto bíblico que el arminianismo clásico acepta, aunque lo interpreta de modo distinto a los calvinistas. La predestinación es el decreto soberano de Dios para elegir a los creyentes en Jesucristo, e incluye la presciencia de Dios de la fe de esos creyentes.

SOLO POCOS CRÍTICOS TEOLOGÓGICOS DEL ARMINIANISMO afirmarían que los arminianos no creen en la predestinación de ningún modo, ellos saben que el arminianismo clásico incluye la creencia en los decretos de Dios con relación a la salvación así como también en la presciencia de Dios de los creyentes en Jesucristo. Los críticos también saben que los arminianos interpretan la salvación a la luz de Romanos 8:29, que vincula la predestinación a la presciencia de Dios de los que creen. De igual manera saben que Arminio expuso una interpretación alternativa a la del calvinismo de los decretos de Dios y de la predestinación. Sólo el erudito más cínico podría afirmar que el arminianismo y Arminio niegan la predestinación, y la alegación sería refutada al instante, incluso por otros eruditos no arminianos. Sin embargo, algunos calvinistas argumentan que la interpretación arminiana de la predestinación no es bíblica ni lógica, ante esto a menudo los arminianos responden que la interpretación de los calvinistas no es bíblica ni lógica.

Pese al difundido reconocimiento académico de que los arminianos, en efecto, creen en la predestinación, la noción cristiana popular se

convenció firmemente de que la diferencia entre los calvinistas y los arminianos es que los primeros creen en la predestinación y que los segundos creen en el libre albedrío. Esta noción fue elevada al estado de una
verdad obvia y trivial en la teología popular y en la religión del pueblo estadounidense, pero es falsa. El hecho es que muchos calvinistas creen en
un libre albedrío compatible con el determinismo y lo diferencian de la
libertad libertaria, que es incompatible con el determinismo y es la visión
arminiana del libre albedrío. También es un hecho que todos los auténticos arminianos creen en la predestinación, pero no en la preordenación
calvinista. Es decir, creen que Dios conoce de antemano toda decisión
final y última de cada persona con relación a Jesucristo, y, teniendo esto
como base, Dios predestina a las personas para la salvación y la condenación. Pero los arminianos no creen que Dios predetermine o preselec-
cione a las personas para el cielo o el infierno de manera independiente
de sus actos libres de resistir o aceptar la gracia de Dios. Además, los
arminianos interpretan el concepto bíblico de elección incondicional
(predestinación para la salvación) como corporativa. De esta manera, la
predestinación tiene un significado personal (presciencia de las elecciones individuales) y un significado colectivo (elección de un pueblo). La
primera es condicional, la segunda es incondicional. La predestinación
de Dios de las personas está condicionada por la fe de éstas y la elección
de Dios de un pueblo para su gloria es incondicional. La segunda abarca-
rá a todos los que creen.

Este capítulo demostrará una muy difundida concordancia entre teólogos arminianos de que la predestinación, incluso la elección, es un concepto bíblico. También examinaremos si el concepto de conocimiento
medio (molinismo) es compatible o útil al auténtico arminianismo y si el
teísmo abierto es arminianismo consistente.

Creo que en este punto es necesaria una breve revisión de terminología. Por lo general, los teólogos utilizan el término *predestinación* para
designar la preordenación (calvinismo) o presciencia (arminianismo)
de Dios con relación a los salvos, como también de los condenados. Es
un término más general que el de *elección*, que generalmente significa la
predestinación de Dios de ciertas personas o grupos para la salvación.
Reprobación es un término raramente encontrado en la literatura arminiana, debido a su connotación de preordenación para la condenación.

Y, no obstante, dentro de la estructura arminiana de referencia, el término podría ser utilizado con relación a la presciencia de Dios de las personas que resistirán, hasta el crudo final, la gracia preveniente. Pero los arminianos quieren dejar claro que las personas se reprueban a sí mismas, Dios no reprueba a nadie, sobre todo de manera incondicional. Todos los cristianos, hasta donde sé, creen en la predestinación al servicio. Es decir, Dios llama a algunas personas, casi irresistiblemente, si no irresistiblemente en el sentido absoluto, para una función especial dentro de su programa de redención. Saulo, que se convirtió en el apóstol Pablo, es un buen ejemplo. Sin embargo, el debate de la naturaleza de la predestinación gira en torno a la cuestión de si Dios elige a individuos de forma incondicional para la salvación o la condenación. Los arminianos creen que esto es incompatible con el carácter de Dios.

Arminio y la predestinación

Arminio definió *predestinación* (como elección) así: «El decreto de la buena voluntad de Dios en Cristo, por el cual Él resolvió dentro de sí mismo desde la eternidad justificar, adoptar y dotar con vida eterna… creyentes sobre los cuales Él había decretado conceder fe».[421] Es claro que Arminio creía realmente en la predestinación, su definición incluso contiene una insinuación de preordenación, pero un examen más profundo de los escritos de Arminio revela que la predestinación del individuos es condicional, mientras que la predestinación corporativa es incondicional. Los «creyentes» que Dios decreta justificar, adoptar y dotar de vida eterna desde toda la eternidad son simplemente aquel grupo de personas que aceptan la oferta divina del don de la fe, es decir, los que no resisten a la gracia preveniente. Sus identidades personales no están definidas, excepto en la medida en que Dios las conoce de antemano. Sin embargo, el punto principal aquí es que Arminio no puso de lado a la predestinación, él la definió de manera distinta a la mayoría de los calvinistas de su época, pero en armonía con muchos teólogos medievales. Él aun llegó a decir que: «La predestinación, cuando está definida en esos términos, es el fundamento del cristianismo y de la salvación y su certeza.»[422] Una vez

---

[421] Arminius, J. (1962). Citado por Hoenderdaal, G. The Life and Struggle of Arminius in the Dutch Republic. Ed. Gerald O. McCulloh. Nashville: Abington, pp. 18-19.

[422] Arminius. The Declaration of Sentiments of James Arminius. *Works*, Vol. 1, p. 654.

más, Arminio definió predestinación en su *Carta dirigida a Hipólito A.*
Collibus: «Es un decreto eterno y generoso de Dios en Cristo, por el cual
Él determina justificar y adoptar creyentes, y dotarlos con vida eterna,
pero no para condenar a los incrédulos e impenitentes». En el mismo
contexto él distinguió su visión de la visión de sus colegas calvinistas:
«Pero este decreto, según lo he descrito, no es que Dios resuelve salvar a
ciertas personas y, para que Él pueda hacerlo, resuelve dotarlas con la fe;
pero que para condenar a otras Él no las dota con fe.»[423]
    Lo que Arminio objetó de la explicación calvinista de la predestina-
ción, tiene que ver con la exclusión de personas específicas de cualquier
posibilidad de salvación y el otorgamiento incondicional de fe sobre personas específicas. Él incluso afirmó que esa posición hace a Dios un hi-
pócrita, «pues imputa hipocresía a Dios, como si, en Su exhortación a la
fe para con los tales (por ejemplo, los réprobos), él exige que éstos crean
en Cristo, a quien, con todo, Él no propuso como Salvador de ellos.»[424]
En otras palabras, si algunas personas específicas ya fueron preordenadas
incondicionalmente por Dios para la condenación, entonces el llamado
universal para que crean en Cristo no puede ser sincero. En otras palabras, pese a lo que algunos calvinistas alegan el llamado universal para
el arrepentimiento y el creer en el evangelio para la salvación no puede
ser «una oferta bien intencionada», ni de parte de Dios ni de parte de los
que creen en este decreto de predestinación y practican el evangelismo.
Además, Arminio argumentó que el decreto de predestinación del calvinismo rígido y, en especial, la reprobación, no está de acuerdo con las
Escrituras, sino que es especulativo:

> Si usted la entiende de esta manera (por ejemplo, la predestinación),
> que Dios desde la eternidad... determinó mostrar su gloria por mi-
> sericordia y por justicia punitiva, y, a fin de realizar este propósito,
> decretó crear al hombre bueno, pero mutable, también ordenó que él
> debía caer, para que de esta manera el decreto fuera acomodado; por
> lo menos según lo veo yo, digo que esta opinión no puede ser estable-
> cida por alguna palabra de Dios.[425]

[423] Arminius. A Letter Addressed to Hippolytus A Collibus. *Works*, Vol. 2, pp. 689-99.
[424] Arminius. An Examination of Dr. Perkins's Pamphlet on predestination. *Works*, Vol. 3, p. 313.
[425] Ibid., p. 276.

El reformador holandés concluyó que *cualquier* afirmación de que Dios «decretó que el hombre debería caer» no puede ser probada a partir de la Escritura y de forma inevitable hace a Dios el autor del pecado.[426] A los calvinistas que dicen que no creen que Dios preordenó la Caída (¡en desacuerdo con Calvino!), Arminio les objeta que aún así socavan el carácter de Dios revelado en Jesucristo en el Nuevo Testamento: «Me gustaría que me explicaran cómo puede Dios sinceramente desear que alguien crea en Cristo, cuando Él desea que esa persona esté apartada de Cristo, y cuando Él ha decretado que se le nieguen las ayudas necesarias para la fe a esa persona; pues esto no es desear la conversión de nadie.»[427] Él basó este argumento y acusación implícita sobre las claras expresiones neotestamentarias de la voluntad de Dios de que nadie «perezca», sino que «todos» se arrepientan y que sean salvos (1Ti 2:4; 2 P 3:9). A los calvinistas que dicen que creen que Dios, de hecho, preordenó la Caída, pero sólo para permitirla y no causarla, Arminio les dijo: «En verdad ustedes explican ese permiso o no prohibición de tal modo que coincida con el decreto enérgico de Dios (para provocar la Caída).»[428] Arminio estaba claramente insatisfecho e impaciente con cualquier idea de que Dios quería que ocurriera la Caída o la causó o la hizo segura. Él estaba igual de impaciente e insatisfecho con cualquier noción de que una vez que la Caída aconteció, Dios, de buena voluntad, haya ignorado una parte de la humanidad que Él pudo haber salvado ya que Él siempre sólo salva de forma incondicional. Para Arminio, la doctrina calvinista de la predestinación naufraga en la roca de la bondad de Dios a cada paso.

Entonces, ¿cuál es la alternativa de Arminio para el entendimiento calvinista de la predestinación? El primer punto y más importante, es que él concibió a la predestinación como *fundamentalmente la predestinación de Jesucristo como Salvador de los pecadores*. Arminio considera la doctrina calvinista no es lo suficientemente Cristo céntrica. Pareciera que en la perspectiva calvinista Jesucristo surge como un pensamiento posterior al decreto primario de Dios de salvar a algunos y condenar a otros. En vez de esto, Arminio describió la supremacía de Cristo en su visión de predestinación:

---

[426] Ibid., p. 281.

[427] Ibid., p. 320.

[428] Ibid., p. 360.

Puesto que Dios no puede amar para la salvación a nadie que sea pecador, a menos que esté reconciliado consigo mismo en Cristo, por tanto, de ahí sigue que la predestinación no puede tener lugar excepto en Cristo. Y siendo que Cristo fue ordenado y dado a los pecadores, es cierto que la predestinación y su opuesto, la reprobación, no podrían haber ocurrido antes del pecado del hombre, quiero decir, previsto por Dios, y antes de la designación de Cristo como Mediador; y además, antes de su desempeño, en la presciencia de Dios, del oficio de Mediador, que pertenece a la reconciliación.[429]

Esta afirmación crucial demanda cierto análisis de nuestra parte. Arminio no se oponía a las explicaciones calvinistas de los decretos soberanos de Dios porque ellos expresaban la soberanía de Dios o eran escolásticos. Él creía que los esquemas calvinistas de los decretos de Dios trataban a los seres humanos como entidades abstractas, que aún no habían sido creadas y mucho menos habían caído cuando Dios decretó salvar a algunos y condenar a otros (como en el supralapsarianismo), o que estos esquemas tratan a Jesucristo como secundario a la predestinación para salvación y otros para condenación (como en el infralapsarianismo) de algunos seres humanos caídos. En realidad, Arminio estaba convencido de que el supralapsarianismo encajaba con esta segunda objeción. Él insistió en elaborar un esquema de los decretos de Dios que trata a los objetos de los decretos de Dios, los seres humanos, como ya caídos y a Dios ya deseando salvarlos por medio de Jesucristo. En lugar de los varios esquemas calvinistas, Arminio propuso lo que a él vio como «más en conformidad con la palabra de Dios»:[430]

El PRIMER decreto absoluto de Dios, respecto a la salvación del hombre pecador, es que Él decretó designar a su Hijo Jesucristo como Mediador, Redentor, Sacerdote y Rey, quien puede destruir el pecado por su propia muerte, y que por su obediencia puede obtener la salvación que se había perdido, y puede comunicarla por su propia virtud.

---

[429] Ibid., pp. 278-79.
[430] Arminius. Declaration of Sentiments, Vol. 1, p. 653.

El SEGUNDO decreto absoluto de Dios es aquel en el cual Él decretó recibir en favor *a los que se arrepienten y creen*, y, en Cristo, por SU AMOR y por medio de ÉL, llevar a cabo la salvación de tales penitentes y creyentes según perseveren hasta el fin; pero dejar en pecado y bajo la ira a todos *los impenitentes e incrédulos*, y condenarlos como desconocidos de Cristo.

El TERCER decreto divino es aquel por el cual Dios decretó administrar de *una manera suficiente y eficaz* los MEDIOS necesarios para el arrepentimiento y la fe, y tener tal administración instituida (1) de acuerdo con la *Sabiduría Divina* por la cual Dios conoce lo que es propio y adecuado tanto para su misericordia como para su severidad, y (2) de acuerdo con su *Justicia Divina* por la cual Él está preparado para adoptar todo lo que su sabiduría pueda prescribir y poner en ejecución.

A estos sucede en el CUARTO decreto, por el cual Dios decretó salvar y condenar a ciertas personas específicas. Este decreto tiene su fundamento en la presciencia de Dios, por la cual Él sabía desde toda la eternidad las personas que, por medio de su gracia preventiva (previniente) *creerían*, y, que por su gracia subsiguiente *perseverarían*, de acuerdo con la administración anteriormente descrita de estos medios que son apropiados y adecuados para la conversión y la fe; y que, por la presciencia, Él asimismo conocía a los que *no creerían y no perseveraría*.[431]

El esquema de Arminio de los decretos divinos difiere tanto del esquema calvinista supralapsariano como del infralapsariano de formas decisivas. Primero, el esquema relaciona sólo decretos de redención, no inicia con la creación. Arminio creía firmemente que es incorrecto vincular la creación y la redención de tal manera que se insinúe que la creación es tan solo un escenario para la Caída y a la redención. Segundo, el esquema empieza con Jesucristo como el predestinado. Así como hizo el teólogo reformado Karl Barth, Arminio consideraba a Jesucristo como el eje de la predestinación. Tercero, el esquema hace justicia al amor de Dios al dejar abierto e indefinido el número y las identidades de los seres humanos elegidos en Cristo. No hay ninguna predeterminación de que

---

[431] Ibid., pp. 653-54.

solamente algunos serán salvos. Por último, el esquema fundamenta la elección y la reprobación de personas específicas, en la presciencia de Dios de cómo estas personas responderán la oferta de la gracia salvadora. Algunos calvinistas, sin duda, objetarán que, de acuerdo con Arminio, son los seres humanos quienes eligen a Dios y no al revés. William Witt, adecuadamente corrige cualquier crítica de ese género al decir que «en el entendimiento de la predestinación de Arminio, Dios elige a los creyentes y no al revés.»[432] Mientras que la fe es la condición para ser elegido, solo Dios es la causa de la elección. En respuesta a la Caída de la humanidad, que no fue, en ningún sentido, deseada o hecha realidad por Dios, Dios escogió a Cristo como el Redentor para ese grupo de personas que se arrepienten y creen en Cristo y escogió a todos los que se arrepienten y creen en Cristo como los elegidos. La elección, corporativa e indefinida, es una parte de la predestinación. Dios escogió a ese grupo de personas que rechazan a Cristo como los condenados, la reprobación corporativa e indefinida es la otra parte de la predestinación. Y finalmente, con relación a las personas específicas, Dios eligió los que Él supo de antemano que entrarían en Cristo por la fe para ser su pueblo y condenó a los que Él conoció de antemano que rechazarían a Cristo, como no siendo su pueblo. Witt, de manera inteligente, observa la principal diferencia con relación al calvinismo: «La elección y la predestinación no se tratan de la elección incondicional y misteriosa de ciertas personas conocidas sólo por Dios, antes bien, es la elección y predestinación de los que ponen la fe en Cristo, su Redentor. La elección es en Cristo, pero no hay nadie que esté en Cristo sin tener fe.»[433]

Y para Arminio la fe es un don, pero es resistible.[434] Sin embargo, él claramente quería atribuir la conversión a Dios, no a las personas autónomas. Su declaración respecto al tema es, en cierto modo, paradójica, pero una expresión perfecta del sinergismo evangélico:

> La fe es tan de la mera voluntad de Dios que ella no hará uso de la moción omnipotente e irresistible para regenerar la fe en los hombres,

---

[432] Witt, W. G. (1993). *Creation, Redemption and Grace in the Theology of Jacob Arminius*. [Tesis doctoral, University of Notre Dame. Indiana] p. 717.

[433] Ibid., p. 706.

[434] Ibid., p. 722.

sino que utilizará la persuasión gentil adaptada para mover la voluntad de los hombres por la razón de su propia libertad; y es por esto, que la causa total por la cual ese hombre cree y el otro no, es la voluntad de Dios y la libre elección del hombre.[435]

La predestinación de acuerdo con los remonstrantes y Wesley

Simón Episcopio. Simón Episcopio siguió de cerca los pasos de su mentor, Arminio, no menos en esta doctrina que en otras. Él se aterrorizó con la doctrina calvinista de la predestinación según la declaración del Sínodo de Dort, así como con el supralapsarianismo, que Dort no respaldó. Episcopio no se contuvo al dirigirse a la doctrina calvinista de la predestinación: «No hay nada más Enemigo de la religión como ese destino ficticio de la predestinación y la inevitable necesidad de obedecer y ofender.»[436] Para él, así como para Arminio, la predestinación se divide en dos categorías: la elección (de algunos para la salvación) y la reprobación (de algunos para la condenación). Dios decretó las dos, pero se limitó a sí mismo, de tal manera que no decide unilateralmente cuáles personas específicas van cada categoría. Y, aun así, Dios prevé estas elecciones sin determinarlas. Episcopio también trató la fe como un don de Dios, pero la fe no se puede forjar en las personas sin la cooperación de las mismas. La resistencia a la gracia del evangelio y a la fe anulará la obra de Dios en la vida de aquella persona en particular, y él o ella no será elegido, sino reprobado.

Philip Limborch. Aun con todas sus fallas con relación a la teología evangélica pura, Philip Limborch presenta una clara explicación arminiana de la predestinación. Él apela a la Escritura que afirma el amor y la voluntad universal de Dios para la salvación y así desacredita los esquemas calvinistas de la predestinación. En especial, la «doctrina de la reprobación absoluta es repugnante a las perfecciones divinas de santidad, justicia, sinceridad, sabiduría y amor.»[437] Desde otra perspectiva, y

---

[435] Arminius. An Examination of Dr. Perkins's Pamphlet, Vol. 3, p. 454.

[436] Episcopius, S. (1684). London: Heart & Bible, p. 52.

[437] Limborch, P. (1713). A Complete System, or Body of Divinity. (Trans. William Jones). London: John Darby, p. 371.

a lo mejor de manera sorprendente, él está de acuerdo con los calvinistas en que «el fin (propósito) de la predestinación tanto para la elección como para la reprobación es la demostración de la gloria de Dios.»[438] De acuerdo con Limborch, siguiendo a Arminio, Jesucristo es el centro de la predestinación, Él es el predestinado y los demás o son elegidos en Él o réprobos, puesto que están, por sus propias decisiones y acciones, fuera de Él. Dios mira a la gente como incrédulos o creyentes en Jesucristo; por tanto, Jesús es el fundamento de la elección.[439] (Cualquiera que esté familiarizado con la doctrina de Barth de la predestinación no puede dejar de darse cuenta de las semejanzas, ¡aunque Barth, sin duda, se revolviera en su tumba, si fuese llamado arminiano!). Limborch definió la predestinación como:

> Aquel decreto por el cual, antes de todos los mundos, Él decretó que los que creyesen en su Hijo Jesucristo fuesen elegidos, adoptados como hijos, justificados y, en su perseverancia en la fe, fuesen glorificados, y por otro lado, que los incrédulos y obstinados fuesen reprobados, cegados, endurecidos y, si continuaran impenitentes, que fuesen condenados eternamente.[440]

Los lectores perspicaces percibirán las fuertes semejanzas entre las doctrinas de la predestinación de Arminio y las de Limborch. Ambos son Cristo céntricos, corporativos y condicionales. Limborch también estuvo completamente de acuerdo con Arminio sobre la presciencia de Dios como fundamento y base de su preordenación de las personas. Una diferencia entre los remonstrantes Episcopio y Limborch, por un lado, y Arminio, por el otro, tiene que ver con la perseverancia. Los remonstrantes negaban la seguridad incondicional de los creyentes o lo que es teológicamente llamado *gracia inamovible* (gracia de la que nadie puede caer). Entre las condiciones para la elección ambos incluyen la perseverancia *voluntaria* y muchos arminianos, quizás la mayoría, siguieron a los remonstrantes en esta apreciación. No obstante, el mismo Arminio nunca emitió una afirmación definitiva en este tema, y su declaración

---

[438] Ibid., p. 344.
[439] Ibid., p. 343-44.
[440] Ibid., p. 343.

más contundente al respecto fue: «Yo, al instante, no me atrevería a decir que la fe auténtica y salvadora puede, final y totalmente, apostatar.»[441] Los metodistas y todas sus ramificaciones siguieron a los remonstrantes y a Wesley, que creían que la apostasía total es una posibilidad, mientras que muchos bautistas siguieron a Arminio o aún se aferraron a la perseverancia calvinista.

John Wesley. John Wesley sólo tenía cosas duras que decir sobre la creencia calvinista de la doble predestinación ya que él consideraba el decreto incondicional de la reprobación individual (también se expresa como que Dios «pasa por alto» a ciertas personas para la salvación) anatema por causa de la injuria que representa al amor y a la justicia de Dios. En su sermón «Gracia libre» él atacó al calvinismo con una lista de motivos que, a la luz de las Escrituras, tradición y razón, inviabilizan la explicación calvinista de la predestinación. No obstante, a lo mejor con alguna inconsistencia, él estaba de acuerdo con su amigo calvinista George Whitefield en que *algunas* personas pueden estar predestinadas por Dios para la salvación, pero él rechazaba inflexiblemente cualquier reprobación por decretos divinos.[442] Él incluso llegó al punto de referirse al decreto incondicional de individuos para la reprobación como «el estigma satánico de la reprobación.»[443] Por lo general, Wesley veía la predestinación como la presciencia de Dios de la fe y de la incredulidad, para él «Dios ve desde toda la eternidad quien aceptará y quien no aceptará la oferta de su obra expiatoria, Dios no fuerza a la aceptación de su oferta y la expiación está disponible para todos, pero no es recibida por todos»[444]. Y aun así, Wesley se esforzó mucho para rechazar cualquier insinuación de que los seres humanos merezcan o adquieran cualquier parte de su salvación ya que los seres humanos deben aceptar la gracia al no resistirla, pero todo el bien en ellos es enteramente de la gracia de Dios, es por esto que declaró lo siguiente de la salvación:

> La gracia es gratuita a todos aquellos que es dada, y no depende de ningún poder o mérito en el hombre, no, en ningún grado, ni en todo,

---

[441] Arminius. An Examination of Dr. Perkins's Pamphlet. *Works,* Vol. 3, p. 454.

[442] Ver Oden, T. (1994). *John Wesley´s Scriptural Christianity. Grand* Rapids: Zondervan, p. 253.

[443] Ibid., p. 264-5.

[444] Ibid., p. 261.

ni en parte. De ninguna manera depende de las buenas obras o de la justicia del receptor, ni en nada de lo que él haya hecho o en nada de lo que él sea. La gracia no depende de sus esfuerzos, ni depende de su buen temperamento, sus buenos deseos, sus buenos propósitos o buenas intenciones, ya que todo esto fluye de la gracia libre de Dios.[445]

Quizás los calvinistas pueden pensar que esta robusta afirmación contra el mérito humano es inconsistente con las afirmaciones igualmente robustas respecto al libre albedrío, que abundan en los escritos de Wesley. Sin embargo, al menos deben admitir que Wesley no atribuyó ninguna parte de la salvación al mérito humano o a la bondad humana. Para él, la elección para la salvación no se basa en la previsión de la justicia, sino únicamente en la previsión de la libre aceptación de la gracia de Dios, y aun esto sólo es posible por causa de la obra de la gracia preveniente en los hombres.

En su sermón «Sobre la predestinación», Wesley hizo eco de Arminio y de los remonstrantes al definir la predestinación en términos de presciencia: «¿Quién está predestinado? Ninguno, solo aquellos que Dios conocía de antemano como creyentes.»[446] Wesley insistía en que la presciencia de Dios no es determinante o causativa, Dios simplemente sabe por qué las cosas son; en términos modernos, la visión de Wesley es «simple presciencia». Es como si Dios tuviera una bola de cristal, pero sus previsiones de las decisiones humanas no las hacen, de ninguna manera, inevitables. En lugar de esto, las decisiones solo hacen que Dios las sepa. Para Wesley no hay contradicción o tensión entre la presciencia de Dios de los actos libres y el libre albedrío libertario: «Los hombres son tan libres de creer o no creer como si Él (Dios), de ninguna manera lo supiera.»[447] Desde otra perspectiva, Dios, en efecto, sabe quién creerá, y su decreto de predestinación es salvar a todos los que Él sabe que creerán en el Hijo; Él también llama, de forma interna y externa (por el Espíritu y

---

[445] Wesley, J. (1986). Free Grace. En *The Works of John Wesley*. Ed. Albert C. Outer. Nashville: Abington. Vol. 3, p. 545.

[446] Wesley, J. (1989). On Predestination. *En John Wesley*. Ed. Stephen Rost, abrev. Nashville: Thomas Nelson, p. 74. Este es un ejemplo de como estos términos son inestables. Aquí Wesley utiliza *predestinación*, cuando a lo mejor pudo haber utilizado *elección*, pero todos los teólogos, a veces, utilizan *predestinación* en su sentido más amplio y, a veces, en su sentido más restringido.

[447] Ibid., p. 71.

la Palabra), a los que Él sabe de antemano que van a creer.[448] No hay escapatoria de la naturaleza paradójica de estas confesiones Wesleyanas, sin duda Wesley lo aprobaría. Él no era un proponente ni del racionalismo ni del irracionalismo y reconoció el carácter suprarracional de mucho de la revelación divina.

Los arminianos del siglo XIX y la predestinación

Richard Watson, William Burton Pope, Thomas Summers y John Miley, los principales pensadores arminianos del siglo XIX, tenían visiones de la predestinación muy semejantes a las de Wesley. Ellos eran, al fin y al cabo, arminianos wesleyanos.[449]

Richard Watson. Watson tipifica el abordaje arminiano del siglo XIX de la predestinación al afirmarla inequívocamente. Él rechazó la elección individual incondicional como algo estrictamente incompatible con el carácter de Dios, según ha sido revelado en la Escritura.[450] Por otro lado, cálidamente abrazó la elección incondicional de clases o grupos de personas; sin embargo, identificaba a la iglesia como objeto de la gracia electiva de Dios en Cristo.[451] La elección individual es condicional y se basa en la presciencia de Dios.[452] No obstante, Watson difería de Arminio y aun de Wesley en un punto posiblemente fundamental. Él negaba la eternidad de Dios como atemporal o como simultaneidad en todos los tiempos y también rechazaba la impasibilidad y la absoluta inmutabilidad de Dios.[453] Para él estas ideas eran especulativas y no bíblicas ya que el Dios que responde a las oraciones e interactúa con las criaturas no puede estar fuera del tiempo o ser atemporal. Watson veía el conflicto entre la simple presciencia y la atemporalidad: ¿Cómo puede un Dios atemporal llegar a saber lo que está dentro del tiempo? Si el conocimiento de Dios adviene de los eventos que suceden en el mundo y no está estribado en

---

[448] Ibid., p. 72.

[449] No todos los arminianos son wesleyanos. El ingrediente que hace que algunos sean wesleyanos, más allá de considerar a Wesley como especial, es la creencia en la perfección cristiana por medio de la plena santificación.

[450] Watson, R. (1851). *Theological Institutes.* New York: Lane & Scott, Vol. 2, p. 340.

[451] Ibid., p. 337.

[452] Ibid., p. 357.

[453] Ibid., vl. pp. 353-400.

la preordenación como predeterminación de hacer que las cosas sucedan, entonces el conocimiento no puede ser un saber atemporal. Un Dios que se aflige por el pecado y el mal no puede ser impasible, y un Dios que es capaz de sufrir no puede ser estrictamente inmutable.

William Burton Pope. Pope también rechazó la elección individual por el conflicto que tiene con la bondad divina y al deshonrar a Dios. «Seguramente es deshonroso para el nombre de Dios suponer que Él impondría a los pecadores una resistencia que para ellos fuera una necesidad y que luego Dios reclamara por el ultraje contra su Espíritu cuya influencia fue ofrecida sólo parcialmente.»[454] Los elegidos son los que aceptan el llamado divino, por medio de la Palabra de Dios, a quienes la gracia está especialmente enlazada. Los elegidos son el pueblo de Dios, la iglesia.[455] En lo que respecta a las personas, la elección es condicional y se refiere a la presciencia de Dios de las respuestas al evangelio. Pope argumentó que esta es la «fe de la iglesia primitiva anterior a Agustín.»[456]

John Miley. Miley estuvo de acuerdo con Watson y Pope acerca de los contornos generales de la creencia arminiana de la predestinación. En armonía con ellos (y con Arminio y Wesley), él condenó la doble predestinación como contraria al carácter de Dios e insistió en que «la predestinación única» es una imposibilidad: «La elección de una parte implica la reprobación del resto, de lo contrario Dios debe haber sido totalmente indiferente a sus destinos.»[457] Más allá de esto, «la reprobación es contraria a la justicia divina.»[458]. La discusión de Miley sobre la predestinación es en gran parte una refutación del calvinismo, pero entrelazadas con ella están sus propias afirmaciones, por implícitas que sean. No podemos leer a Miley o a Summers sin darnos cuenta de que dan por sentado las visiones de Wesley, Watson y Pope del tema y emplean mucho tiempo y energía combatiendo al calvinismo rígido de fines del siglo XIX, sobre todo aquel expresado por Archibald Alexander y Charles Hodge, teólogos de Princeton. Tanto Summers como Miley estuvieron de acuerdo

[454] Pope, W. B. (s.f.). *A Compendium of Christian Theology.* New York: Philips & Hunt, Vol. 2, p. 346-47.

[455] Ibid., p. 345-46.

[456] Ibid., p. 357.

[457] Miley, J. (1989). *Systematic Theology.* Peabody, Mass.: Hendrickson, p. 264.

[458] Ibid.

con Arminio, Wesley y los primeros remonstrantes con relación a que la predestinación es fcondicional en lo que respecta a las personas y es sinónimo de la presciencia de Dios de la fe o la incredulidad de las personas, y que la iglesia es el objeto incondicional de la gracia electiva de Dios. La elección, una vez más, es corporativa y condicional.

La predestinación en el arminianismo del siglo XX

Henry Thiessen. Uno de los teólogos arminianos estadounidenses más influyentes del siglo XX fue Henry Thiessen, que fuera profesor de una generación de jóvenes eruditos cristianos en Wheaton College. Sus *Conferencias sobre teología sistemática* fueron compiladas por su hijo y fueron utilizadas como el libro de texto principal en cursos de doctrina y teología en innumerables facultades cristianas, universidades y seminarios alrededor de América del Norte, a lo largo de las décadas de 1960 y 1970. ¡Al parecer Thiessen no tenía consciencia de que era un arminiano! Pero su patrón de pensamiento es claramente arminiano. El primer principio de Thiessen era que «Dios no podría odiar nada de lo que había hecho (Job 14:5), sólo lo que ha sido añadido a su obra y el pecado es tal adición.»[459] De esta manera, él no podía estar de acuerdo con la idea calvinista de que Dios odia a los réprobos y los ignora, al escoger salvar a algunos de la masa de la perdición. Thiessen describió los decretos de Dios en el ámbito moral y espiritual (redención) como iniciando con el permiso del pecado (Dios no es el autor del pecado), prosiguiendo con la prevalencia sobre el pecado utilizándolo para el bien, salvando del pecado por medio de Cristo, galardonando a sus siervos y puniendo a los desobedientes.[460] La elección es «aquel acto soberano de Dios en gracia, por el cual desde toda la eternidad Él escogió, en Cristo Jesús para Sí mismo y para la salvación, a todos los que Él previó que responderían positivamente a la gracia preveniente…. Es un acto soberano en gracia.»[461] La elección no estriba en el mérito humano, aunque esté basada en la presciencia de Dios de la fe, y no es (como Thiessen veía en el calvinismo) caprichosa o arbitraria.[462] Finalmente, acorde con Arminio, el profesor

[459] Thiessen, H. C. (1949). *Lectures in Systematic Theology*. Grand Rapids: Eerdmans, p. 131.
[460] Ibid., p. 153-55.
[461] Ibid., p. 156.
[462] Ibid., p. 157.

de Wheaton afirmaba que Dios produce arrepentimiento y fe en los que responden de manera positiva a la gracia preveniente: «De esta forma, Dios es el Autor y Consumador de la salvación, desde el principio hasta el fin nosotros debemos nuestra salvación a la gracia de Dios, que Él decidió conceder sobre hombres pecaminosos.»[463]

H. Orton Wiley. El teólogo de la Iglesia del Nazareno H. Orton Wiley es otro ejemplo de un teólogo arminiano conservador del siglo xx que permaneció cerca de Arminio y de los primeros remonstrantes, así como también de Wesley (a excepción de su doctrina de la expiación). Wiley primero mencionó que la elección, según afirmaron los arminianos, es condicional, sobre todo cuando se aplica a individuos.[464] Él rechazaba la «elección única» (para la salvación) calvinista modificada como algo lógicamente imposible y señala que la doble predestinación (incluyendo la reprobación) quedaba implícita por la «elección única». Entonces, él declaró su propia visión de la predestinación:

En oposición a esto, el arminianismo afirma que la predestinación es el propósito gratuito de Dios de salvar la humanidad de la completa ruina. No es un acto arbitrario e indiscriminado de Dios, que pretende garantizar la salvación de un número específico y a ninguno más. La predestinación incluye, provisionalmente, a todos los hombres en su alcance, y está condicionada únicamente por la fe en Jesucristo.[465]

¿Quiénes son los elegidos? «Los que oyen la proclamación y aceptan el llamado son conocidos en las Escrituras como los elegidos.»[466] ¿Puede una persona que jamás escuchó la proclamación explícita del evangelio creer y ser salva? «La Palabra de Dios es, en cierto sentido, universalmente proclamada, aun cuando no esté registrada en una lengua escrita.»[467]Como Wesley antes de él, Wiley era un inclusivista, por lo menos en la teoría; él mantenía la esperanza de que los que nunca fueron alcanzados por el mensaje del evangelio pueden, con todo, recibir la palabra de Dios

---

[463] Ibid., p. 158.

[464] Wiley, H. O. (1941). *Christian Theology.* Kansas City, Mo.: Beacon Hill, 1941, Vol. 2, p. 335.

[465] Ibid., p. 337.

[466] Ibid., p. 343.

[467] Ibid., p. 341.

y responder con fe. ¿Quiénes son los réprobos? Son los que se resisten al llamado de Dios, para su completa destrucción.[468] Wiley y la mayoría de los arminianos evangélicos del siglo XX no rechazaron la predestinación como elección o reprobación, ellos definieron la elección y la reprobación de una manera corporativa y condicional, y así, salvaguardar el carácter de Dios como amable y justo.

Ray Dunning. El teólogo de la Iglesia del Nazareno Ray Dunning, escribe justo después de Wiley, y relega el tema de la predestinación a un breve párrafo en *Grace, Faith and Holiness* [Gracia, Fe y Santidad]. Esto es una lástima, no solo por la brevedad, sino también por cierta confusión de términos. De acuerdo con Dunning, la predestinación «es el propósito misericordioso de Dios de salvar a la humanidad de la completa ruina, y la elección es la selección universal de Dios de todos los hombres, que espera por la respuesta de ellos sin coerción.»[469] La primera parte de esta afirmación es una citación de Wesley, pero la segunda añade cierta confusión al concepto de elección. La mayoría de los arminianos han dicho que la elección es la predestinación de Dios de grupos para servicio y salvación; y en cuanto a individuos, la elección estriba en la presciencia de Dios de quienes responderán con fe a su iniciativa. Al parecer, Dunning confunde elección con «llamado». Sin embargo, el patrón básico arminiano con relación a la predestinación se puede discernir en la obra de Dunning.

Thomas Oden. Otro teólogo arminiano del siglo XX es el metodista evangélico y ecuménico Thomas Oden. Sin vestir explícitamente la etiqueta de arminiano, su libro *The Transforming Power of Grace* [El poder transformador de la gracia] transpira hermenéutica y lógica arminiana. Así como los arminianos antes de él, Oden rechaza la elección incondicional y la gracia irresistible: «Si la gracia obliga al libre albedrío, todos los llamados y exhortaciones a la voluntad serían absurdas.»[470] Antes bien, el libre albedrío está capacitado en sí mismo por la gracia: «El poder con el cual alguien coopera con la gracia es de la propia gracia.»[471] Oden

---

[468] Ibid., p. 344.

[469] Dunning, H.R. (1988). G*race, Faith and Holiness.* Kansas City, Mo.: Beacon Hill, p. 435.

[470] Oden, T. (1993). *The Transforming Power of Grace.* Nashville: Abingdon, p. 114.

[471] Ibid., p. 145.

argumenta que esto el consenso ecuménico de la iglesia.[472] Si Dios, de manera absoluta y antes del tiempo, decreta que ciertas personas serán salvas y otras condenadas, independientemente de cualquier cooperación de la libertad humana, entonces Dios no puede, de ninguna manera, querer que todos sean salvos, según declara 1 Ti 4:10. La promesa de la gloria está condicionalmente basada en la gracia recibida por la fe y es activa en amor.[473]

Para Oden, la elección es condicional ya que requiere una cooperación voluntaria, Esta no es una limitación de la soberanía divina porque Dios permite que así sea. Dios concede a las personas el poder de decir no a la gracia.[474] Oden sabe muy bien que los calvinistas utilizan Romanos 9 para probar que la elección es incondicional y que la gracia es irresistible, pero él ofrece una interpretación alternativa que es completamente consistente con la propia lectura de Arminio de este capítulo:

> El tema del discurso en Romanos 9-11 no era la elección eterna o reprobación de personas individuales particulares para la vida o la muerte eternas, como algunas veces ha argumentado la exégesis individualista, sino más bien la elección de los gentiles para ser recipientes de la promesa igualmente con los descendientes de Abraham, basada en la respuesta libre de la fe a la gracia.[475]

Finalmente, Oden encara la objeción calvinista de que, si la elección está basada en la fe prevista, la fe se torna en una buena obra meritoria que establece la propia justicia de la persona. La salvación, en este caso, alegan los calvinistas, no es un don gratuito de Dios, a lo cual Oden da una respuesta típicamente arminiana:

> La fe no es causa meritoria de la elección, pero es consistentemente asegurada como la única condición de la salvación. La fe tan solo recibe el mérito de la gracia expiatoria, en vez de afirmar su propia obra. Dios pone la opción de vida y muerte ante cada persona, lo

---

[472] Ibid., p. 132.

[473] Ibid., p. 135.

[474] Ibid., p. 144.

[475] Ibid., p. 142-43.

que requiere que cada uno elija. Los *elektos* son los que, por la gracia, creen libremente. Dios no los obliga o necesita de la elección de ellos.[476]

Conclusión. Otros teólogos arminianos del siglo xx podrían ser citados como testigos de que el arminianismo clásico, en efecto, incluye las doctrinas de la predestinación y elección. Aun la reprobación es justificada por la teología arminiana. Jack Cottrell, Leroy Forlines, I. Howard Marshall, Robert Shank, William Klein, Bruce Reichenbach y muchos otros eruditos evangélicos arminianos escribieron sobre estos temas con entusiasmo y aun con pasión. La idea de que el arminianismo predica el libre albedrío contra la predestinación es simplemente falsa, ya que predica la predestinación *y* el libre albedrío como instrumentos para la inclusión en la elección o en la reprobación, las cuales son corporativas y condicionales.[477]

El arminianismo, la predestinación, el conocimiento medio y el teísmo abierto

Dos temas surgieron en el arminianismo contemporáneo y crearon controversia. Uno es la utilización del conocimiento medio divino para reconciliar la presciencia divina con el libre albedrío y el otro es el teísmo abierto, que califica la presciencia divina a fin de apoyar el libre albedrío. Los dos conceptos surgieron a partir de la percepción de una dificultad con el arminianismo clásico. ¿Puede Dios (o cualquier persona) saber el futuro de manera exhaustiva e infaliblemente, si el futuro contiene decisiones y acciones que aún no han sido determinadas por nadie o nada? En otras palabras, si el libre albedrío es libertario, de modo que las personas que lo ejercen podrían elegir hacer algo diferente de lo que realmente hacen, ¿cómo es posible, aun para Dios, saber cómo el libre albedrío será utilizado? Si Dios sabe de antemano que el sujeto X hará Y en la época Z, en el futuro, ¿cómo la decisión y la acción de X pueden ser verdaderamente libres en el sentido fuerte del libre albedrío incompatibilista? Por

---

[476] Ibid., p. 140.

[477] Un excelente estudio de la elección corporativa que es plenamente consistente con el arminianismo y apoya su visión de predestinación es el de William W. Klein. (2001). The New Chosen People. Eugene, Ore.: Wipf & Stock.

lo tanto, ¿hay, realmente algo que saber del libre albedrío libertario? ¿El conocer tal decisión o acción libre futura no sería algo como conocer el ADN de los unicornios? ¿Puede el Dios omnisciente saber el ADN del unicornio, aunque él no existe y (presumiblemente) ni siquiera ha sido imaginado?

El arminianismo clásico asume y afirma el libre albedrío libertario que no es compatible con el determinismo. Este libre albedrío libertario no dice que todos lo poseen en todo el tiempo, sólo dice que, en cuestiones espirituales, y, en especial, en lo que respecta a la salvación, los seres humanos tienen el libre albedrío como un don de Dios. Por lo menos en parte del tiempo y, en especial, cuando confrontados por el mensaje del evangelio y por el llamado al arrepentimiento y a creer, además capacitados por la gracia preveniente, los seres humanos pueden escoger libremente creer o darle la espalda en rechazo. Esta creencia es esencial para los arminianos. No obstante, muchos críticos señalaron la dificultad lógica de reconciliar este tipo de libre albedrío con la presciencia absoluta. La afirmación no es que la presciencia cause alguna cosa, sino que solo si alguien, como Dios sabe lo que acontecerá con absoluta certeza, esa acción o decisión no puede suceder de manera distinta. Incluso Arminio, al parecer, abrió la puerta para la limitación de la presciencia de Dios, mientras que se aferraba a una visión ilimitada de ella. Al respecto William Witt, erudito en Arminio dice:

> Para Arminio, la creación del mundo implica que el futuro de la historia está abierto. El ser humano no caído es genuinamente libre (debido a la gracia preveniente y sustentadora de Dios) para permanecer fiel a su creador. Con todo, él también es libre para pecar, si este es su deseo.… Si las criaturas pecan, entonces no solo el futuro de la criatura, sino también (en cierto sentido) el futuro de Dios, será diferente, puesto que, sin el pecado, no hay necesidad de redención.[478]

¿Arminio se dio cuenta del problema de la aparente incompatibilidad de la presciencia de Dios y el libre albedrío libertario? No lo sabemos, pero ya estaba afrontando suficientes problemas con las autoridades, sin

---

[478] Witt, W. Gene. Creation, Redemption and Grace, p. 366.

duda alguna no quería navegar en aguas más profundas. No obstante, de acuerdo con algunos arminianos, si Arminio hubiera vivido lo suficiente podría haber buscado una solución para la aparente inconsistencia por medio del molinismo (en algún sentido) o el teísmo abierto (presciencia divina autolimitada).

Conocimiento medio. Los defensores arminianos del conocimiento medio, a veces, alegan que Arminio, de hecho, hace uso del concepto y que él está implícito en su mismo pensamiento acerca del futuro y del libre albedrío. William Lane Craig, filósofo cristiano, escribió ampliamente acerca del tema del conocimiento medio como la clave para resolver el problema. Él aun sugirió que el molinismo puede ser la clave para un acercamiento entre calvinistas y arminianos.[479] El tal llamado conocimiento medio (si es que existe) es la presciencia de Dios de lo que cualquier criatura haría libremente en cualquier conjunto de circunstancias. En otras palabras, como Dios prevé cualquier mundo posible, Él sabe intuitivamente lo que la persona X, dotada con el libre albedrío libertario, haría en cualquier momento dado y en cualquier situación dada. Este concepto, primeramente desarrollado en detalle por Luis Molina (1535-1600), fue aplicado en la controversia dentro de la teología católica romana entre los que creían en la predestinación (como Blaise Pascal) y los que creían en la libertad libertaria (como los jesuitas). Craig señala cómo el conocimiento medio divino podría reconciliar la presciencia divina y la predestinación con el libre albedrío libertario:

Antes de la determinación de la voluntad divina, Dios conoce toda posible respuesta en todas las circunstancias posibles que una criatura libre daría, incluyendo ante la oferta de ciertas ayudas de gracia que Dios puede proveer (gracia previniente). Al escoger crear cierto orden, Dios se compromete, a partir de su bondad, a ofrecer varias gracias para todas las personas, gracias que son suficientes para la salvación de las personas. Él sabe, con todo, que muchos, en verdad, rechazarán libremente sus ayudas y se perderán. Pero los que asientan con su gracia la hacen eficaz al obtener la salvación. Debido a la determinación inmutable de Dios de crear cierto orden, los que Dios

---

[479] Craig, W. L. (1989). Middle Knowledge a Calvinist-Arminian Rapprochement? *En The Grace of God the Will of Man.* ed. Clark H. Pinnock. Grand Rapids: Zondervan, pp. 141-64.

supo que responderían a su gracia están predestinados a ser salvos. Es absolutamente seguro que ellos responderán y perseverarán en la gracia de Dios; y, en verdad, en el sentido compuesto es imposible que ellos se pierdan. No obstante, en el sentido dividido, ellos son plenamente libres de rechazar la gracia de Dios; pero si ellos fueran a actuar de esta manera, Dios tendría un conocimiento medio distinto al que Él tiene y entonces ellos no estarían predestinados (a la salvación).[480]

La mayoría de los arminianos clásicos son cautelosos con este abordaje. La afirmación de que el propio Arminio asumió el conocimiento medio de Dios y su papel en la providencia y predestinación es dudosa. Nadie cuestiona que Arminio de forma ocasional, pero raramente, dijo cosas que podrían ser interpretadas como molinista.[481] Witt está seguro de que en general, sin embargo, el teólogo holandés rechazaba el conocimiento medio, en especial el hecho de que él pudiera ser utilizado por Dios para predeterminar las decisiones y acciones de los seres humanos. La lógica de la explicación de Arminio al libre albedrío se aleja de cualquier determinismo, pero uno de los usos del conocimiento medio es el de explicar cómo el mundo real es determinado por Dios, utilizando el conocimiento de lo que las criaturas libres harían en cualquier mundo dado, incluyendo el mundo que Dios, finalmente decidió crear, este mundo. Arminio aseguró de manera reiterada que los actos determinados no pueden ser pecaminosos, esto se puede encontrar en casi todos sus tratados. Además, según Witt llama la atención, el conocimiento medio parece incompatible con el libre albedrío libertario:

> Ni siquiera Dios podría saber con seguridad lo que una criatura racional *haría* en una situación dada previo a su decisión de libre albedrío, no porque el conocimiento de Dios sea limitado, sino porque (lógica y temporalmente) antes de la decisión real de la voluntad de la criatura, el resultado del acto de la criatura es inherentemente incierto.[482]

---

[480] Ibid., p. 158.

[481] Por ejemplo, en *Public Disputation IV*, acerca del conocimiento de Dios, Arminio mencionó «conocimiento medio» (en *Works*, Vol. 2, p. 124), pero el contexto no parece apoyar la alegación de que él quería decir lo mismo que la versión de conocimiento medio de Molina o de Craig.

[482] Witt, *Creation, Redemption and Grace*, p. 363.

Witt está en lo correcto cuando piensa que el molinismo conduce al determinismo y es, por tanto, incompatible con el arminianismo. Él también defiende correctamente que en el análisis final el mismo Arminio se dio cuenta de esto y retrocedió en la utilización del conocimiento medio.[483] El único libre albedrío que sería compatible con el uso de Dios del conocimiento medio en la creación es el libre albedrío compatibilista, que es compatible con el determinismo. Las personas que poseen y utilizan este libre albedrío no serían capaces de hacer otra cosa diferente a lo que ellos de hecho hacen. Después de todo, Dios las creó y las colocó en circunstancias especiales en las cuales estas personas se encuentran, de manera que el plan detallado y meticuloso de Dios para la historia se cumpliera. Aunque el molinista diga que estas personas tienen libre albedrío libertario, no parece posible, y en realidad este libre albedrío hace que Dios parezca el manipulador final. Los filósofos debaten si las hipótesis de libertad son lógicamente posibles. Es decir, de manera lógica ¿es posible saber lo que una persona auténticamente libre (por ejemplo, alguien que posee la libertad libertaria) haría en cualquier conjunto de circunstancias? ¿Qué haría la persona X en un mundo distinto de éste? Muchos filósofos están convencidos de que el conocimiento medio es ilógico porque las hipótesis de la libertad son ilógicas.

Teísmo abierto. Los teístas abiertos critican el problema de la reconciliación de la presciencia con el libre albedrío libertario al sugerir que los dos no pueden ser reconciliados, entonces Dios no debe saber el futuro exhaustiva e infaliblemente, en la medida en que este futuro contiene decisiones y acciones aún no determinadas o causadas por algo o alguien. Arminio parece ver el futuro y a Dios como, en algún sentido, de manera abierta. Sin embargo, al mismo tiempo él creía en la presciencia exhaustiva e infalible de Dios. Los teístas abiertos son arminianos que rechazan el conocimiento medio como una solución ya que defienden que la presciencia de Dios es limitada *porque Dios decidió que ella así lo fuera*. Tal vez una mejor manera de decirlo es que Dios conoce el futuro infaliblemente como un ámbito tanto de eventos establecidos como de los que *aún* no han sido establecidos (de esta manera, abiertos). Para los teístas abiertos, Dios conoce el futuro, tanto el abierto como el establecido,

---

[483] Ibid., pp. 365-66.

porque algunas decisiones y acciones futuras ya están determinadas por Él (o algo o alguien). Pero parte de este futuro no está aún establecido porque los seres humanos tienen la capacidad de hacer lo contrario y, por ende, todavía decidirán, por ejemplo, entre las opciones A y B. Hasta que decidan, incluso Dios no puede saber con absoluta seguridad cuál será la opción escogida. Esta visión fue primeramente sugerida entre los evangélicos protestantes por Lorenzo McCabe, teólogo, evangelista y metodista (y, por lo tanto, arminiano) en la década de 1890. La visión empezó a crecer en popularidad entre los evangélicos en la década de 1990 bajo la influencia del libro *The Openness of God* [La apertura de Dios], que contenía ensayos sobre la presciencia de Dios escritos por los arminianos Clark Pinnock, John Sanders, Richard Rice, David Basinger y William Hasker.[484]

Los teístas abiertos defienden que su visión es consistente con el arminianismo. Según creen, ellos resolvieron a inconsistencia lógica del arminianismo clásico entre la presciencia divina y el libre albedrío.[485] Pero ¿a qué precio? ¡La mayoría de los arminianos aún no ha entrado en el vagón de los teístas abiertos porque están comprometidos con la doctrina de la predestinación! Ahora, ¡hay una ironía! Los calvinistas acusan a los arminianos clásicos de no creer en la predestinación, pero la mayoría de los arminianos clásicos rechaza el teísmo abierto precisamente porque no creen en la predestinación. Si el teísmo abierto es verdadero, la elección y la reprobación sólo pueden ser corporativas, pero el arminianismo clásico se cimienta incisivamente en Romanos 8:29, que, al parecer, no se refiere a clases o grupos, sino más bien a individuos. Dios no justifica y glorifica a grupos, sino a individuos. La teología arminiana clásica incluye la elección corporativa y la elección individual (condicional) fundada en la presciencia de Dios de la fe futura (o falta de ella). El teísmo abierto tiene que reducir la predestinación (elección y

---

[484] Pinnock, C; et al. (1994). *The Openness of God*. Downers Grove, Ill.: InterVarsity Press. Más tarde, el teólogo y pastor Gregory A. Boyd entró en la discusión con publicación en apoyo al teísmo abierto.

[485] Varios teístas abiertos me han comunicado esta afirmación, aunque no se encuentra en sus escritos. Los teístas abiertos quieren mantener a los arminianos clásicos de su lado, esperando que ellos los defiendan en el actual clima de controversia. Yo considero al teísmo abierto una opción evangélica legítima y arminiana, aunque yo aún no lo haya adoptado como mi perspectiva personal.

reprobación) a su dimensión indefinida y corporativa; la predestinación de individuos se pierde. Algunos arminianos clásicos, como Jack Cottrell, rechazan le teísmo abierto porque creen que él empequeñece el gobierno providencial de Dios en la historia, pero esto asume que la presciencia da a Dios una ventaja providencial, lo que es discutible.[486] El futuro dirá si muchos arminianos adoptarán el teísmo abierto. Pocos arminianos están dispuestos a denunciar a sus hermanos y hermanas teístas abiertos como heréticos, pero la mayoría, actualmente, no está dispuesta a abandonar a la presciencia divina absoluta, puesto que la Biblia parece asumirlo en todas partes.

Conclusión. El resultado es que el arminianismo clásico puede involucrar una paradoja: la presciencia exhaustiva e infalible de Dios (presciencia simple) juntamente con el libre albedrío libertario. El conocimiento medio no ayuda, puesto que supone la posibilidad de hipótesis de libertad y conduce al determinismo. El teísmo abierto quita demasiado de la doctrina bíblica de la predestinación. Y así como los calvinistas a menudo afirman que ellos están autorizados a creer tanto en la preordenación incondicional del pecado como en la responsabilidad humana por el pecado, de igual manera los arminianos afirman que están justificados al abrazar tanto la presciencia divina exhaustiva e infalible como al libre albedrío libertario, ya que ambos son necesarios para una cosmovisión bíblica sensata. Y no todos los filósofos creen que estas dos son necesariamente incompatibles en términos de lógica.[487]

---

[486] Cottrell, Jack. (2000). *What the Bible Says About God the Ruler*. Eugene, Ore.: Wipf & Stock. En el capítulo cinco, «Providencia Especial y Libre Albedrío», el teólogo de la Iglesia de Cristo vincula la presciencia divina de las decisiones y acciones libres al control providencial de Dios. En artículos posteriores, él crítica al teísmo abierto por empequeñecer el gobierno providencial (la obra citada aquí fue originalmente escrita en 1984, antes de que el teísmo abierto se tornara objeto de controversia).

[487] Ver, por ejemplo, a Plantinga, A.C. (1974). *God, Freedom and Evil*. Grand Rapids: Eerdmans. Algunos lectores podrían preguntarse si estoy afirmando una contradicción lógica aquí. Yo no lo hago de manera intencional y, ciertamente, no lo hago de modo cómodo. Reconozco que existe una dificultad, pero no estoy convencido de que sea una completa contradicción. Debido a que siento el peso de la crítica al teísmo abierto por parte del arminianismo clásico, permanezco abierto al teísmo abierto mientras permanezco como un arminiano clásico esperando ayudar a aligerar la paradoja de la filosofía.

La teología arminiana niega la justificación solo por gracia a través solo de la fe

La teología arminiana clásica es una teología reformada. Eso significa que abraza la imputación divina de la justicia por la gracia de Dios a través solo de la fe y mantiene la distinción entre la justificación y la santificación.

UNO DE LOS CONCEPTOS ERRÓNEOS MÁS PERJUDICIALES acerca del arminianismo es que no es verdaderamente protestante, ya que los críticos dicen que no es una teología de la reforma, sino que está más cerca de la soteriología católica. La afirmación sostiene que Arminio y sus seguidores abandonaron el artículo por el cual, acorde con Lutero, la fe cristiana permanece o cae, la salvación como un don gratuito recibido solo por la fe, y que los arminianos sutilmente reintrodujeron la salvación por las obras de justicia. Más específicamente, se dice que los arminianos niegan que la justicia de Cristo sea imputada a los creyentes por causa de la fe solamente, y la reemplazan por una fe que es un logro meritorio que gana el favor de Dios, todo eso es falso. Michael Horton es el representante de estos críticos calvinistas del arminianismo que simplemente se equivocan en este punto. En la revista *Modern Reformation* [Reforma Moderna] él dice: «Los arminianos negaron la creencia de la reforma de que la fe era un don y que la justificación era una declaración puramente forense (legal). Para ellos, se incluye un cambio moral en la vida del creyente y

en la misma fe, una obra de humanos era la base para la declaración de
Dios». Y, «Esta imputación o crédito de fe como nuestra justicia, en vez
de la obediencia activa y pasiva de Cristo, es precisamente la doctrina
articulada por Arminio, haciendo de la fe una obra que alcanza justicia
ante Dios.»[488]

Está claro que Horton (y otros críticos que hacen la misma objeción)
ha desafiado a los arminianos; esta es una acusación seria, puesto que los
arminianos, de hecho, se consideran protestantes en la tradición reformada. Horton concluye que «un evangélico no puede ser un arminiano
más de lo que un evangélico puede ser un católico romano.»[489] La acusación de catolicismo implícito fue hecha contra Arminio en su propia
época, y él se esforzó por neutralizarla. Desde entonces ha perseguido al
arminianismo y los calvinistas conservadores, en especial la mantienen
viva en sus polémicas contra el arminianismo. ¿Hay alguna verdad en
esto? ¿Cuál es la doctrina arminiana de la justificación? ¿Esta doctrina es
consistente con Lutero o Calvino, o incluye obras de justicia en el pensamiento protestante? Observe que Horton no solo planteó una acusación
de error teológico grave contra el arminianismo popular, la acusación fue
que el *propio* Arminio negó la justificación por la gracia por medio de
la fe solamente como la imputación de la justicia de Cristo. Entonces es
importante mirar con cuidado lo que Arminio y sus seguidores dijeron y
no dijeron acerca de este tema teológico importantísimo.

Los arminianos siempre se han sentido incómodos con una justificación puramente forense (declaratoria) e intentaron equilibrarla con la
justicia interior transmitida que, de hecho, empieza a transformar a un
pecador en una persona justa. No obstante, el propio Lutero buscó este
equilibrio en su ensayo *Two Kinds of Righteousness* [Dos tipos de justicia],
donde él enseñó tanto la justicia imputada (forense) como la interna, o
sea la justicia transformadora, siendo la segunda apoyo de la primera.[490]
Arminio, Wesley y todos los auténticos arminianos no hicieron nada diferente a Lutero en esta área de la soteriología. Sin embargo, los arminianos no siempre han sido perfectamente claros en cuanto a la naturaleza

[488] Horton, M. (1992). Evangelicals Arminians. En *Modern Reformation*, n. 1, pp. 16,18.

[489] Ibid., p 18.

[490] Luther, M. (1989). Two Kinds of Righteousness. En *Basics Theological Writings*, Ed. Timothy
Lull. Minneapolis: Fortress, p. 155-64.

de la justicia imputada (la primera justicia de Lutero). ¿Es la obediencia activa y pasiva de Cristo (usando el lenguaje reformado) que es imputada a los creyentes por causa de la fe o es la propia fe que es acreditada a los creyentes como justicia? Una fórmula que aparece en los escritos de Arminio, y en algunos teólogos arminianos posteriores, es «fe imputada por justicia». Esto es lo que aparentemente incitó a Horton y a otros críticos reformados, y ha sido controversial entre los arminianos por siglos. ¿Qué quiere decir? ¿Esto es una expresión suficiente de la justicia de la justificación?

Todos los arminianos auténticos siempre han confesado que la justificación es un don de la gracia de Dios que no puede ser merecido u obtenido, también siempre han declarado que la gracia de la justificación es recibida solamente por la fe y que la fe no es una obra meritoria. Muchos arminianos incluso dicen que la propia fe es un don de Dios. Finalmente, veremos que la fórmula «fe imputada por justicia» es ambigua y no necesariamente reemplaza la imputación de la justicia de Cristo. Muchos arminianos afirman que la justicia de Cristo es imputada a los creyentes por causa de la fe y esta justicia imputada es la única base de la aceptación por Dios. Más allá de esto, en el mismo corazón del arminianismo, está la negación de que la fe es la causa eficaz o meritoria de la justificación, ya que siempre es la única causa instrumental de la justificación. Es dudoso que estas aclaraciones de la doctrina arminiana satisfagan a Horton y a otros evangélicos monergistas puesto que, al parecer, ellos creen que sólo el monergismo, Dios como el único agente en la salvación, hace justicia a la doctrina protestante de la justificación por gracia a través de solo la fe. Sin embargo, esta postura parece arbitraria para los arminianos. Si se puede demostrar que el arminianismo no hace de la fe la causa eficaz o meritoria de la justificación y que en efecto, afirma que la justificación es siempre sólo un don gratuito de la gracia, que no depende de las obras, creo que eso es suficiente para rescatar las credenciales protestantes del arminianismo de los que quieren quitarlas.

Arminio y la justificación

Los capítulos anteriores de este libro ya demostraron que Arminio creía que la salvación proviene de la gracia solamente y, de ninguna manera, de las obras. Él atribuía todo el bien en todo ser humano únicamente a

la gracia de Dios y su principal preocupación era proteger el carácter de
Dios al abstenerse de cualquier doctrina que hiciera a Dios el autor del
pecado. Por tanto, él dijo que los humanos son la causa del mal, pero Dios
es la única causa del bien. ¿Y qué respecto a la justificación? ¿Arminio
enseñó la justificación de manera consistente con el protestantismo
clásico? ¿Él fue un pensador de la Reforma? El perspicaz e influyente
teólogo reformado Alan P. F. Sell, exsecretario de la Alianza Mundial de
Iglesias Reformadas, declaró: «Con relación a la cuestión de la justificación, Arminio se encuentra de acuerdo con todas las iglesias reformadas
y protestantes.»[491] A. Skevington Wood, experto en Arminio, concordó y
dijo que Arminio: «no estaba consciente de haber abandonado, de alguna manera, la doctrina reformada de la justificación.»[492] Howard Slaatte
está acuerdo, diciendo que: «Arminio era un producto confirmado de la
Reforma Protestante» y no un pelagiano o moralista.[493] De acuerdo con
Carl Bangs, Arminio afirmó la visión más fuerte posible de la justificación, al punto de aceptar el *simul justus et peccator* (simultáneamente
justo y pecador) de Lutero, con base en que la verdadera justicia es imputada como un acto forense de Dios.[494] Estos y muchos otros testigos
aseguraron que Arminio estaba firmemente enraizado en la teología reformada y que no había abandonado la doctrina protestante clásica de la
justificación solo por gracia a través de la fe solamente.

¿Qué dijo Arminio? En su «Declaración de Sentimientos» él respondió así a la acusación de herejía en cuanto a la justificación:

No soy consciente de haber enseñado o considerado algún otro sentimiento respecto a la *justificación del hombre ante Dios* que sea distinto a los que son mantenidos de manera unánime por las iglesias
reformadas y protestantes, y que están en completo acuerdo con sus
opiniones expresas.[495]

---

[491] Sell, Alan P. F. (1983). *The Great Divide*. Grand Rapids: Baker, p. 12.

[492] Wood, A. S. (1993). The Declaration of Sentiments: The Theological Testament of Arminius. En *Evangelical Quarterly*, Vol. 65, n. 2, p. 128.

[493] Slaatte, H. A. (1979). *The Arminian Arm of Theology*. Washington, D.C.: University Press of America, p. 23.

[494] Bangs, C. (1985). *Arminius*. Grand Rapids: Zondervan, p. 344-45.

[495] Arminius. A Declaration of Sentiments of Arminius. *Works*, Vol. 1, p. 695.

Él incluso expresó que estaba de acuerdo con la propia visión de justificación de Calvino: «Mi opinión no es tan diferente a la de él como para impedirme emplear la firma de mi propio mi puño y letra para suscribir las cosas que él escribió sobre ese tema en el tercer libro de sus *Instituciones*; estoy preparado para hacerlo en cualquier momento y para dar mi total aprobación.»[496]

Arminio escribió su propia afirmación breve de la doctrina de la justificación para refutar la afirmación de que él, por los estándares protestantes, era herético:

Creo que los pecadores son considerados justos únicamente por la obediencia de Cristo; y que la justicia de Cristo es la única causa meritoria por la que Dios perdona los pecados de los creyentes y los considera justos como si ellos hubieran cumplido perfectamente la ley. Pero como Dios no imputa la justicia de Cristo a nadie excepto a los creyentes, yo concluyo que, en este sentido, podemos adecuada y propiamente decir: *Al hombre que cree, la Fe le es imputada por justicia por medio de la gracia* puesto que Dios propuso a su Hijo Jesucristo para ser la propiciación, un trono de gracia (o propiciatorio) por medio de la fe en su sangre.[497]

¿Qué más quieren los críticos? ¿Qué más podría Arminio haber dicho que lo hiciera más protestante? En esta concisa declaración él claramente afirmó la justificación como perdón e imputación de la obediencia y justicia de Cristo por la gracia a través de la fe en la sangre de Jesucristo. Él también confesó la justicia de Cristo como la única causa meritoria de la justificación, y la justificación como un acto forense en el cual Dios declara rectos a los pecadores y los considera justos o imputa la justicia de Cristo sobre ellos. Aparentemente, su fórmula «Al hombre que cree, la fe le es imputada por justicia por medio de la gracia» sigue siendo un tropezadero para los críticos, ¡sin importar cómo Arminio la haya explicado! Él negó de la manera más clara posible que esa fórmula significara una cosa distinta de la teología protestante clásica.

---

[496] Ibid., p. 700.
[497] Ibid.

Primero, Arminio consideraba la fe que justifica un don gratuito que no es una obra meritoria que gane o merezca la salvación. Si esta era su opinión, entonces de forma clara él también consideraba la justificación un don gratuito y no algo que debemos ganar o merecer. En *Certain Articles to Be Diligently Examined and Weighed* [Ciertos artículos que deben ser diligentemente examinados y pesados], él definió la fe que justifica como «aquella por la cual los hombres creen en Jesucristo, como Salvador de los que universalmente creen, y de cada uno de ellos en particular, aun es el Salvador de aquel que, por medio de Cristo, cree en Dios que justifica al impío.»[498] Esta fe es un don gratuito de Dios por medio de la gracia:

> Ningún hombre cree en Cristo a excepción de aquel que fue previamente dispuesto y preparado por la gracia preveniente o precedente para recibir la vida eterna, sobre esta condición en la cual Dios desea otorgarla, acorde con el siguiente pasaje de la Escritura: «El que quiera hacer la voluntad de Dios, conocerá si la doctrina es de Dios, o si yo hablo por mi propia cuenta.» (Juan 7:17).[499]

Él también dijo:

> La fe es el don de gracia y gratuito de Dios, concedido de acuerdo con la administración de los medios necesarios para conducir al fin, es decir, de acuerdo con tal administración que la justicia de Dios requiere, ya sea hacia el lado de la misericordia o hacia el de la severidad. Es un don que no es concedido de acuerdo según una voluntad absoluta de salvar a algunos hombres en particular: puesto que es una condición que se requiere en el objeto a salvar y es, en realidad, es una condición antes de que sea el medio para obtener la salvación.[500].

Arminio aclaró esto en su obra *The Apology or Defence of James Arminius* [Apología o defensa de Jacobo Arminio], donde él hizo la distinción entre fe como una cualidad y fe como un acto. La fe como una

---

[498] Arminius. Certain Articles to Be Diligently Examined and Weighed. *Works.* Vol. 2, p. 723.
[499] Ibid., p. 724.
[500] Ibid., p. 723.

cualidad es concedida por la gracia de Dios y es la que trae la justificación. La fe como un acto es nada más una sumisión al evangelio, y ésta es la única condición de la justificación.[501] Entonces, en una carta a su amigo Uitenbogard, con fecha de 1599, Arminio expresó que «la justificación por la fe», en realidad es una especie de abreviación por ser justificados por lo que alcanza la fe: la justicia de Jesucristo. A los que lo acusaron de sustituir a Cristo por la fe como una causa meritoria de justificación, él dijo: «*"La justicia de Cristo* nos es imputada", y *"la fe* es imputada por justicia."»[502] En otras palabras, las dos son lo mismo o son los dos lados de una misma moneda. Por lo menos, a la luz de estas afirmaciones de Arminio, los críticos deberían ahora darse cuenta de que él no negó la justificación como imputación de la justicia de Cristo o hizo de la fe humana la causa meritoria de la justificación, reemplazando la gracia de Jesucristo.

Segundo, Arminio creyó en la doctrina forense de la justificación, es decir, él creía que la justicia es declarada e imputada, no poseída por el creyente que es justificado. No hay ninguna sugerencia en Arminio de que la aceptación de Dios de los individuos esté fundada en cualquier parte de la propia justicia de estos. Para Arminio: «La justificación… de un hombre ante Dios es aquella por la cual, cuando él es colocado ante el tribunal de Dios, él es considerado y pronunciado, por Dios como juez, recto([*justus*) y digno de galardón de justicia; de donde también la recompensa del propio galardón sigue como consecuencia.»[503] Dicho de otro modo, en la justificación Dios declara a una persona justa y entonces concede el don de la justicia efectiva. Esto es enteramente consistente con la doctrina de Lutero en «Dos tipos de justicia». A fin de que nadie lo malentendiera, Arminio continuó:

> La causa de esto (la justificación) no es sólo Dios, que es tanto justo como misericordioso, sino también Cristo en su obediencia, como ofrenda, e intercediendo de acuerdo con Dios por medio de su buena voluntad y mandato. Pero de esta manera, se puede definir: «Es una justificación por la cual un hombre, que es pecador pero creyente, es

---

[501] Arminius. The Apology or Defence of James Arminius, D. D. *Works*, Vol. 2, p. 50.

[502] Ibid., p. 45.

[503] Arminius. Disputations of the Principals of Subjects of the Christian Religion. *Works*, Vol. 2, p. 254.

colocado ante el trono de la gracia que está erigido en Cristo Jesús, la propiciación, es tenido y pronunciado por Dios, el juez justo y misericordioso, justo y digno de recompensa de justicia, no en sí mismo, sino en Cristo, de la gracia, de acuerdo con el evangelio, para la alabanza de la justicia y de la gracia de Dios, y para la salvación de la propia persona justificada.»[504]

En resumen, «la justificación... es... puramente la imputación de la justicia por medio de la misericordia del trono de la gracia en Cristo, la propiciación hecha (*factum*) para el pecador, pero que es un creyente.»[505] ¿Qué más puede uno decir para satisfacer a los que quieren saber si una doctrina de la justificación es protestante? Arminio dejó absolutamente claro, de todas las maneras posibles, que la justificación es una declaración de Dios con relación al pecador que cree y que esta estriba únicamente en Cristo y su gracia, y se recibe por fe solamente, que es, por sí sola, un don de la gracia.

Tercero, una acusación a menudo hecha contra Arminio y la doctrina (arminiana) de la justificación es que hace de la fe la causa eficaz y meritoria de la justificación, de esta manera trae como resultado la justificación como un galardón por una obra de justicia. ¿Cómo consideraba Arminio las causas de la justificación? Primero, él afirmó clara y reiteradamente que la misma fe es obra del Espíritu Santo y no una obra de los humanos autónomos. «La fe evangélica es un asentimiento de la mente, producida por el Espíritu Santo, por medio del evangelio, en los pecadores, que por medio de la ley reconocen y conocen sus pecados, y se arrepienten por causa de ellos.»[506] De este modo el Espíritu Santo es la causa eficaz de la justificación. Segundo, él afirmó que «la causa meritoria de la justificación es Cristo por medio de su obediencia y justicia; que puede, por lo tanto, ser justamente llamada la causa principal o causa que mueve externamente»[507]. Él no dejó dudas respecto a la naturaleza de la justificación como imputación de la justicia y obediencia de Cristo, y no como un galardón por obediencia humana:

---

[504] Ibid., p. 256.

[505] Ibid., p. 256-57.

[506] Arminius. The Private Disputations of James Arminius. *Works*, Vol. 2, p. 400.

[507] Ibid., p. 406.

En su obediencia y justicia, Cristo también es la Causa Material de nuestra justificación, en la medida en que Dios nos da a Cristo para justicia e imputa su obediencia y justicia a nosotros. En cuanto a esta doble causa, es decir, la Meritoria y la Material, se dice que nosotros somos constituidos justos por medio de la obediencia de Cristo.[508]

La fe es sólo la causa instrumental de la justificación y no la causa meritoria o material (eficaz): «La fe es la Causa Instrumental, o el acto, por el cual nosotros comprendemos a Cristo propuesto a nosotros por Dios para una propiciación y justicia.»[509] En lo tocante a si Arminio permitió alguna obra meritoria como parte de la justificación (como base o causa), su propia afirmación debería cerrar el debate: «Que la fe y las obras cooperen juntas en la justificación, es imposible», y:

Cristo no ha obtenido (*promeritum*) por sus méritos que nosotros deberíamos ser justificados por la dignidad y mérito de la fe, y mucho menos que debiéramos ser justificados por el mérito de las obras: pero el mérito de Cristo está en oposición a la justificación por las obras y, en las Escrituras, la Fe y el Mérito están colocados en oposición.[510]

Finalmente, Arminio distinguió nítidamente entre la justificación y la santificación al mejor estilo protestante. La primera es la aplicación de la expiación de Cristo o propiciación de pecados por medio de su sangre. «En la justificación, esta aspersión (de la sangre de Cristo) permite la remoción de los pecados que fueron cometidos; pero en la santificación, la aspersión sirve para santificar a los hombres que obtuvieron la remisión de los pecados, para que ellos puedan adicionalmente ser capacitados a ofrecer adoración y sacrificios a Dios por medio de Cristo.»[511] No hay ninguna clave en Arminio que sugiera que la justificación sea de algún modo dependiente de la santificación; la remisión de pecados e imputación de la justicia de Cristo no dependen de la limpieza interior y crecimiento en la justicia, aunque la última siempre acompañe la primera.

---

[508] Ibid.

[509] Ibid., p. 407.

[510] Ibid., p. 407-8.

[511] Ibid., p. 409.

William Witt concluye de forma correcta que «mientras que los que buscaron motivos para desacreditar a Arminio fueron capaces de adueñarse de afirmaciones que podrían ser interpretadas erróneamente, no hay nada, en efecto, en el concepto de justificación de Arminio, que sea contrario a la teología protestantes ortodoxa.»[512] Esto es así porque para Arminio:

> La justificación es una estimación forense por la cual un pecador que cree en Cristo es declarado justo por Dios, que actúa como juez. No es en sí mismo un acto que hace al pecador justo, sino que es una imputación de la justicia de Cristo para aquel que cree, no en su propio mérito, sino en el mérito de Cristo.[513]

Sin duda alguna, la fórmula de Arminio que dice que en la justificación «la fe es imputada por justicia», es desafortunada, pero él la explicó de manera adecuada, disipando cualquier duda o preocupación. Él no quiso decir que la fe en sí misma es justicia o que Dios así la considera. Tampoco él quiso decir que la fe es la causa meritoria de la justificación, más bien, como él dejó extremadamente claro, la justicia de la justificación es forense, es la obediencia de Cristo imputada en la cuenta del pecador por causa de la fe, que es, en sí misma, un don de gracia de Dios. Todo lo que un pecador tiene que hacer es recibirla al no resistir a la gracia preveniente.

La justificación en la teología remonstrante y en Wesley

Simón Episcopio. Al igual que su mentor, Arminio, el líder remonstrante primitivo Simón Episcopio hizo una fuerte distinción entre la justificación y la santificación. La primera es la libre remisión de pecados por la fe en Jesucristo, independientemente del mérito de las obras.[514] La segunda es la obra transformadora de Dios dentro de una persona por el Espíritu Santo, conformándola a Jesucristo. La santificación no es la base

---

[512] Witt, W. G. (1993). *Creation, Redemption and Grace in the Theology of Jacobus Arminius.* [Tesis doctoral, University of Notre Dame Indiana.] p. 599.

[513] Ibid., p. 594.

[514] Episcopius, S. (1684). *Confession of Faith of Those Called Arminians.* London: Heart & Bible. pp. 210-11.

o la causa de la justificación, que es «una imputación liberal y generosa de la propia fe para la justicia.»[515] Ahí está, una vez más, la fórmula problemática, pero Episcopio no quiso decir nada siniestro con la fórmula; en su teología, al igual que en la de Arminio, la fe imputada por la justicia sólo significa que la fe es la causa instrumental que se apropia de la declaración de la justicia de Cristo para el juicio del pecador, haciéndolo un creyente. Para Episcopio, así como para Arminio, la justificación es enteramente de la mera y pura gracia de Dios y por la fe solamente en Jesucristo.[516] La justificación no es, de ninguna manera, una recompensa o una obra interna; es un puro don y una declaración forense de Dios, el juez, acerca del pecador que recibe el don de la fe.

Philip Limborch. El remonstrante posterior Philip Limborch se apartó significativamente de Arminio y Episcopio al desarrollar su doctrina de la justificación. No cabe duda de que esta es la fuente de la confusión subsiguiente acerca de la «doctrina arminiana de la justificación». Muchos calvinistas ingleses y estadounidenses sólo leyeron a Limborch y a los teólogos que fueron influenciados por él, e imputan su idea de justificación a Arminio y a los arminianos en general. Sin embargo, Limborch fue a lo sumo un arminiano revisionista y en el peor de los casos, un pseudoarminiano. Él comenzó bien en su descripción de la justificación como declaración de justicia: «En un sentido judicial, la justificación denota una declaración de justicia, es decir, absolviendo a un hombre culpable y tratándolo como uno que es justo.»[517] Él observó que la fórmula «fe imputada por justicia», que él adoptó y utilizó, causaba consternación y controversia, entonces él intentó aclararla explicando «que un hombre es estimado por Dios como justo sobre la consideración de su fe.»[518] Pero él no resolvió el problema para los arminianos (a quienes él pobremente representaba) al añadir:

> Para que la controversia pase, nosotros decimos «que la justificación es el acto misericordioso y de la gracia de Dios, por la cual Él

---

[515] Ibid., p. 211.

[516] Ibid.

[517] Limborch, P. (1713). *A Complete System, or Body of Divinity*, trad. William Jones. London: John Darby, p. 835.

[518] Ibid., p. 836.

plenamente absuelve de toda culpa al alma verdaderamente penitente
y creyente, a través y por causa de Cristo comprendido por una fe verdadera, o gratuitamente redime pecados a causa de la fe en Jesucristo
y quien por gracia imputa esta fe por justicia.»[519]

A fin de que nadie malentienda, él añadió que la justicia de Cristo *no*
nos es imputada, sino que nuestra propia fe nos es imputada por justicia
por causa de Cristo.[520] ¡Esto es precisamente lo que Arminio y Episcopio
no dijeron o quisieron decir! Limborch incurrió en un grave error teológico al decir que la fe salvadora es un acto de nuestra propia obediencia
y nuestra propia acción. El daño fue hecho, aunque él haya intentado
deshacerlo al decir, de modo inconsistente, que esta obra de fe no es meritoria.[521] Claramente, Limborch es el responsable por la confusión de los
críticos respecto al arminianismo y la justificación. Los críticos tendrían
razón *si* los arminianos posteriores estuvieran de acuerdo con Limborch,
pero la mayoría de los arminianos posteriores no estuvieron de acuerdo.
Los arminianos de corazón (arminianos evangélicos) siguen a Arminio,
mientras que los arminianos de cabeza (arminianos racionalistas y liberales) siguen a Limborch.

John Mark Hicks, experto en Limborch y crítico, tiene razón en lo
tocante al problema de Limborch y la distancia entre su visión y la de
Arminio: «Limborch considera que la fe forma parte de esa justicia que
pertenece a Cristo», y «Limborch debe librarse de la acusación de que el
hombre parcialmente merece su salvación por su obediencia.»[522] Sin embargo, de hecho según Hicks, Limborch no se libra de la acusación, pero
Arminio sí. En lo referente a Arminio señala: «No es que haya una justicia inherente dentro de la fe, sino que la fe es la condición sobre la cual
Dios otorga el mérito de la obediencia de Cristo», y para Arminio: «la fe
es tanto un don de Dios como una condición de salvación que implica
una respuesta humana,» pero no hay mérito en esta respuesta.[523]

---

[519] Ibid.

[520] Ibid., p. 837.

[521] Ibid., p. 838.

[522] Hicks, J. M. (1985). *The Theology of Grace in the Thought of Jacobus Arminius and Philip van
Limborch.* [Tesis doctoral, Westminster Theological Seminary] pp. 209, 219.

[523] Ibid., p. 88,97.

Arminio y los remonstrantes después de él utilizaron la fórmula «fe imputada por justicia». Es una fórmula desafortunada, puesto que está abierta a posibles interpretaciones erróneas. No obstante, si los críticos hubieran simplemente leído a Arminio (y quizás a Episcopio), ellos se darían cuenta de lo que quiso decir con la frase. El contexto lo deja claro. Siempre que Arminio usa la frase, la aclara al referirse a la misericordiosa imputación de Dios de la obediencia de Cristo por su gracia por causa de la fe, que es un don de Dios. La fe es el instrumento que recibe la justicia imputada de Cristo y no hay mérito en esta recepción, puesto que aun la fe es un don de Dios, dentro del pecador que se hace un creyente al no resistir a la gracia preveniente. Para Arminio, la fe claramente no es un sustituto para la justicia de Cristo ni es considerada justa por Dios. Limborch se adueñó de la frase «fe imputada por justicia» y la transformó en lo que se asemeja a: la fe que es una obra que forma parte del proceso de justificación y sobre la consideración de la cual Dios imputa justicia (pero no la obediencia de Cristo) a las personas. La fe de las personas es contada por Dios como justicia. ¡Esto no es lo que Arminio quiso decir! ¿Por qué Arminio utilizó una fórmula tan abierta a la distorsión? Algunos sugieren que la respuesta reside en la preposición *por*.

Cuando Arminio dijo que la fe nos es imputada «por justicia», él estaba intentando distinguir el papel de la fe del papel de Cristo y su obediencia en la justificación. Él estaba negando que la justicia de Cristo nos es imputada «por justicia», pues eso implica que no es la propia justicia que nos es imputada. Antes bien, la justicia de Cristo nos es simplemente imputada. *Por* implica un «como si». No hay un «como si» (una ficción legal) en la imputación de la justicia de Cristo para nosotros. Que nuestra fe es imputada «por justicia», significa que realidad no es justicia, sino que es sólo un instrumento de justicia. De acuerdo con Witt, «Nuestra fe nos es imputada "por justicia" porque no es justicia, en el sentido propio, sino el acto por el cual nosotros comprendemos la justicia ajena de Cristo.»[524] Esto puede parecer complicado, pero es la única interpretación posible, considerando todo lo que Arminio dijo acerca de la justificación, la fe, y la justicia. Desafortunadamente, Limborch quiso decir exactamente lo que la frase «fe imputada por justicia» parece decir. De

---

[524] William Gene Witt me informó por correo privado el 5 de agosto de 1999.

esta manera, desencadenó una reacción que llevó a la diseminación de la idea equivocada de que Arminio y el arminianismo creen que la justicia de Cristo no es imputada a los creyentes en la justificación, sino que la fe es contada como justicia por Dios, como un acto de obediencia humana y sustituto para la obediencia de Cristo.

John Wesley. La noción de que John Wesley no adoptó y no enseñó plena y sinceramente la doctrina protestante de la justificación por gracia solo por medio de la fe está simplemente equivocada. A. Skevington Wood comenta que «Wesley afirmó que, en lo tocante a la doctrina protestante central de la justificación, él estaba por completo de acuerdo con la enseñanza de Calvino.»[525] Wesley era un erudito demasiado bueno para equivocarse en algo de este tipo. Él conocía muy bien la teología de Calvino. En *John Wesley's Scriptural Christianity* [El cristianismo bíblico de John Wesley] el erudito wesleyano Thomas Oden prueba, más allá de cualquier duda, que la doctrina de Wesley de la justificación era consistente con la enseñanza protestante clásica, Wesley siguió el abordaje de Arminio y no el de Limborch. Algunas veces, Wesley ha sido culpado por asociación, debido a la alta estima que tenía por William Law, el autor de *A Serious Call to a Devout and Holy Life* [Un llamado serio a una vida devota y santa], que influenció fuertemente a Wesley, pero Oden señala el profundo descontento de Wesley con Law, que tenía propensión a confundir la justificación con la santificación. Wesley las distinguía de forma clara, considerando que la santificación «no es la causa, sino el efecto de la justificación.»[526]

Oden, además, menciona problemas con la descripción de la justificación en las Minutas Doctrinales de las primeras reuniones metodistas, en las cuales Wesley presidía (1744-1747). Los primeros metodistas querían conciliar a Santiago y a Pablo y superar cualquier idea de que la verdadera salvación pueda existir sin buenas obras. Entonces ellos definieron justificación como «ser perdonado y recibido en el favor de Dios; en tal estado que, si continuamos ahí, seremos finalmente salvos.»[527] Dicho de otra manera, había un énfasis especial en el continuar en el favor de Dios.

[525] Wood, A. S. (1975). The Contribution of John Wesley to the Theology of Grace. En *Grace Unlimited*, Ed. Clark Pinnock. Minneapolis: Bethany House, p. 219.

[526] Oden, T. C. (1994). *Johns Wesley's Scriptural Christianity*. Grand Rapids: Zondervan, p. 200.

[527] Ibid., p. 201.

No obstante, los que atacan esas y otras declaraciones de las Minutas sin tener presente lo que Wesley dijo en sus sermones y cartas, pierden la visión más amplia del tema. Oden demuestra de modo concluyente que en general, Wesley se aferró firmemente a la justificación como imputación de la justicia de Cristo que no puede ser mejorada, sino sólo recibida por la fe. Para Wesley, a diferencia de Limborch: «No es que la fe sea tal que ella es imputada por justicia, sino que la "fe en la justicia de Cristo" es imputada de tal manera que el creyente es revestido de una justicia que no es suya, una vestidura gloriosa que lo capacita y lo llama a "deshacerse de los trapos de inmundicia" de su propia justicia.»[528] Wesley dejó claro que tanto la obediencia activa como la pasiva son imputadas por Dios a los creyentes en consideración de la fe de ellos, pero una vez que esta justicia imputada es dada, Dios también implanta la justicia de tal manera que ellos empiezan a conformarse a Jesucristo. Pero la justicia implantada no es la base de la justicia imputada. La descripción de Wesley de estas cuestiones en el sermón *The Lord Our Righteousness* [El Señor, nuestra Justicia] no es nada distinto al sermón de Lutero en *The Two Kinds of Righteousness* [Los dos tipos de justicia].

Hay dos sermones en especial que revelan el compromiso protestante de Wesley con la doctrina de la justificación solamente por la gracia a través solo de la fe: *Salvation by Faith* [Salvación por la Fe] y *Justification by Faith* [Justificación por la Fe]. Los críticos se quejaban de su énfasis en la santificación, pero deben tener presente la profunda preocupación del fundador del metodismo en oponerse al antinomismo entre los que afirmaban la gracia libre como permiso para pecar. La forma típica de Wesley expresar el tema era que la salvación es solamente por gracia a través solo de la fe, pero que la auténtica fe jamás está sola. Dicho de otra forma, la justificación como justicia imputada siempre resulta en transformación interior, que produce obras de amor. En «Salvación por la fe» Wesley puso fin a cualquier idea de que alguna parte de la salvación podría estribar en el mérito humano: «Todas las bendiciones que Dios concedió a los hombres provienen de su gracia, generosidad o favor, su favor gratuito e inmerecido, favor completamente inmerecido, el hombre

---

[528] Ibid., p. 207.

no tiene derecho a la menor de sus misericordias.»[529] Todas las buenas obras son impías y pecaminosas aparte de la gracia. La gracia es la fuente de la salvación y la fe es su única condición. «Nadie puede confiar en los méritos de Cristo hasta que él y ella hayan renunciado plenamente a sus propios méritos.»[530]

Si para Wesley la fe no es una obra meritoria, ¿entonces qué es? «La fe cristiana no es, por tanto, sólo un asentimiento a todo el evangelio de Cristo, sino también una total confianza en la sangre de Cristo, una confianza en los méritos de su vida, muerte y resurrección; un reposar sobre Él como nuestra expiación y nuestra vida, *como dado por nosotros y viviendo en nosotros.*»[531] Para Wesley aun la fe es un don de Dios, la veía del mismo modo que Arminio.[532] La fe es, esencialmente, una acogida vacía del propio don de la fe. La fe es *tanto* un acto humano *como* un don de una cualidad divina. El proceso de la salvación (del lado humano) empieza con la decisión de aceptar el don de Dios de la fe y continúa con la confianza en Cristo solamente, que es el don recibido. Una persona no puede confiar en Cristo sin la ayuda de Dios, de la misma manera como no puede salvarse a sí misma. «La salvación no es por las buenas obras que hacemos cuando creemos: *puesto que es Dios quien las opera en nosotros* y por lo que, Él nos galardona por algo que Él mismo opera lo cual sólo engrandece las riquezas de su misericordia, pero no nos deja nada de lo cual gloriarnos.»[533] La fe es la condición de la salvación, pero no es un logro humano.

De acuerdo con Wesley, «La simple noción bíblica de la justificación es la absolución, el perdón de pecados.»[534] La justificación es la reconciliación con Dios por la gracia de Dios por medio de la fe, es la no imputación de pecados. En su sermón «Justificación por la fe», Wesley parecía negar la doctrina de la justicia imputada, pero este no pude ser el

---

[529] Wesley, J. (1989). Salvation by Faith. En *John Wesley*, Ed. Stephen Rost, abrev. Nashville: Thomas Nelson, p. 91.

[530] Ibid., p. 99.

[531] Ibid., p. 94.

[532] Wesley, J. (1989). Justification by Faith. En *John Wesley*, Ed. Stephen Rost, abrev. Nashville: Thomas Nelson, p. 187.

[533] Wesley, J. (1989). Salvation by Faith, p. 98.

[534] Wesley, J. (1989). Salvation by Faith, p. 182.

significado, pues en «El Señor, nuestra justicia» él le dio un rotundo respaldo. Wesley no era un pensador sistemático; al igual que Lutero, él jamás produjo un sistema de teología. En un sermón él criticaba la justicia ajena e imputada y en otro hablaba de manera entusiasta acerca de todo cristiano siendo «revestido de la justicia de Cristo», que no es su propia justicia. Wesley, a menudo, reaccionaba a contextos; su teología, por lo general, era *ad hoc* (para un caso específico) determinada por errores y desequilibrios percibidos que tenían que ser corregidos. No obstante, sería extremadamente injusto e impropio decir que John Wesley no creía en la doctrina protestante clásica de la justificación forense como justicia imputada. Lo que él sí rechazaba era la justificación como una ficción legal por la cual las personas eran dejadas por Dios sin transformación por medio de la justicia interna. A Wesley le gustaba simplificar las doctrinas que él consideraba cubiertas de especulación. Kenneth Collins, experto en Wesley, menciona de forma correcta que mientras que Wesley era, a veces, ambivalente en lo que respecta a la justificación como imputación por causa de posibles usos incorrectos, él más que sinceramente adoptó una forma simplificada de justificación: «Colocada de forma sencilla, para Wesley, la justicia de Cristo es imputada a los creyentes en el sentido de que ellos ahora son aceptados por Dios no por causa de alguna cosa que ellos hayan hecho, ya sean obras de caridad, misericordia o semejantes, sino únicamente por causa de lo que Cristo consiguió por medio de Su vida y muerte en lugar de los creyentes.»[535]

La justificación en el arminianismo del siglo XIX

El antiguo problema de la justificación como imputación forense de la justicia de Cristo (Arminio, Episcopio) versus la justificación como fe considerada como justicia (Limborch y los remonstrantes posteriores) reapareció en la teología metodista del siglo XIX, que fue el principal lugar para la fortificación del arminianismo moderno. Algunos de los teólogos metodistas arminianos del siglo XIX asumieron y respaldaron calurosamente la justificación forense y la justicia imputada, otros la rechazaron a favor de la justificación como primariamente no imputación de pecado. El hecho de que algunos siguieron a Limborch más de cerca

---

[535] Collins, K.J. (1997). *The Scripture Way of salvation: The Heart of John Wesley's Theology*. Nashville: Abington, pp. 92-93.

que a Arminio difícilmente implica, sin embargo, que el arminianismo
en general niega la justificación como imputación de la justicia de Cristo.
Muchos arminianos siguen a Arminio, como deberían. No obstante, pese
a las discrepancias teólogos metodistas del siglo xix: Richard Watson,
William Burton Pope, Thomas O. Summers y John Miley, se adhirieron
a la doctrina protestante básica donde se expresa que la justificación es
solamente por la gracia de Dios y solo por medio de la fe, y se abstuvieron
de alguna insinuación de obras de justificación, o de confundir la justificación con la santificación. Todos ellos afirmaron que la justificación es
imputación de justicia, incluso de la obediencia de Cristo.

   Richard Watson. Desafortunadamente, Watson malentendió la fórmula «imputación de fe por justicia» e interpretó la justificación principalmente como la imputación de pecado que resulta en la reconciliación
con Dios. Sin embargo, no dejó duda alguna de que consideraba la justificación, sea cual fuera su exacta naturaleza, como un don y no algo que
pudiera ser merecido. La fe que trae la justificación es «la plena confianza y dependencia de un pecador despierto y penitente, en la expiación
de Cristo solamente como la base meritoria de su perdón.»[536]En ningún
sentido, esto es una virtud o buena obra, no obstante, es imposible que
la fe esté aparte de la gracia preveniente.[537] La fe es la única condición
para la justificación, y todas las obras meritorias no poseen valor por que
se atribuyen a Dios. La justificación y la santificación son radicalmente
distintas, y la última jamás puede ser la causa formal de la primera.[538]
Watson afirmó que «la justificación solo a través la fe [sin obras] es, por
consiguiente, de forma clara la doctrina de las Escrituras.»[539]

   Para Watson, la justificación incluye dos aspectos: la no imputación
de la culpa de pecado y la imputación de la justicia. La justificación es,
antes y sobre todo, el perdón de los pecados y es un acto de la gracia
y misericordia de Dios recibido por la fe. En segundo lugar, Dios, por
causa de la fe, también considera justo al creyente en Cristo. Sin embargo,
la justificación no es la imputación de la obediencia activa y pasiva de
Cristo y la justificación no es la imputación de la justicia de Cristo:

---

[536] Watson, R. (1851). *Theological Institutes.* New York: Lane & Scott, Vol, 2, p. 248.

[537] Ibid., p. 253.

[538] Ibid., p. 251.

[539] Ibid., p. 246.

La doctrina bíblica es… que la muerte de Cristo es aceptada en lugar de nuestro castigo personal, bajo la condición de nuestra fe en Él; y, que cuando la fe en Él es, de hecho, ejercida, entonces entra, de parte de Dios, el acto de imputar o considerar la justicia a nosotros; o, lo que es igual, contar la fe por justicia, es decir, el perdón de nuestras ofensas por medio de la fe, y tratándonos como los objetos de su favor restaurado.[540]

Al igual que Limborch, Watson consideraba la doctrina de la imputación de la obediencia de Cristo a los creyentes que aún son pecadores una ficción y, en consecuencia, repugnante al carácter de Dios: «Toda esta doctrina de la imputación de la obediencia personal y moral de Cristo implica una ficción e imposibilidad inconsistente con los atributos divinos.»[541] Watson, por otro lado, al menos no siguió a Limborch al tratar la fe como meritoria, pero habría sido de ayuda si él hubiera afirmado más incisivamente que la fe es un don. Por último, la sombra de Limborch permanece sobre Watson y plantea dudas respecto a la plenitud de su conformidad con la doctrina protestante esencial de la justificación como imputación de la justicia de Cristo a los creyentes. Aún está abierto a debates si esta postura es imprescindible al protestantismo evangélico auténtico.

William Burton Pope. Pope siguió el patrón protestante tradicional de tratar la justificación como un acto de Dios en gracia y misericordia aceptando a los pecadores penitentes y creyentes como si ellos no hubieran pecado e imputando justicia a ellos por causa de la fe de éstos. Él definió a la justificación como:

El acto judicial divino que se aplica al pecador que cree en Cristo, el beneficio de la expiación que lo libera de la condenación de su pecado, lo introduce en un estado de favor y lo trata como una persona justa… Es el carácter imputado de la justificación que regula el uso neotestamentario de la palabra.[542]

---

[540] Ibid., p. 242.

[541] Ibid., p. 216.

[542] Pope, W. B. (s.f.). *A Compendium of Christian Theology.* New York: Philips & Hunt, Vol. 2, p. 407.

Para él la justificación es siempre declaratoria y de la gracia solamente. La fe que se apropia de la gracia justificadora de Dios no es una obra, sino un acto de renuncia a toda la confianza en la habilidad humana. La fe es meramente la causa instrumental y jamás la causa meritoria de la justificación, que es la obediencia expiatoria de Cristo. ¿Qué creía Pope en cuanto a la imputación de la obediencia de Cristo a los cristianos? Esta una pregunta importante que los críticos reformados le plantean a los arminianos. Otra pregunta que surge es si todo depende de eso, muchos arminianos (y anabaptistas y otros) desearían que no sea hecha una prueba de ortodoxia o comunión. La cuestión crucial es si la justificación incluye la justificación forense (sea de la imputación de la obediencia de Cristo, o simplemente del favor reconciliador de Dios) basada en la fe solamente sin mérito. Pope fue ambiguo respecto a si la justicia declarada de Dios era la imputación de la obediencia de Cristo o solo la consideración de Dios del creyente como justo. Su declaración con respecto a este punto es al fin y al cabo insatisfactoria: «El impío que en penitencia cree que posee la virtud o eficacia de la obediencia de Cristo con la que puede contar sin tener esa propia obediencia imputada: él es *hecho justicia de Dios en Él*, lo que es diferente de tener la justicia de Cristo puesta en su cuenta.»[543] Sólo podemos preguntarnos cómo. Pero los críticos deberían, al menos, tener presente el hecho de que Pope, un auténtico arminiano, creía que la virtud o eficacia de la obediencia de Cristo se otorgada al creyente en la justificación, que es hecho justicia de Dios en Cristo por medio de la gracia de Dios por causa de la fe. ¿No es una locura afirmar que este no es un relato protestante de la justificación?

Thomas Summers. La explicación de Summers de la justificación sigue de cerca las definiciones de Watson y Pope. Él rechazó cualquier obra meritoria, aun la fe, y atribuyó toda la eficacia salvadora a la gracia recibida por la fe. La justificación es por la gracia a través de la fe solamente, aparte de obras de justicia.[544] Su explicación de la justificación niega la imputación de la justicia de Cristo a los creyentes, pero sustenta la imputación de justicia: «En la justificación nosotros somos *considerados aceptados*, tratados, como si fuéramos justos, así como culpables perdonados,

---

[543] Ibid., p. 413.

[544] Summers, T. O. (1888). *Systematic Theology*. Nashville: Publishing House of the Methodist Episcopal Church, South, Vol. 2, p. 120.

que no son, por su perdón, hechos inocentes, son tratados como si ellos no fueran criminales.»[545] Esta operación es la fe imputada por justicia, pero la fe no fue tratada por Summers como una obra galardonada con el favor de Dios. Antes bien, la fe es solo la condición instrumental del don de la salvación, que es completamente de la gracia de Dios.[546]

John Miley. Miley se posicionó de modo muy cercano a los pensadores metodistas del siglo xix. Para él, la justificación es solamente por la gracia a través de solo la fe, sin obras.[547]La única condición para la justificación es la fe en Cristo, que significa simplemente confiar en Cristo como Salvador. El arrepentimiento por los pecados está allí presupuesto. La justificación es extrínseca y no realiza ningún cambio interior moral, que es obra de la santificación. La justificación es completa y pone al pecador en paz con Dios como si el pecador jamás hubiera pecado.[548] Pero Miley negaba la santificación como declaración forense de la justicia ajena (de Cristo):

> No puede haber ninguna justificación estrictamente forense de un pecador, excepto por un juicio equivocado o corrupto, y ninguno de estos casos es posible con Dios. Por lo tanto, este término forense se reserva a la expresión de su acto en el perdón del pecado. Por supuesto, él es utilizado en un sentido cualificado, y, no obstante, no en un sentido que sea desconocido de su sentido principal.[549]

Esta es una declaración, como mínimo, confusa. Miley aceptó que en la justificación «estamos… tan completamente de acuerdo con la ley como podríamos estarlo con una justificación puramente forense.»[550] Su alternativa a la justificación forense no es tan clara como nos gustaría. Lo que es importante, con todo, es que, para Miley, así como para todos los otros teólogos arminianos del siglo xix, la justificación no está, de ninguna manera, fundada en las buenas obras o méritos, sino más bien es un don gratuito de Dios por su misericordia y gracia en respuesta a la fe. La

---

[545] Ibid., p. 121.

[546] Ibid., p. 120.

[547] Miley, J. (1989). *Systematic Theology.* 1983. Peabody, Mass.: Hendrickson, Vol. 2, p. 318.

[548] Ibid., p. 323,312,313.

[549] Ibid., p. 311.

[550] Ibid., p. 312.

justificación no coincide con la santificación y no depende, de ninguna manera, de cualquier bondad interna o justicia en el creyente. Su única condición y causa instrumental es la fe, su causa meritoria es Cristo (expiación) y su causa eficaz es el Espíritu Santo.

Los arminianos del siglo XX y la justificación

H. Orton Wiley. Uno de los teólogos arminianos más importantes del siglo XX fue H. Orton Wiley, de la Iglesia del Nazareno, cuyos tres tomos de *Christian Theology* [Teología Cristiana] establecieron el estándar de excelencia para los teólogos en la tradición del movimiento de santidad durante muchos años. Para él, la salvación es completamente un don y no exige ninguna obra meritoria de parte de los seres humanos. La fe es la única condición y la fe es tanto un don de Dios como una libre respuesta a la gracia preveniente.[551] Wiley estableció un orden de la salvación de manera clara y comprensible, empezando con la gracia preveniente y la conversión, que está constituida por el arrepentimiento y la fe, siendo que ambos son dones de Dios en el sentido de que sólo son posibles por causa de la gracia preveniente.[552] La conversión es seguida (lógicamente, no temporalmente) por la regeneración y la justificación, que son respuestas de Dios a la conversión. En contraste con el calvinismo, Wiley expresó lo que virtualmente todo arminiano evangélico moderno cree acerca del orden de la salvación:

> El calvinismo... mantiene que el hombre es regenerado por decreto absoluto y entonces se vuelve hacia Dios; el arminianismo mantiene que, por medio de la gracia, otorgada de modo preveniente, el hombre se vuelve a Dios y es, entonces, regenerado. Así que, la conversión en su sentido bíblico más verdadero es el punto esencial en el cual, por medio de la gracia, el alma se vuelve del pecado, y a Cristo, para la regeneración (y justificación).[553]

Para Wiley la justificación es el acto judicial de Dios que precede y es enteramente distinto a la santificación. La justificación es más que el

---

[551] Wiley, H. O. (1941). *Christian Theology*. Kansas City, Mo.: Beacon Hill Vol. 2, p. 369.

[552] Ibid., pp. 373-76.

[553] Ibid., p. 378.

mero perdón ya que incluye la imputación de la justicia: «El único acto de la justificación, cuando se ve negativamente es el perdón de pecados; cuando se ve positivamente, es la aceptación del creyente como justo.»[554] La justificación es una obra de Dios con carácter final y permanente (aunque puede ser rechazada) y es instantánea, no es una obra o sentencia que se extiende a lo largo de los años. Su única base (la causa meritoria) es el sacrificio propiciatorio de Cristo recibido por la fe.[555] Wiley excluyó cualquier tipo de moralismo que de fundamento a la aceptación de Dios en una santidad interna de la persona.

Al igual que algunos de sus antepasados arminianos del siglo XIX, Wiley se entretuvo con la naturaleza de la justicia imputada, la afirmó inequívocamente y señaló

que Arminio estuvo completamente de acuerdo con Calvino en la imputación de la justicia de Cristo.[556] No obstante, él advirtió contra las implicaciones e interpretaciones antinomianas de la doctrina reformada de la justicia imputada, donde se dice que la obediencia activa y pasiva de Cristo se coloca, por Dios, en la cuenta del creyente. Después de parecer simpatizar con la fórmula reformada (a pesar de algunos peligros), Wiley acabó favoreciendo la fórmula «la imputación de la fe por justicia» como mejor que la imputación de la obediencia activa y pasiva de Cristo, pero él no explicó plenamente sus razones.[557] Sin embargo, lo que está claro, con todo, es que Wiley no consideraba la justificación dependiente de las buenas obras o la justicia interna, y, en efecto, creía que la justificación incluía (junto con el perdón de los pecados) la imputación de Dios de la justicia al creyente por causa de la fe. Para él, «la fe no debe ser identificada con la justicia en… el sentido de que la fe constituye justicia». Y, «la propia fe, como un acto personal del creyente, y no un objeto de aquella fe… es imputada por justicia.»[558]

No hay duda alguna de que algunos críticos calvinistas considerarán estas dos afirmaciones mutuamente contradictorias o, como mínimo, en tensión. Si no es la justicia de Cristo la que se imputa al creyente en la

[554] Ibid., p. 393.

[555] Ibid., p. 395.

[556] Ibid., p. 397.

[557] Ibid., pp. 400-401.

[558] Ibid., p. 400.

justificación, ¿de quién es la justicia? Y en cuanto a la idea de que la fe es imputada por justicia, ¿no implica que la fe es justicia? Ciertamente Wiley hubiera respondido que no tiene que ser la justicia particular de ninguna persona; Dios solo considera a la persona de fe como obediente, no porque la fe sea bondad, sino porque Dios decide que la contará como justicia. Y nada en esta decisión la convierte en justicia real. Sin embargo, por lo general, estoy de acuerdo con Arminio y la teología reformada en que debe ser la obediencia de Cristo, la que cuenta como la obediencia del creyente; de lo contrario, lo que Cristo realizó por nosotros en su vida y muerte queda separado de la justicia que se nos imputa a nosotros. ¿Por qué sería este el caso? Ciertamente si Él cumplió toda la justicia y nosotros estamos «en Cristo» por la fe, sería Su justicia la que nos sería imputada.

Henry Thiessen. La descripción de Henry C. Thiessen de la predestinación es enteramente arminiana (aunque, como muchos evangélicos, él no entendió el arminianismo correctamente y, por consiguiente, lo repudió al identificarlo con el semipelagianismo). Thiessen consideraba la justificación como imputación de la justicia de Cristo.[559] De acuerdo con él, la justificación de un creyente siempre es (y solo es) justicia forense y su única causa es la gracia y la única condición, la fe.[560] Él escribió: «El creyente ahora está cubierto con el manto de la justicia que no es suya, sino que concedido a él por Cristo, y es, por tanto, aceptado en comunión con Dios.»[561] Thiessen prueba que al menos algunos arminianos, en efecto, afirman la imputación de la justicia de Cristo en la justificación.

Thomas Oden. El teólogo metodista contemporáneo Thomas Oden afirma la justificación forense como un don gratuito recibido por la fe aparte del mérito: «La *justificación* es un término que proviene de la esfera legal, por ende, es llamada una metáfora *forense* o judicial. De manera correspondiente, lo que es justificado es lo que es hecho recto ante el dador de la Ley.»[562] Para Oden, la justificación incluye la imputación de la justicia de Cristo y no ve conflicto entre esto y el arminianismo, y, en efecto, no lo hay.

---

[559] Thiessen, H.C. (1949). *Lectures in Systematic Theology*. Grand Rapids: Eerdmans, p. 363.

[560] Ibid., p. 366.

[561] Ibid., p. 366-67.

[562] Oden, T. C. (1992). *Life in the Spirit: Systematic Theology*. San Francisco: Harper San Francisco, Vol.3, p. 109.

Los beneficios de la obediencia de Cristo (activa y pasiva) son considerados o contados al creyente, pero eso no sugiere que el creyente de hecho e inmediatamente viva en perfecta justicia o actúa precisamente como Cristo actuó… La justificación sigue siendo un acto declarativo de Dios, externo a la voluntad humana, distinta a la santificación, que es el acto eficaz de Dios el Espíritu, dentro de la voluntad de un pecador para cambiar esa voluntad[563].

Es difícil ver cómo cualquier cristiano reformado podría meterse en pequeñeces acerca de la expresión enteramente arminiana de la justificación dada por Oden, salvo quizás alegar que es inconsistente incluso con el sinergismo evangélico.[564] A lo cual un auténtico arminiano sólo puede discrepar, que no hay inconsistencia lógica entre las dos cosas.

Conclusión

Los hechos tan solo muestran que el arminianismo no excluye o empequeñece la justificación que es solo por la gracia y através de la fe solamente, todos los arminianos clásicos lo afirman. El único campo donde los arminianos difieren de la teología reformada acerca de la justificación tiene que ver con cuál justificación o la justificación de quién es imputada a los creyentes. Creo que sería mejor para todos los arminianos regresar a Arminio en este asunto y, con Oden, adherirse a la idea de la imputación de la justicia de Cristo. Está implícita en la Escritura (2 Co 5:21) y surge más naturalmente de las ideas duales y asociadas de estar «en Cristo» por la fe y ser considerado justo por Dios. Sin embargo, no es cierto que alguien deba confesar la imputación de la justicia de Cristo a fin de ser plenamente protestante o evangélico, siempre que uno afirme la justificación como justicia imputada en lugar de justicia impartida y considere la fe como su única causa instrumental (no meritoria).

---

[563] Ibid., p. 116-17.

[564] Oden no se auto titula arminiano, más bien él prefiere ser conocido como un seguidor del consenso cristiano primitivo, que él llama «paleo-ortodoxia». Sin embargo+, él es metodista y una lectura cuidadosa de las notas de pie de su teología sistemática (sobre todo el tomo 3, que trata de la soteriología) revela un significativo uso de fuentes arminianas. Su obra *Transforming Power of Grace* expresa una soteriología claramente arminiana, y él incluso dice que el movimiento arminiano y remonstrante recuperó el consenso patrístico primitivo.

Todos los arminianos creen en la teoría gubernamental de la expiación

No existe una doctrina arminiana de la expiación de Cristo. Muchos arminianos aceptan con entusiasmo la teoría de la sustitución penal, mientras que otros prefieren la teoría gubernamental.

MUCHOS CRÍTICOS DEL ARMINIANISMO LO ACUSAN de apartarse de la fuerte doctrina de la expiación sustitutiva de los reformadores y de la mayoría del evangelicalismo post reforma. Los calvinistas, en especial, tienen muchos problemas con la doctrina arminiana de la expiación. Primero, los calvinistas rígidos acusan al arminianismo de conducir al universalismo o a la creencia de que la muerte de Cristo en la cruz, en verdad, no salvó a nadie. La primera de estas acusaciones surge de la doctrina de la expiación limitada del calvinismo rígido. Esta es la idea, elucidada y declarada por el Sínodo de Dort, de que la muerte de Cristo, aunque suficiente para la salvación de toda la humanidad, fue, en realidad, destinada por Dios sólo para los elegidos. Los arminianos llaman a tal definición «expiación limitada», porque limita el alcance del sacrificio sustitutivo sólo a los elegidos. Sin embargo, los calvinistas prefieren el término expiación «definida» o «específica», porque dicen que Cristo murió por los que Dios tenía la intención de salvar, un grupo definido de personas específicas. Juntamente con los luteranos y la mayoría de otros cristianos (ortodoxos orientales, católicos romanos y muchos otros), los arminianos rechazan esta doctrina que está a favor de la expiación general o universal, que la muerte de Cristo fue para todos, incluso si solo se aplica realmente a los que creen.

Los críticos calvinistas dicen, a menudo, que esta expiación universal conduce ineludiblemente a la salvación universal, porque si Cristo pagó la pena o sufrió el castigo por todas las personas, entonces todas las personas deben ser salvas. ¿Por qué alguien tendría que pagar la pena o sufrir el castigo por los pecados si Cristo ya pagó y sufrió por nosotros? El calvinista Edwin Palmer declaró que «si Él (Cristo) murió por todos, entonces nadie se pierde. Todos son reconciliados y redimidos.»[565] Por otro lado, los calvinistas a menudo alegan que, si los arminianos niegan el universalismo, el cual ellos saben que la mayoría de los arminianos rechaza, entonces la muerte de Cristo en realidad no debe haber salvado a nadie ya que las personas son salvas por sus propias elecciones de apropiarse, por la fe, de la muerte de Cristo. El calvinista Kim Riddlebarger acusó que, en el arminianismo, «en realidad la muerte de Cristo no salva a los pecadores, sino que simplemente crea la posibilidad de la salvación para las personas, si ejercitan su libertad de escoger y seguir a Cristo.»[566] Él aún fue más lejos: «Si usted sigue... la lógica del sistema arminiano, entonces no puede afirmar más... que es Dios quien salva a los pecadores y no los pecadores quienes se salvan a sí mismos con la ayuda de Dios.»[567] Palmer contribuyó diciendo: «Debido a que el arminiano cree en una expiación que es ilimitada en su extensión, la expiación es necesariamente imprecisa, indefinida y extremadamente pobre y, en verdad, no salva a nadie.»[568] Dicho de otra manera, Riddlebarger y Palmer, hacen eco de muchos otros calvinistas y alegan que el arminianismo no universalista es consistente , por lo que debe enseñar que los pecadores se salvan a sí mismos con la ayuda de Dios. Obviamente, esto no es lo que los arminianos creen, ni tampoco el arminianismo conduce a eso.

El arminianismo dice que la salvación es única y exclusivamente por la sangre de Jesucristo, su muerte expiatoria por todas las personas es lo

[565] Palmer, E. H. (1972). *The Five Points of Calvinism*. Grand Rapids: Baker, p. 47.

[566] Riddlebarger, K. (1992). Fire and Water. En *Modern Reformation*, n.1, p. 9.

[567] Ibid., p. 10.

[568] Palmer, E. H. (1972). *The Five Points of Calvinis,*. p. 48.

que salva. Los críticos calvinistas descuidan dos puntos importantes en la teología arminiana. Primero, hay un aspecto universal en la salvación, por causa de la expiación. Los arminianos creen que Dios pone de lado la culpa del pecado original (pecado adámico) por causa de la muerte de Cristo por todos (Rom 5). Es por esto que los hijos no son condenados, aunque, aparte de la muerte de Cristo por ellos, ellos sean hijos de la ira. Algunos calvinistas están de acuerdo con esto. Segundo, los arminianos creen que la muerte de Cristo en la cruz proporcionó una *posibilidad* de salvación para todos, pero se hace real cuando los seres humanos la aceptan por medio del arrepentimiento y la fe. La situación es análoga a la amnistía general. Tras la Guerra de Vietnam, a los objetores de consciencia y a los opositores que huyeron a Canadá se les ofreció el indulto al regresar a los Estados Unidos, ante ese ofrecimiento algunos regresaron y aceptaron la amnistía, otros no. Los que regresaron tan solo sacaron provecho de la amnistía declarada por el gobierno estadounidense, ellos no crearon la amnistía. Los que permanecieron en Canadá (y otros países) no anularon la amnistía, aún estaba allí para ellos. En contraste, Edwin Palmer acusó al arminianismo de creer en la sangre desperdiciada de Jesús: «Para ellos la expiación es como una bolsa de sorpresas universal, donde hay un paquete para cada uno, pero sólo algunos lo recogerán... Parte de la sangre (de Cristo) fue desperdiciada: fue desparramada.»[569]

A los arminianos les gusta señalar que estas objeciones específicas al sistema de teología dependen de suposiciones cuestionables y plantean problemas más serios para los críticos. Estas objeciones asumen que la muerte de Cristo, por sí sola y sin ninguna aceptación, automáticamente salva a algunas personas. ¿Eso no implica que el arrepentimiento humano y la fe son superfluos? ¿Por qué Dios exige fe y arrepentimiento? Los elegidos presumiblemente son salvos por la cruz antes y aparte de sus respuestas al evangelio. Además, estas objeciones a la creencia arminiana acerca de la expiación están basadas en lecturas equivocadas de la teología arminiana. Los arminianos, de hecho, creen que Cristo murió por todos, pero el beneficio de su muerte (poniendo de lado la condenación por pecados reales en contraste con el pecado adámico) se aplica por Dios solamente a los que se arrepienten y creen. ¿Eso significa que parte de la

---

[569] Ibid., p. 41.

sangre de Cristo se desperdicia? Esa es una gran distorsión. ¿Parte de la amnistía para los opositores de la Guerra de Vietnam fue desperdiciada porque no fue aceptada por todos? ¿Qué significaría eso? Es entonces que a los arminianos les gustaría retribuir el favor y examinar la creencia del calvinismo rígido en la expiación limitada. ¿No revela la Biblia el amor universal de Dios por la humanidad? ¿Por qué enviaría Dios a Cristo para morir sólo por algunos, cuando la Escritura claramente dice que Él amó al mundo entero y que Él no quiere que nadie perezca, sino que todos lleguen al arrepentimiento? (Jn 3:16; 2 P 3:9). Palmer anticipó esta objeción arminiana y afirmó claramente que en estos pasajes: «*Todos* no son *todos.*»[570] ¡Y Palmer (y algunos otros calvinistas) acusan al arminianismo de no hacer justicia al significado claro de la Biblia!

Que los arminianos no creen que la muerte de Cristo es lo que, de hecho, salva a las personas es una calumnia atroz que raramente exige una respuesta seria. Un lector imparcial de cualquier libro arminiano de teología reconocerá que todos los arminianos evangélicos, desde Arminio hasta Wesley, Wiley y Oden, creen que *todos* los salvos son salvos por la muerte de Cristo y no por algún acto de la voluntad u obras de justicia. La respuesta libre al evangelio resulta en la misericordia de Dios, por medio de la cruz de Jesucristo, siendo aplicada a la vida del pecador de tal modo que él o ella ya no es, a los ojos de Dios, un pecador, sino más bien una persona perdonada y reconciliada. La decisión de la fe no es la causa meritoria o eficaz de la salvación ya que la única causa es Cristo y su muerte. La decisión de fe es sólo la causa instrumental de la salvación, como el acto de cobrar un cheque, al hacer esto el don es activado. Pero esto no agrega nada al don o lo hace menos gratuito. Los arminianos creen que las personas son salvas solamente por la muerte de Cristo y no por sus propias decisiones o acciones.

Otra concepción errónea es que todos los arminianos defienden la teoría gubernamental de la expiación y no la expiación sustitutiva. En muchos libros de teología calvinista, la teoría gubernamental, primeramente, articulada por Hugo Grocio, líder remonstrante primitivo, es llamada «teoría arminiana», la cual no es arminiana. Arminio no creía en esa teoría, ni Wesley, tampoco ninguno de los seguidores del siglo XIX,

---

[570] Ibid., p. 53.

ni todos los arminianos contemporáneos. Más allá de esto, muchos calvinistas, al tratar la teoría gubernamental, la distorsionan. ¡La teoría gubernamental incluye un elemento de sustitución! La única diferencia importante entre esta y la teoría de la sustitución penal (a menudo llamada doctrina ortodoxa de la expiación, sobre todo por los teólogos reformados conservadores) es que la teoría gubernamental no dice que Cristo soportó en lugar de los pecadores, el castigo real de los pecadores; esta teoría dice que él soportó el sufrimiento como una alternativa al castigo en lugar de ellos. En otras palabras, de acuerdo con los arminianos que sustentan la teoría gubernamental, Dios infligió dolor sobre Cristo por los pecados del mundo a fin de ratificar su justicia y santidad. El sufrimiento de Cristo fue equivalente al sufrimiento merecido de cualquier pecador, de manera que Dios perdonase y fuese, a la vez, totalmente justo y santo. Pero Cristo no tomó el castigo real que toda persona merece. Decir que la teoría gubernamental niega la sustitución es simplemente falso, difiere de la teoría reformada tradicional de la expiación sólo en este punto. Los lectores pueden decidir por sí mismos si el rechazo de los críticos calvinistas de la teoría como un error teológico serio es justo.

Por lo tanto, no todos los arminianos abrazan la teoría gubernamental, y los que a pesar de todo la asumen, creen en el sacrificio sustitutivo de Cristo por los pecados. Los críticos calvinistas Robert Peterson y Michael Williams admiten que Wesley «afirma clara y fuertemente la expiación sustitutiva, en especial en el lenguaje de satisfacción penal». Pero continúan diciendo que la mayoría de sus descendientes teológicos «no han seguido su liderazgo,»[571] además dicen:

> Las cosas son complicadas por el hecho de que los arminianos enseñan que Cristo sufrió como nuestro representante, aun como nuestro sustituto, pero no como nuestro sustituto *penal*. Estas distinciones son mejor entendidas a la luz del hecho de que los arminianos adoptaron la visión gubernamental de la expiación, en lugar de adoptar la visión de Wesley. La visión gubernamental, primero articulada por Hugo Grocio, alumno de Arminio, alega que Jesús no recibió el castigo específico por nuestros pecados. Más bien, su muerte estaba en los

---

[571] Peterson, R. A.; Williams, M. D. (2004). *Why I am Not an Arminian*. Downers Grove, III.: Intervarsity Press, pp. 193,198.

mejores intereses del gobierno moral de Dios y proveyó un ejemplo poderoso del odio de Dios al pecado.[572]

Varias cosas deben ser señaladas como respuesta. Primero, no todos los arminianos asumieron la teoría gubernamental, y ciertamente el mismo Arminio no la sustentó. Por tanto, es incorrecto identificarla como *la* teoría arminiana o atribuirla, a los arminianos sin cualificación. Segundo, los autores empiezan diciendo que la teoría gubernamental permanece en contraste con la teoría sustitutiva. ¡Entonces ellos admiten que enseña que Cristo murió como nuestro sustituto! Aparentemente, ellos sólo permitirán que su propia versión de la teoría de la sustitución penal cuente como una teoría de sustitución. No obstante, en realidad aun la teoría gubernamental sostiene que la muerte de Cristo fue una sustitución por los pecados. Los autores tienen que restringir su discrepancia con la teoría gubernamental de manera más específica diciendo que en esta teoría Jesús no recibió «el castigo específico por nuestros pecados», de esta manera se falla en observar lo que la obra expiatoria, en efecto, realizó en este punto de vista. Finalmente, ellos escriben: «Su muerte estaba en los mejores intereses del gobierno moral de Dios y proveyó un ejemplo poderoso del odio de Dios al pecado». ¿Y qué hay de malo con esto? ¿Están ellos sugiriendo que la muerte de Cristo *no* estaba en los mejores intereses del gobierno moral de Dios y que *no* proveyó un ejemplo poderoso del odio de Dios al pecado? La crítica de Williams y Peterson de la teoría gubernamental está llena de problemas, así como lo están, según mi experiencia, todas las formas en que los calvinistas tratan esta teoría.

Las visiones sobre la expiación de Arminio y de los remonstrantes

Arminio. ¿Es posible considerar la teoría gubernamental como «la doctrina arminiana de la expiación», ante el hecho de que es extraña a los propios pensamientos de Arminio? Eso sería el equivalente a llamar algo de «la doctrina calvinista», cuando Calvino clara y explícitamente enseñó una visión alternativa. ¡Los críticos que alegan que el arminianismo incluye la teoría gubernamental deberían leer a Arminio! William

---

[572] Ibid., pp. 198-9.

Witt tiene razón al afirmar que Arminio asumió y adoptó una variación de la teoría de satisfacción de Anselmo la cual no es muy distinta (si es que posee alguna diferencia) a la teoría reformada de la sustitución penal.[573] Para Arminio, la muerte de Cristo fue un sacrificio sustitutivo, expiatorio y propiciatorio por los pecados, que cumplió perfectamente la ley y estableció un nuevo pacto de fe.[574] Arminio explicó su propia visión de la expiación en su tratado *Examination of Dr. Perkin's Pamphlet on Predestination* [Análisis del Panfleto del Dr. Perkins sobre la Predestinación]. En el documento el defendió que de acuerdo con las Escrituras, Cristo murió por todas las personas sin perjuicio de nadie y que su muerte satisfizo las exigencias de justicia para aquellos que creen. Él estuvo muy atento a 2 Co 5:19, donde Pablo escribió que Dios estaba en Cristo reconciliando consigo *al mundo*. Arminio, además, escribió sobre muchos otros pasajes donde el «mundo» es mencionado como objeto del amor y la voluntad de redención de Dios en Cristo: Juan 1:29; 3:16; 4:42; 6:51; 1 Jn 2:2; 4:14.

> Es manifiesto, tanto a partir de estos pasajes como de la utilización de la Escritura, que la palabra «mundo» en estos pasajes implica simplemente todo el cuerpo de la humanidad. Pero, según pienso, no hay un solo lugar en toda la Escritura en el que se pueda presentar, sin controversias, que la palabra mundo signifique *los elegidos*. La Biblia dice que Cristo murió *por todos* (He 2:9 y en otros pasajes). Él es llamado «el Salvador de todos los hombres, especialmente de los que creen» (1 Ti 4:10), cuyo sentido del versículo no puede, sin distorsión o daño, ser explicado con relación a la preservación en esta vida.[575]

Con respecto a la opinión de que Cristo representó en la cruz sólo a los elegidos, Arminio escribió: «La Escritura en ninguna parte afirma esto, es más, dice lo contrario en muchos pasajes.»[576] Arminio, por tanto, claramente creía y enseñó la universalidad de la expiación.

---

[573] Witt, W. G. (1993). *Creation, Redemption and Grace in the Theology of Jacob Arminius*. [Tesis doctoral, University of Notre Dame, Indiana.] p. 555.

[574] Ibid., pp. 557-62.

[575] Arminius. An Examination of Dr. Perkins's Pamphlet on Predestination. *Works*, Vol. 3, p. 329.

[576] Ibid., p. 328.

Arminio explicó la razón y el efecto de la expiación al apelar a la compasión y la justicia de Dios. El principal motivo por el cual Dios envió a Cristo fue la compasión, pero la justicia también jugó su papel. Las dos cosas no se pueden separar. Dios quería redimir los pecados de las personas caídas y reconciliarlas consigo, pero Él no podría hacer esto sin satisfacer su justicia, que el pecado perjudicó. Dios tenía el *derecho* de simplemente perdonar a los pecadores sin que una satisfacción a su justicia fuese paga, pero Él no lo haría por causa de su santidad:

> Con Dios permanece Su pleno derecho de otorgar esos beneficios, que son Suyos por naturaleza, que Él deseó, a partir de la compasión, comunicar a los hombres pecadores, pero que, con la resistencia de la justicia, no pudo llevar a cabo y que, ahora que Su justicia fue satisfecha por la sangre y muerte de Cristo, Él puede, en efecto, conceder, a los que crea conveniente y bajo las condiciones que Él determine; pues Él, como la parte perjudicada, pudo determinar el modo de la reconciliación, que también Él, de hecho, determinó, y consistió en la muerte y obediencia de Su propio Hijo, y porque Él mismo nos dio a Aquel que debía realizar las funciones de un Mediador para nosotros.[577]

Si la muerte de Cristo satisfizo la justicia de Dios para todos, ¿Por qué no todos son salvos? Arminio responde: «Pues los pecados de aquellos por los cuales Cristo murió estaban de tal modo condenados en la carne de Cristo, que ellos, por este hecho, no están libres de condenación, a menos que, de hecho, crean en Cristo.»[578] Dicho de otra manera, Dios decidió que los pecados de todas las personas fuesen expiados por la muerte de Cristo, de tal manera que sólo si las personas creen en Cristo sus pecados serán, efectivamente, perdonados. Pero la muerte de Cristo, de hecho, reconcilió a Dios con la humanidad pecaminosa. Sin embargo, la transmisión de los beneficios de esta reconciliación, reconciliación de personas con Dios, perdón y justificación, regeneración, depende de la creencia humana:

---

[577] Ibid., p. 331.
[578] Ibid., p. 335.

Estas dos funciones y operaciones de Cristo, es decir, la recuperación, por medio de la sangre de Cristo, de la salvación perdida por el pecado, y la verdadera transmisión o aplicación, por el Espíritu Santo, de la salvación obtenida por esta sangre, son diferentes una de la otra. La primera antecede a la fe; la última exige fe precedente, de acuerdo con el decreto de Dios.[579]

Arminio confrontó la acusación de que su enseñanza acerca de la expiación sugería que los seres humanos se salvan a sí mismos porque ellos necesitan creer en Cristo, a fin de que el sacrificio obediente de Cristo sea aplicado a ellos para la reconciliación con Dios. Él apeló a la voluntad soberana de Dios de estipular condiciones acerca de la aplicación de la bendición de la expiación a las personas y al hecho de que cualquier persona que cumpla estas condiciones sólo las cumple por la gracia:

¿Quién mereció que la bendición (de la expiación) le fuese ofrecida? ¿Quién merecía que cualquier gracia, sea cual sea, le fuese concedida para que él la aceptase? ¿Todas estas cosas no proceden del favor divino gratuito? Y si ellas vienen de Dios, ¿no es sólo Dios quien debe ser honrado por causa de eso con alabanzas perpetuas por aquellos que, hechos partícipes de esta gracia, recibieron la bendición de Dios?[580]

Para los críticos que apuntan a Romanos 9:16, que dice que la salvación no es del que cree o del que corre, sino de Dios, que se compadece, Arminio respondió que este pasaje excluye la salvación por las obras, pero no la salvación por la misericordia de Dios para los que creen con la ayuda de la gracia de Dios.[581]

Pero ¿Arminio creía que la muerte de Cristo en la cruz era una *sustitución penal* por los pecados? ¿Él enseñó que Cristo sufrió el castigo merecido por la humanidad por la rebelión contra Dios? Sí. En sus discursos teológicos formales él abordó la expiación primeramente al construir

---

[579] Ibid., p. 336.

[580] Ibid., p. 445.

[581] Ibid., p. 450.

los fundamentos de la teología federal.[582] Es decir, Dios designó a Adán como cabeza federal o verdadero representante de la raza humana en el pacto de las obras. Arminio afirmó que en la caída de Adán toda su posteridad cayó con él.[583] Luego Arminio reveló la causa de la designación de Cristo por Dios como Mediador de un nuevo pacto (de la gracia) en justicia y misericordia de Dios: «Primero, en el conflicto entre la justicia y la misericordia de la gracia, y, posteriormente, en su acuerdo amigable, o más bien, en su unión por medio de asistencia conciliadora de sabiduría.»[584] En otras palabras, Dios quiso mostrar misericordia para con la humanidad caída, pero él sólo podría hacer eso de manera que, a la vez, cumpliese su justicia. En su sabiduría, Dios unió las dos cosas en la decisión de designar a Cristo como Mediador por medio de su vida y muerte. La sabiduría exigió, argumentó Arminio, que el Mediador fuera tanto humano como perfecto, entonces la Palabra de Dios fue designada para emprender el oficio de sacerdote «para ofrecer a Dios su propia carne como un sacrificio por la vida del mundo.»[585] Dios exigió a Cristo, que voluntariamente concordó con «dar su alma como víctima en sacrificio por el pecado... y dar su carne por la vida del mundo... y pagar el precio de redención por los pecados y la esclavitud de la raza humana.»[586] Finalmente, Arminio dejó clara la naturaleza penal del sacrificio de Cristo al decir que él murió en la cruz, «de esta manera paga el precio de redención por los pecados al sufrir el castigo imputado por ellos.»[587] Claramente, para Arminio, ¡la muerte de Cristo no era meramente un ejemplo de cuánto Dios abomina el pecado! Era una propiciación de la ira de Dios resultante de su misericordia y consistió en sufrir la punición

---

[582] Cualquiera que dude de que Arminio haya abrazado la teología federal debe considerar la siguiente afirmación arminiana: «Hay dos métodos o planes por los cuales a un hombre puede llegar a un estado de justicia ante Dios y de obtener vida a partir de él: uno es de acuerdo con la justicia por medio de la ley, por obras y «la deuda»; el otro es de acuerdo con la misericordia por medio del evangelio, «por gracia y por medio de la fe.» Estos dos métodos están de tal manera constituidos que no se permite que ambos estén en curso de operación a la vez, pero proceden por el principio, de que cuando el primero es anulado, se puede crear una vacante para el segundo» (Arminius, Oration IV. *Works*, Vol. 1, p. 417).

[583] Ibid., p. 409.

[584] Ibid., p. 413.

[585] Ibid., p. 415.

[586] Ibid., p. 416.

[587] Ibid., P. 419.

que la humanidad merece por el pecado. De esta manera, Cristo se convirtió en la nueva cabeza de la raza al establecer un nuevo pacto entre Dios y el pueblo:

> Este pacto no podría ser establecido entre un Dios justo y hombres pecaminosos, salvo como consecuencia de una reconciliación que agradase a Dios, la parte ofendida, y fuese perfecto por la sangre de nuestro Sumo Sacerdote siendo derramada en el altar de la cruz. Él que fue, de una vez por todas, el sacerdote oficiante y el Cordero sacrificial, derramó su sangre sagrada, y, de este modo, rogó y obtuvo para nosotros la reconciliación con Dios.[588]

La muerte de Cristo, para Arminio, no era una mera demostración de justicia para preservar el gobierno moral, en la medida en que perdonase a los pecadores. Era la aplicación del justo castigo por el pecado humano sobre Cristo de tal manera que las exigencias de justicia pudiesen cumplir el deseo de misericordia y la reconciliación.

Hugo Grocio. Hugo Grocio (1583-1645) fue uno de los primeros partidarios de los remonstrantes, pero él no era pastor o teólogo, él era un abogado holandés, diplomático y estadista. En algunos de sus escritos trató de explicar la doctrina de la expiación a fin de hacerla más racional en términos de la jurisprudencia de su tiempo. Su teoría vino a ser conocida como la teoría gubernamental de la expiación. Esta a menudo es atribuida a Arminio, que, al parecer, no tuvo ningún conocimiento acerca de la teoría, y se encuentra en algunos escritos teológicos de los remonstrantes. Acorde con la teoría gubernamental de Grocio, Dios podría haber simplemente perdonado los pecados de la humanidad sin ningún sacrificio, pero Él decidió ofrecer la muerte de Cristo para demostrar de cuán serio toma el pecado a fin de preservar su gobierno moral del universo. Cristo padeció *un* castigo, pero no *el* castigo imputado a la humanidad; su sufrimiento y muerte fueron demostraciones innecesarias de la justicia por el bien de la santidad y justicia de Dios. La muerte y sacrificio de Jesús vindicaron la gloria de Dios al mismo tiempo que Él perdonó la pecaminosidad de la humanidad. John Miley, teólogo metodista del siglo

---

[588] Ibid., p. 423.

xix, explicó la expiación detalladamente en su «Teología Sistemática», apropiándose en gran manera de las ideas de Grocio: «Los sufrimientos vicarios de Cristo son una expiación por el pecado como sustituto condicional para la pena, cumpliendo, por medio del perdón del pecado, la obligación de justicia y el oficio de castigo en el gobierno moral.»[589] En la teoría gubernamental de Grocio, entonces, Cristo no sufrió el castigo real por los pecados sino que él sufrió un sustituto por la punición por los pecados, entonces fue una «medida compensatoria rectora, para la remisión del castigo.»[590] Según Grocio el sacrificio de Jesucristo fue un «sustituto provisional para la pena y no el castigo real del pecado.»[591] La razón de ello y su efecto fue hacer que el perdón divino fuera compatible con el gobierno moral al mostrar el horror de Dios por el pecado.

Miley y otras autoridades en la materia han demostrado que el propio Arminio no enseñó tal expiación, aunque es comúnmente y de manera equivocada llamada «la teoría arminiana de la expiación»: «El mismo Arminio mantuvo tanto la sustitución penal como la real condicionalidad del perdón.»[592] John Mark Hicks está de acuerdo y dice que en la teología de Arminio: «Cristo sufrió tanto los castigos temporales como los castigos eternos del pecado por todos los pecadores y satisfizo estos castigos.»[593] Sin embargo, algunos teólogos arminianos primitivos fueron influenciados por Grocio y, bajo su influencia, se apartaron del propio entendimiento de Arminio en este tema.

Simón Episcopio. Simón Episcopio, quizás el primer teólogo verdaderamente arminiano después de Arminio, presentó un relato de la expiación que estuvo lejos de la robusta doctrina de Arminio. En su obra *Confession of Faith of Those Called Arminians* [Confesión de fe de aquellos llamados arminianos], Episcopio sólo dijo que Cristo cumplió los oficios de profeta, sacerdote y rey, y que por su obediencia mereció la reconciliación de todos los pecadores con Dios y abrió la puerta para la

---

[589] Miley, J. (1989). *Systematic Theology.* Peabody, Mass.: Hendrickson, Vol. 2, p. 68.

[590] Ibid., p. 96.

[591] Ibid.

[592] Ibid., p. 121. Miley, que creía en una versión de la teoría gubernamental de Grocio, pensaba que estos dos elementos eran inconsistentes el uno con el otro.

[593] Hicks, J. M. (1985). *Theology of Grace in the Thought of Jacobus Arminius and Philip van Limborch.* [Tesis doctoral, Westminster Theological Seminary] p. 75.

salvación, por medio de la fe, para los que aceptan la expiación. Él no discutió el tema del castigo por los pecados y evitó cualquier teoría detallada de cómo la muerte de Cristo hizo posible y justo el perdón de Dios. **Philip Limborch.** Sin embargo, el teólogo remonstrante posterior Philip Limborch adoptó de manera entusiasta la teoría gubernamental de la expiación. De acuerdo con él, Dios no tenía que punir los pecados ya que Dios podía perdonar los pecados sin alguna satisfacción de su justicia, pero el carácter de Dios lo impulsa a actuar de manera justa, y la salvación debe ser consistente con la justicia (retributiva), entonces Dios ofreció a Cristo como un sacrificio inmaculado, para sufrir como un castigo sustituto o alternativo a la punición merecida por los pecadores. De esta manera, la muerte de Cristo satisfizo la justicia pública de Dios. Ante esto Limborch continúa diciendo: «Dios, en su gracia, aceptó la muerte física de Cristo como un pago suficiente por el pecado con relación a las demandas físicas de la Ley.»[594] Hicks resume bien la teoría de la expiación de Limborch y nos comparte:

> De acuerdo con la teoría de la expiación de Limborch, Cristo pagó un precio real, pero no el precio total para la justicia de Dios. El precio era su muerte física, que demostraba que Dios odiaba el pecado y amaba la justicia. El precio no poseía relación con el castigo eterno del pecado, a excepción de que el precio abre un camino de reconciliación por la suspensión de la ira del Padre. Una vez que la ira fue públicamente exhibida por medio de Jesús, la ira del Padre es aplacada y el camino ahora está abierto para la reconciliación con el hombre. El Padre abrió un camino de salvación por el establecimiento, por medio de su Hijo, de una nueva alianza en la cual el perdón de los pecados es ofrecido bajo la condición de la fe y del arrepentimiento.[595].

Desconocemos hasta qué punto Episcopio y la primera generación de remonstrantes fueron influenciados por Grocio, pero Limborch obviamente bebió muchísimo del pozo de Grocio y se sumergió en él. En este relato de la expiación, Cristo no cargó, de hecho, los pecados de la

---

[594] Ibid., p. 202.
[595] Ibid., p. 206.

humanidad, él no sufrió la punición por los pecados de la humanidad.
Antes bien, él sufrió un castigo sustituto o alternativo que muestra la ira
de Dios contra el pecado, por lo que el sufrimiento y muerte de Jesús
fueron sólo de Cristo y no, de hecho, de la humanidad.

Las visiones de John Wesley y de los teólogos metodistas del siglo XIX acerca de la expiación

John Wesley. Aun los críticos calvinistas más severos del arminianismo
admiten que John Wesley creía en la teoría de la sustitución penal de la
expiación y en la teoría gubernamental. Y aun así, ¡Wesley fue un arminiano apologético!, incluso nombró su revista para los metodistas de «La
revista arminiana», el título sólo se cambió décadas después de su muerte.
Wesley arraigó la expiación en el amor de Dios por la humanidad, así
como en la justicia e ira de Dios hacia al pecado. Wesley mantenía que
fue una expiación universal, pero las bendiciones (reconciliación con
Dios, justificación, santificación) son aplicadas de manera condicional
a los que se arrepienten y creen. De acuerdo con Thomas Oden, erudito
en Wesley, el fundador del metodismo siguió las visiones de Tertuliano,
Cipriano y Anselmo íntimamente, de manera que dijo:

> La obra de Cristo es entendida como el pago del rescate o la satisfac-
> ción. El pecador está hasta el cuello con deudas que jamás pueden ser
> pagadas. La obra de Cristo paga todas las deudas. Él sufrió por toda
> la humanidad, llevó nuestro castigo, pagó el precio de los pecados en
> nuestro lugar. De esta manera, no tenemos nada que ofrecer a Dios,
> excepto los méritos de Cristo.[596]

Wesley jamás se cansó de describir el gran sacrificio de Cristo y lo
llamaba una propiciación de la ira de Dios, que carga la maldición de la
ley y libera a los seres humanos de la condenación al pagar el precio por
los pecados. Estas imágenes y metáforas abundan en los sermones de
Wesley. Los creyentes son justificados libremente por Dios por causa de
la expiación y Wesley declaró:

---

[596] Oden, T. C. (1994). *John Wesley's Scriptural Christianity.* Nashville: Abington, p. 187.

Sus pecados, todos sus pecados pasados, de pensamiento, de palabra y de hecho, están borrados, y ya no serán recordados o mencionados contra el pecador, como si jamás hubieran sucedido. Dios no infligiría sobre este pecador lo que él merecía sufrir, puesto que el Hijo de su amor ya sufrió por él. Y desde el momento en que somos «aceptos en el amado», «reconciliados con Dios por medio de su sangre», Él nos ama y bendice y vela por nosotros para bien, como si jamás hubiéramos pecado.[597]

Queda claro que Wesley, de hecho, creía en la muerte sustitutiva de Cristo; no hay alguna sugerencia de la teoría gubernamental en sus sermones, cartas o ensayos. Incluso los calvinistas Peterson y Williams admiten que: «Wesley clara y fuertemente afirma la expiación sustitutiva, sobre todo en el lenguaje de satisfacción penal.»[598]

Después de absolver a Wesley de enseñar «la teoría arminiana de la expiación», con respecto a la teoría gubernamental, Peterson y Williams escriben: «Nuestra tesis es que Wesley estaba correcto en enseñar la expiación sustitutiva y que sus herederos se equivocaron al apartarse de ella.»[599] Peterson y Williams escriben como si *todos* los arminianos después de Wesley hubieran adoptado la teoría gubernamental en lugar de algo que ellos llaman de «expiación sustitutiva». ¿Es esto correcto? Y en cuanto a la teoría gubernamental y la expiación sustitutiva, ¿son, de hecho, ideas antitéticas? ¿No incluye la teoría gubernamental algún elemento de la sustitución? Antes de investigar en los seguidores de Wesley del siglo xix (Richard Watson, William Burton Pope, Thomas Summers y John Miley) hay que decir que todos ellos, al igual que todos los arminianos, niegan vehementemente la expiación limitada. Todos ellos argumentaron que la visión del calvinismo rígido, de que Cristo representó sólo a los elegidos en su sufrimiento, profana el carácter de Dios y el significado claro de la Escritura. Además, ellos argumentan que la universalidad de la expiación no conduce al universalismo, puesto que ella contiene un elemento de condicionalidad: Dios declara la expiación eficaz sólo para los que creen. Watson habló por todos los arminianos al declarar que el sacrificio de

---

[597] Wesley, J. (1989). Justification by Faith. En *John Wesley*. Nashville: Thomas Nelson, p. 182.

[598] Peterson, R. A.; Williams, M. D. (2004). *Why I Am not an Arminian*, p. 193.

[599] Ibid.

Cristo es una restauración de la justicia que debe ser aceptada por la fe, pero la fe no restaura la justicia; solamente la muerte de Cristo puede restaurarla, y la muerte de Cristo fue necesaria para la salvación de los seres humanos.[600] ¿Por qué fue necesaria? Los arminianos del siglo XIX no estuvieron plenamente de acuerdo entre sí, pero estuvieron lejos de estar unidos en el rechazo de la sustitución penal y en la adopción de la teoría gubernamental.

Richard Watson. Watson fue el primer teólogo sistemático metodista wesleyano y su obra «Institutos Teológicos» sirvió, por generaciones, como el manual de instrucción estándar para el entrenamiento teológico metodista. Él rechazó la teoría gubernamental de Grocio y la consideró, por sí sola, inadecuada para explicar por qué Cristo tuvo que morir y cómo su muerte hizo la salvación posible. Contrario a la idea de que Cristo sufrió una pena que no fuera la nuestra, Watson escribió sobre los pasajes neotestamentarios de la expiación: «Estos pasajes… prueban una *sustitución, un sufrimiento en nuestro lugar.* El castigo de las ofensas fue colocado sobre él para nuestra paz; y las ofensas eran nuestras, ya que no podían ser de aquel, "que no cometió pecado y ni en su boca se halló engaño."»[601] De manera explícita, Él llamó la muerte de Cristo como una «sustitución penal», una «propiciación» y un apaciguamiento de la «ira de Dios». De acuerdo con Watson, no hay reconciliación fuera del sacrificio expiatorio de Cristo como propiciación de la ira de Dios por medio del sufrimiento vicario:

> Así, por tanto, estar reconciliado con Dios es beneficiarse del medio por el cual la ira de Dios para con nosotros es apaciguada, que el Nuevo Testamento expresamente declara ser, de modo general, «ofrenda por el pecado» del «que no conoció pecado» y, de modo instrumental, en cuanto a cada individuo, «fe en su sangre.»[602]

Watson encontró puntos de valor y problemas tanto en la teoría de la satisfacción como en la teoría gubernamental. Ambas teorías se posicionan contra la «visión sociniana», que se refiere a la creencia de que la

---

[600] Watson, R. (1851). *Theological Institutes.* New York: Lane & Scott, Vol. 2, pp. 102,104.

[601] Ibid., p. 111.

[602] Ibid., p. 121.

muerte de Cristo fue sólo una demostración del amor de Dios y un ejemplo moral, y, de ninguna manera, una satisfacción de las demandas de la justicia. Él apeló a Grocio contra Socino y sus seguidores y encontró en Grocio un aliado para la promover un tipo de visión de satisfacción de la expiación en la que la muerte de Cristo fue más que un ejemplo, fue también una satisfacción real. No obstante, Watson criticó estas versiones de la teoría de la satisfacción tradicional que insisten en que el sufrimiento de Cristo fue el equivalente preciso del sufrimiento de todo pecador, no podía ver el sentido es eso. Antes bien, el sufrimiento de Cristo fue suficiente para satisfacer las demandas de la justicia. A la vez él criticó la teoría gubernamental por reducir el motivo de la expiación a una conveniencia (por ejemplo, Dios la vio como apropiada, aunque no necesaria). Watson explicó la teoría gubernamental de Grocio:

> En una palabra, en esta opinión, se sugiere que Cristo hizo propiciación por nuestros pecados, no porque su muerte deba ser contada como compensación adecuada o un equivalente pleno por la remisión del castigo, sino porque su sufrimiento en nuestro lugar mantuvo la honra de la ley divina y, por tanto, dio libre alcance a la misericordia del dador de la ley.[603]

El motivo por el que esta es una definición inadecuada de la expiación, de acuerdo con Watson, es porque ella parece:

> Referirse a la expiación más en sabiduría y adecuación como una *conveniencia* que a la sabiduría y adecuación en relación íntima e inseparable con la justicia; y es defectuosa en no apuntar cuál es la relación entre la muerte de Cristo y el cumplimiento de la ley de Dios, que permite la remisión del castigo de los infractores, de la cual ellos hablan.[604]

Watson insistió en que, a diferencia de la teoría gubernamental, la muerte de Cristo debe ser entendida como ejerciendo un efecto en el

---

[603] Ibid., p. 137.
[604] Ibid., p. 137-38.

propio Dios, ya que «satisface a justicia de su carácter» a pesar del pecado, que lo deshonra y no meramente exhibe y sustenta su gobierno moral:

> Por tanto, la satisfacción de la justicia divina por la muerte de Cristo consiste en esto, que esta provisión sabia y llena de gracia de parte del Padre habiendo sido voluntariamente realizada por el Hijo, el justo Dios la determinó consistente con su propio carácter santo y justo y los objetivos de la ley y gobierno, para perdonar a todos los que tengan una verdadera «fe en la sangre de Cristo», la propiciación designada para los pecados, como si ellos todos hubieran sido punidos personalmente por sus transgresiones.[605]

Claramente, para Watson, la teoría gubernamental no podría sostenerse sobre sus dos pies, aunque el énfasis que hace en el gobierno moral de Dios sustentado por la muerte de Cristo sea útil. Esta teoría sólo suplementa y no puede sustituir la teoría de la satisfacción (o teoría de la sustitución penal), que considera la muerte de Cristo también como pago vicario, pena o sufrimiento de castigo por el bien de la justicia y santidad de Dios, que fueron ofendidas por el pecado.

William Burton Pope. Pope fue un influyente teólogo arminiano del siglo XIX que rechazó la teoría gubernamental de la expiación como inadecuada, pero él incorporó elementos de esta en su propia doctrina de la expiación. Los críticos que suponen que todos los arminianos después de Wesley adoptaron la teoría gubernamental, porque estaban encantados con el uso de temas y motivos gubernamentales, se olvidan de las críticas a la teoría de Grocio donde la nombran como defectuosa. Pope intentó mantener juntos tres temas acerca de la muerte de Cristo: la sustitución, el gobierno y la influencia moral.[606] Para él, el gobierno moral de Dios era vindicado por la expiación, pero eso era más un resultado de la expiación que su propio propósito o efecto.[607] El propósito principal de la expiación fue la propiciación por medio de un castigo sustitutivo. Pope criticó la visión de Grocio de la expiación:

---

[605] Ibid., p. 139.
[606] Pope, W.B. A. (s.f.) *Compendium of Christian Theology.* New York: Philips & Hunt, Vol. 2, p. 314.
[607] Ibid., p. 276.

Grocio fundó lo que ha sido llamado la teoría gubernamental o rectora de la expiación, que insiste muy exclusivamente en la necesidad para la vindicación de la justicia de Dios como el Regente de todo. Sin hablar de la repugnancia invisible sentida por toda mente reverente al pensamiento de que nuestro Señor fue hecho, de esta manera, un espectáculo para el universo, esta teoría se equivoca al hacer de un propósito subordinado algo extremo.[608]

Pope explicó su teoría totalmente arminiana de la expiación:

El sacrificio de nuestro Salvador en la cruz completó una obediencia perfecta que Él ofreció en Su Persona Divino-Humana. Esta fue Su propia obediencia, y, por tanto, de infinito valor o mérito, pero fue vicario, y su beneficio pertenece absolutamente a nuestra raza, y, en dadas condiciones, a todo miembro de ella. Como provechosa para el hombre, por la designación de Dios, ella no es nada menos que la satisfacción, concedida por el amor divino, de las reivindicaciones de la justicia Divina, con relación a la transgresión, que puede ser vista, por un lado, como una expiación de la punición debida a la culpa del pecado humano y, por otro lado, como una propiciación del descontento divino, que es, de esta manera, mostrado ser consistente con la buena voluntad infinita para con los pecadores de la humanidad. Pero la expiación de la culpa y la propiciación de la ira son una y tienen el mismo efecto de la Expiación. Ambas suponen la existencia del pecado y la ira de Dios contra el pecado. Pero, en el misterio de la expiación, la provisión de la misericordia eterna, por así decirlo, se anticipa a la transgresión, y el amor, en toda representación siempre tiene la primacía. La pasión es más la exhibición que la causa del amor divino para con el hombre.[609]

Pope consideraba lo que Cristo hizo en la cruz un sufrimiento sustitutivo de la ira de Dios contra el pecado, que mitiga la ira y hace posible el amor y el justo perdón, lo cual es el principal motivo detrás de la cruz.

---

[608] Ibid., p. 313.
[609] Ibid., p. 264.

Thomas Summers. Summers fue otro teólogo arminiano importante que se opuso a la teoría gubernamental como una explicación insuficiente del motivo por el cual Cristo murió y del efecto que su muerte ejerció en Dios y en la humanidad. En realidad, Summers se refirió contra la teoría de Grocio como una «herejía superficial y sentimental.»[610] Al igual que Pope, él unió tres aspectos necesarios de la expiación: la propiciación, el gobierno y la moral.[611] Cada aspecto tiene su propia contribución singular para un entendimiento holístico de la expiación, pero ninguno puede decir todo lo que tiene que ser dicho con relación a la muerte de Cristo. Es por esto que Summers dijo en contra de la teoría de Grocio: «Desafiamos, que tanto en el Nuevo Testamento como en la experiencia cristiana, la cruz de nuestro Señor Jesucristo es infinitamente más que la personificación de las fuerzas del gobierno moral.»[612] Antes bien, el sacrificio expiatorio de Cristo, en efecto, reconcilió al Padre con la humanidad y preparó para la consecuente reconciliación de la humanidad con Dios.[613]

La expiación es la satisfacción hecha por Dios por los pecados de toda la humanidad, originaria y presente, por la mediación de Cristo, y, en especial, por su pasión y muerte, de manera que el perdón pueda ser concedido a todos, mientras que las perfecciones divinas se mantienen en armonía, la autoridad del soberano es sustentada.[614]

Summers argumentó que la teoría gubernamental no es la verdadera teoría arminiana de la expiación y dijo que, aunque pueda aprobarse a sí misma como un «racionalismo superficial», no ofrece una interpretación adecuada de la Escritura, por causa de sus profundas distorsiones de la propiciación y de la reconciliación.[615] Con todo, Summers encontró cierto valor en esta teoría porque ella exhibe la «bondad rectora del Soberano

---

[610] Summers, T. O. (1888). *Systematic Theology*. Nashville: Publishing House of the Methodist Episcopal Church, South, Vol. 1, p. 258.

[611] Ibid., p. 265.

[612] Ibid., p. 270.

[613] Ibid., p. 268.

[614] Ibid., p. 258-59.

[615] Ibid., p. 273.

universal, que es justo en todos sus caminos», y de este modo, «disuadirá al hombre de pecar».[616]

Charles Finney. Casi indudablemente hay dos teólogos del siglo XIX que destacan como los principales responsables por el mito de que la teoría gubernamental es la «teoría arminiana» de la expiación. Ellos son Charles Finney y John Miley. Finney, sin embargo, no era arminiano (ver pp. 34-37). Su teología estaba más cerca al semipelagianismo; no tenía raíces arminianas clásicas y puede que haya sido influenciado por el remonstrante posterior Philip Limborch (según transmitido a Finney por Nathaniel Taylor), al menos sus patrones de pensamientos son semejantes. Finney rechazaba la teoría de la satisfacción y de la sustitución penal de la expiación a favor de la teoría gubernamental: «La expiación de Cristo tuvo la intención de satisfacer la justicia pública.»[617] Para él, el sufrimiento y muerte de Cristo justifican el perdón de Dios de los pecados y la eliminación de la justicia retributiva dirigida a los pecadores. La expiación sustentó el gobierno moral de Dios en el universo, pero no fue, de ninguna manera, un padecimiento real de castigo debido por los pecadores.

John Miley. John Miley, quien fuera un teólogo metodista preeminente y un arminiano de fines del siglo XIX, adoptó y promovió la teoría gubernamental de la expiación. Él argumentó que «los sufrimientos vicarios de Cristo son una expiación por el pecado como un sustituto condicional para la pena, cumpliendo, por medio del perdón del pecado, la obligación de justicia y oficio de castigo en el gobierno moral.»[618] Para él, Cristo no soportó ninguna pena o castigo por el pecado y el propósito y efecto de la expiación fue pura y simplemente preservar el gobierno moral mientras Dios concede perdón a los que se arrepienten.[619] El argumento de Miley, persuasivo para algunos arminianos posteriores, fue que hay una inconsistencia entre la universalidad y la condicionalidad de la expiación en las teorías de la satisfacción y de la substitución penal.[620] Él

---

[616] Ibid., p. 283.

[617] Finney, C. (1976). *Finney's Systematic Theology*. Ed. J. H. Fairchild, abr. Minneapolis: Bethany Fellowship, p. 207.

[618] Miley, *Systematic Theology*, Vol. 2, p. 68.

[619] Ibid., p. 69.

[620] Ibid., p. 193.

afirmó que si Cristo murió por todos en el sentido de soportar la punición y pagar la pena de todos, entonces todos son salvos. Este es también un argumento utilizado por los calvinistas en contra de los arminianos. Miley aceptó el argumento y ofreció la teoría de Grocio de la expiación como solución, lo cual no necesitaba hacer. No hay inconsistencia entre la representación de Cristo de todos en su sufrimiento y muerte y la condición de que, a fin de beneficiarse de esta representación, las personas necesitan aprovechar este beneficio por la fe.

Conclusión. Los críticos que alegan que la teoría gubernamental de la expiación es la «teoría arminiana» de la expiación simplemente no hicieron su tarea. De los cuatro mayores teólogos arminianos del siglo XIX, sólo uno, John Miley, de forma clara y sin mucha reflexión aceptó esta visión y la incorporó en su teología sin mayores alteraciones. Los demás o la rechazaron (Summers) o la asumieron parcialmente, mientras que se adhirieron principalmente a la teoría de la satisfacción o de la sustitución penal (Watson y Pope). Queda claro, entonces, que la identificación de la teoría gubernamental con el arminianismo está equivocada. Arminio no la enseñó, Episcopio no parece haberse adherido a ella, Limborch, el pseudorremonstrante arminiano, enseñó una versión de ella y Wesley la rechazó, así como la mayoría de sus seguidores del siglo XIX.

¿Por qué empiezan mitos como éste? y ¿por qué cobran vida propia de tal manera que es casi imposible refutarlos? Una teoría es la de que muchos críticos calvinistas del arminianismo de los siglos XX y XXI aprenden estos mitos principalmente (si no completamente) a partir del cáustico ataque por parte del teólogo de Princeton, B. B. Warfield, a la «Teología Sistemática» de John Miley.[621] Sin embargo, algunos calvinistas se ha dado a la tarea de leer algunos teólogos arminianos del siglo XX y han encontrado ahí la teoría gubernamental.

Los arminianos del siglo XX y la expiación

H. Orton Wiley. H. Orton Wiley, teólogo evangélico arminiano seminal del siglo XX y del movimiento de santidad, fue influenciado por John Miley. Él intentó combinar la teoría gubernamental con la teoría de la sustitución penal, pero, al fin y al cabo, asumió la primera en su totalidad.

---

[621] Warfield, B. B. (1980). A Review of Systematic Theology. En *Selected Shorter Writings of Warfield*. Ed. John E. Meeter. Phillipsburg, Penn.: Presbyterian & Reformed, Vol. 2.

Wiley pareció estar convencido por el argumento de Miley de que la sustitución penal o la teoría de la satisfacción de la expiación exigía el universalismo o la expiación limitada. Él equivocadamente atribuyó el inicio de la teoría gubernamental a Arminio.[622] Él confió, muy decididamente, en la descripción de Miley de la doctrina: «De esta manera la expiación está determinada a consistir en los sufrimientos de Cristo, como un sustituto provisional a la pena en el interés del gobierno moral.»[623] Cristo no sufrió el castigo real debido a los pecadores, pero sufrió una punición aceptada por Dios en lugar de aquella pena:

> La teoría gubernamental de la expiación… hace eminente el sacrificio de Cristo como un sustituto de la pena y mantiene que la muerte en la cruz marcó el descontento de Dios contra el pecado, y, por tanto, sustenta la majestad divina y hace posible el perdón de los pecados. En esta teoría, el sacrificio de Cristo es considerado un sustituto para la justicia pública en vez de la justicia retributiva.[624]

Wiley observó de forma correcta que la teoría de la sustitución penal (o teoría de la satisfacción) no posee el monopolio en la sustitución, y la teoría gubernamental también la sustenta[625]. Es un error de parte de los críticos de la teoría gubernamental, tales como Peterson y Williams, colocarla contra la expiación sustitutiva ya que en ella Cristo sufre y muere en lugar de los pecadores. Puede que no sea por sus propias puniciones (por ejemplo, la punición que merecen), pero es un sufrimiento sustitutivo para aquel sufrimiento. Aun para los que defienden la teoría gubernamental, Cristo fue nuestro sustituto, Él sufrió una imposición por el pecado que Dios aceptó como adecuado para atender las demandas de la justicia divina. La única diferencia real entre la teoría gubernamental y la satisfacción tradicional, o teoría de la sustitución penal, es que Cristo no sufrió la pena del castigo merecido por todas las personas.

R. *Larry Shelton*. Otro teólogo arminiano wesleyano del siglo xx que encuentra algún mérito en la teoría gubernamental de la expiación es R.

---

[622] Wiley, H. O. (1941). *Christian Theology*. Kansas City, Mo.: Beacon Hill, Vol. 2, p. 252.

[623] Ibid., p. 258.

[624] Ibid., p. 295.

[625] Ibid., p. 245.

Larry Shelton. Él, al parecer, acepta la creencia de Miley y de Wiley de que la sustitución penal entra en conflicto con la condicionalidad de la salvación dentro de la universalidad arminiana de la expiación, y él ve cierto valor en el motivo de la satisfacción de Anselmo y en el modelo de ejemplo moral de Abelardo, pero se inclina vigorosamente hacia la visión gubernamental:

> El modelo gubernamental abre un concepto más personal para entender la obra de Cristo que lo descrito en los conceptos judiciales sustitutivos penales o transaccionales. Conforme a lo modificado por los arminianos wesleyanos (¿Miley y Wiley?), la idea gubernamental es perfeccionada y la necesidad para la unión-fe con Cristo como condición para la salvación es más fuertemente cimentada.[626]

F. Leroy Forlines. No debería suponerse que todos los teólogos arminianos del siglo XX adoptaron la teoría gubernamental de la expiación. Cuando F. Leroy Forlines, teólogo de la Iglesia Bautista del Libre Albedrío, reflexiona sobre la teoría gubernamental, la rechaza con base en que:

> Todos los principios válidos que la teoría gubernamental propone sostener se llevan a cabo de mejor manera por la teoría de la satisfacción. La teoría de la satisfacción muestra con más éxito la importancia de la santidad y la seriedad del pecado, y presenta una visión más elevada del amor de Dios. Esta teoría crea una base más sólida para el respeto por el gobierno de Dios.[627]

Por otro lado, Forlines le da un rotundo respaldo a la teoría de la sustitución penal:

> Cuando Jesucristo fue a la cruz, todos los pecados de todo el mundo, que ya habían sido cometidos, que estaban siendo cometidos y los que serían cometidos, fueron puestos sobre él. Con nuestros pecados

---

[626] Shelton, R. L. (1983). Initial Salvation. *En A Contemporary Wesleyan Theology*. Ed. Charles W. Carter. Grand Rapids: Zondervan, p. 505.

[627] Forlines, F. L. (2001). The Quest of Truth. Nashville: Randall House, p. 203.

sobre Él, tomó nuestro lugar bajo la justa ira de Dios. Dios derramó su ira sobre Él como si fuera el culpable por todos los pecados de toda la humanidad.... En un sentido real y literal, Jesús tomó el lugar de todo pecador.[628]

Thomas Oden. Otro teólogo arminiano que defiende algo semejante a la teoría de la sustitución penal en oposición a la teoría gubernamental es el metodista Thomas Oden. En su magistral obra «Teología Sistemática» él resume los tres puntos decisivos de la muerte expiatoria de Jesús al estilo arminiano: «(1) su *necesidad*, no hay salvación excepto por medio de la muerte de Cristo; (2) es *ilimitada en su extensión*, ella es útil para todos los pecadores y para todo pecado; y (3) es *condicional* en su aplicación, ya que es eficaz sólo para el pecador penitente y que cree.»[629] De acuerdo con Oden, Cristo:

> Cargó la culpa de otros y pagó sus penas. Por su sufrimiento y muerte Cristo removió la discordia entre Dios y la humanidad... Por este medio, él hizo la satisfacción plenamente suficiente para todos y disponible a todos... Su obediencia pasiva consistía principalmente en su acto de muerte para pagar la pena debida por otros pecadores. Él tomó el castigo de ellos, expiando sus pecados. Por su obediencia, Cristo nos liberó de la maldición de la ley (Gá 3:13; Juan 1:29; Ro 8:32).[630]

Así como Wesley antes de él, el metodista Oden adopta la teoría de la satisfacción penal clásica en su forma de sustitución penal. Siquiera hay una sugerencia de la teoría gubernamental en su pensamiento, a menos que sea simplemente al afirmar que la expiación sustenta la justicia y la rectitud de Dios. Está desmostrado que él es un arminiano, en su vigorosa declaración de la universalidad y condicionalidad de la expiación, así como su significativo aval de la teología de Arminio como la recuperación, en el contexto de la pos-Reforma del consenso ecuménico cristiano primitivo.[631]

---

[628] Ibid., p. 187.

[629] Oden, T. C. (1989). *Systematic Theology: The Word of Life*. San Francisco: Harper & Row, Vol. 2, p. 357.

[630] Ibid., p. 361.

[631] Oden, T. C. (1993). *The Transformation Power of Grace*. Nashville: Abington, p. 152.

Sólo podemos esperar que los críticos que imputan la teoría gubernamental de la expiación a todos los arminianos y la llaman de «la teoría
arminiana de la expiación» reconsideren esta acusación, así como también la tentación de colocar la visión arminiana contra los modelos de
sustitución de la expiación. La teoría gubernamental, con todas sus fallas,
de hecho, retrata la muerte de Cristo como una sustitución de la justicia
retributiva divina contra los pecadores. No obstante, muchos arminianos,
aun el propio Arminio, la evitaron, otros la atacaron duramente y la con-
denaron sin comprometer sus credenciales arminianas.

Conclusión

Reglas de compromiso para
calvinistas y arminianos evangélicos

CON BASE EN LA EXPOSICIÓN DEL VERDADERO ARMINIANISMO en este libro, yo, de manera confiada, afirmó que el arminianismo es una opción evangélica legítima y que los arminianos no deberían avergonzarse de llamarse arminianos, y que que deberían hacerlo con orgullo. Este estigma vinculado al arminianismo no tiene fundamento y debe desaparecer, pero ¿qué sucede con las afirmaciones de que el arminianismo conduce ineludiblemente al unitarismo, universalismo y a la teología liberal? En la infame edición de 1992 de la revista *Modern Reformation* dedicada al arminianismo, Michael Horton declaró: «En todos los lugares en los cuales el arminianismo fue adoptado, siguió el unitarismo, llevando a un ligero liberalismo de las principales denominaciones actuales.»[632] Tal afirmación también es un mito. Primero, la afirmación ignora el hecho de que el padre de la teología liberal Friedrich Schleiermacher, que fue calvinista, ni siquiera fue tocado por el arminianismo. La afirmación también ignora el hecho de que el escenario evangélico actual está repleto de arminianos que son completamente ortodoxos en la teología, y que siempre han habido arminianos ortodoxos entre los evangélicos. Sean cuales sean las particularidades que puedan ser peculiares a los forasteros, los pentecostales, los cristianos del movimiento de santidad, muchos bautistas y evangélicos de iglesia independiente que son arminianos, son tan bíblica y teológicamente conservadores como la mayoría de los

---

[632] Horton, M. (1992). Evangelicals Arminians. En *Modern Reformation*, n.1, p. 16.

calvinistas. La afirmación de que estas iglesias están plagadas de o están en una pendiente resbaladiza hacia la herejía no es otra cosa que una calumnia viciosa. Pero lo mismo puede y debería ser dicho acerca del otro lado: los arminianos que apuntan el dedo contra el calvinismo y lo denuncian como herejía, no bíblica o equivalente al fatalismo pagano, deben aprender a apreciar las grandes contribuciones de la teología reformada para el protestantismo y deberían reconocer y admitir la deuda que el evangelicalismo tienen con el calvinismo.

Los partidarios de ambos lados dentro del evangelicalismo deben estar de acuerdo en algunas reglas del discurso. Primero, antes de escribir o hablar de la teología ajena, debiéramos asegurarnos de que la hemos leído y somos capaces de describirla tal y como lo hacen sus mejores representantes. En resumen, antes de decir «no estoy de acuerdo», debemos ser capaces de verdaderamente decir «lo entiendo». Los calvinistas que atacan al arminianismo deben tener, al menos, un conocimiento mínimo de Arminio y de dos o tres teólogos arminianos evangélicos robustos. Los arminianos deben abstenerse de criticar a los calvinistas hasta que hayan leído a Calvino y algunos teólogos reformados que lo siguen muy de cerca.

Segundo, los críticos deben siempre asegurarse de que no están atacando una falacia. Estos sucede siempre que los críticos calvinistas del arminianismo apuntan sus armas no al verdadero arminianismo, sino a una religión evangélica popular que, muchas veces se parece vagamente al arminianismo de una manera muy distorsionada La portada de la edición mayo-junio de 1992 de la revista *Modern Reformation* exhibía una papeleta de votación en la cual Dios vota a favor de la salvación, Satanás vota en contra de la salvación de cierta persona y en el recuadro final de la papeleta dice: «¡EMPATE! Su voto debe decidir el asunto». Tales tonterías de la religión popular no deben usarse para ilustrar el tema. Los arminianos jamás dirían: «Dios vota por tu alma, el diablo vota contra tu alma, usted emite el voto decisivo». Estos clichés son indignos del arminianismo, así como los críticos que los usan contra el arminianismo. Los calvinistas se molestan cuando sus oponentes describen el calvinismo como fatalismo estoico. Los calvinistas deberían evitar hacer el mismo tipo de cosas con el arminianismo.

Tercero, tanto los calvinistas como los arminianos deben admitir las debilidades de sus propias teologías y no fingir que sólo el otro lado posee tensiones, aparentes inconsistencias y dificultades de explicación de pasajes bíblicos y misterios. Debemos evitar a toda costa el uso de dos pesos y dos medidas. Si apuntamos las aparentes inconsistencias en la teología del otro y argumentamos que estas inconsistencias muestran debilidad, no debemos fingir que nuestra propia teología no tenga tales fallas. Finalmente, tanto los calvinistas y como los arminianos deben evitar, a toda costa, atribuir a los partidarios del otro lado creencias que los mismos rechazan de manera explícita. Esto sucede a menudo porque los críticos creen que saben, por la lógica, en qué van a resultar ciertas creencias ajenas y entonces le atribuyen la «consecuencia necesaria y lógica» (desde su perspectiva) de una creencia al otro, aunque éste la niegue. Por ejemplo, los calvinistas generalmente dicen que los arminianos creen que la decisión del libre albedrío de la fe es el factor decisivo en la salvación, esta es la forma como los calvinistas lo ven, pero los arminianos no dicen ni creen en eso. De igual manera, los arminianos, a veces, dicen que los calvinistas creen en el fatalismo, pero los calvinistas lo rechazan. Ambos lados deberían aprender a decir: «Esta es la consecuencia lógica de la creencia del otro» y, luego, decir: «pero ellos no siguen la lógica así». No hay nada de malo en refutar un punto de vista teniendo como base a donde parece llegar de manera inevitable. Los arminianos rechazan el calvinismo rígido porque parece que de manera inapelable conduce a Dios como el autor del pecado y del mal. Dicho de otro modo, es justo decir: «Si yo fuera un calvinista, tendría que creer que Dios es el autor del pecado y del mal, y no puedo creer en esto». Además, es justo decir: «Con base en la lógica, los calvinistas deben decir que Dios es el autor del pecado y del mal, porque esta es la única alternativa consistente con todo lo que ellos creen». No obstante, es injusto decir estas cosas acerca del calvinismo sin agregar: «Pero la mayoría de los calvinistas no creen que Dios sea el autor del pecado y del mal». Los calvinistas que argumentan contra el arminianismo deberían seguir esta misma regla de justicia, admitiendo que los arminianos no creen que el factor decisivo en la salvación es la gracia previniente que habilita la decisión libre de la fe.

Si ambos lados siguieran estas normas de imparcialidad simples y de sentido común, podrían coexistir y cooperar pacíficamente, el evangelicalismo sería más fuerte y su misión perfeccionada. Pero ello exige buena voluntad y diálogo. Sin embargo, al parecer, a algunos calvinistas y a algunos arminianos no les importa la imparcialidad. Este comportamiento se demuestra en Internet, donde encontramos sitios web creados por seguidores apasionados de ambas teologías y han incluido artículos atacando brutalmente el punto de vista del otro y a sus partidarios. Un sitio web describe «el Cristo del arminianismo» como un falso Cristo, peor que el Cristo de cualquier secta. Comúnmente en los sitios calvinistas de internet se pueden encontrar gráficos y cuestionarios que identifican al arminianismo con el semipelagianismo, si no es que lo encasillan en el pelagianismo. Estas tácticas deben detenerse y los calvinistas y arminianos bien intencionados deben denunciar estos errores y estas tácticas deshonestas. La responsabilidad de limpiar el buen nombre del calvinismo de las calumnias hechas por arminianos super celosos, no debe ser sólo de los calvinistas, ni debería depender solo de los arminianos defender el verdadero arminianismo contra distorsiones y falsas acusaciones.

Un erudito calvinista conciliador ocasionalmente me contacta para obtener una descripción arminiana de algún punto de la teología arminiana, pues él sabe que la autodescripción es siempre mejor que la descripción hecha por alguien de fuera. Una vez me preguntó por qué los arminianos objetan cuando los calvinistas dicen que el arminianismo hace de la decisión de la fe el «factor decisivo» en la salvación. Él muy probablemente aún cree que ese es el caso, pero después de una conversación él puede entender mejor por qué a los arminianos no les gusta tal acusación. Yo, rutinariamente, entro en contacto con amigos calvinistas y conocidos para aclarar ciertos puntos de la teología calvinista. ¡Esto no quiere decir que el debate debe cesar, puesto que las diferencias, de hecho, importan! Pero un debate conciliador y honesto debe ser justo.

¿Los arminianos y calvinistas pueden coexistir pacíficamente y cooperar bajo la gran tienda del evangelicalismo? Siempre y cuando se reconozcan el uno al otro como evangélicos auténticos, se puede coexistir. Es angustiosamente raro encontrar algunos calvinistas diciendo, por ejemplo, que el arminianismo está «en el precipicio de la herejía» o que los arminianos son «apenas cristianos», y después se preguntan por qué los arminianos se ofenden. Dentro de sus propias organizaciones, los calvinistas y arminianos pueden y muy probablemente deben enfatizar sus particularidades, no permitiendo deslices hacia la teología ajena. Pero el evangelicalismo es un movimiento multidenominacional y transdenominacional, no tiene sede y no posee límites fijos. Los evangélicos tienen mucho en común, incluyendo la misión de proclamar Jesucristo al mundo y pueden cumplir esta misión mejor juntos que separados. Cuando estén en contextos donde ni el calvinismo ni el arminianismo es la norma, como en la NAE (Asociación Nacional de Evangélicos y organizaciones semejantes), los evangélicos deben señalar sus puntos en común y evitar los comentarios ásperos el uno acerca del otro. Desafortunadamente, algunos calvinistas evangélicos han trabajado arduamente para transformar la teología reformada en la norma evangélica de fe. Ante esto los arminianos son marginados, si no es que son excluidos solapadamente. Los arminianos, sin embargo, no son novatos en el escenario evangélico, estaban allí en la fundación de la NAE y en la mayoría de las otras organizaciones evangélicas, incluyendo seminarios transdenominacionales que ahora evitan contratar a arminianos.

A pesar de sus puntos en común, del compromiso evangélico y espíritu, muchos calvinistas y arminianos probablemente no pueden coexistir de forma pacífica en las mismas iglesias sin reducir la teología y la adoración a la superficialidad. Eso no implica que no puedan cooperar y aceptarse unos a otros como iguales dentro del amplio movimiento evangélico que incluye muchas diferencias teológicas. Por ejemplo, sólo en situaciones raras y muy inusuales, los que defienden el bautismo de infantes y los que creen en el bautismo de los creyentes coexisten dentro de una misma congregación, pero dentro de la amplia coalición evangélica han trabajado juntos sin rencor o competencia desde hace años. La situación probablemente será la misma para los arminianos y los calvinistas apasionados. Ellos buscarán iglesias donde las visiones características de la soberanía de Dios y de la libertad humana son valoradas y enseñadas, y tales características moldearán la adoración y el cuidado pastoral. Pero eso no debería ser una barrera para que abrazasen como hermanos y hermanas en la fe a los evangélicos de otra persuasión quienes son igualmente comprometidos con los principios del evangelio.

Deseo que este libro contribuya a un mejor entendimiento del arminianismo. Si esto sucede, los arminianos evangélicos saldrán del armario teológico y afirmarán el arminianismo sin vergüenza o miedo de exclusión; los calvinistas verán que mucho de lo que oyeron respecto al arminianismo es simplemente falso, y, en consecuencia, comenzarán a diseminar el buen mensaje, de que los arminianos no son tan diferentes en sus convicciones teológicas fundamentales. Después de todo, los arminianos también enfatizan la gracia de Dios y no atribuyen ninguna bondad espiritual al esfuerzo humano, los arminianos también enfatizan la soberanía de Dios e incisivamente evitan conceder al hombre un estatus autónomo por encima de Dios. Aunque los arminianos den a estas doctrinas sus énfasis distintivos, basados en las Escrituras, ellos permanecen en el mismo terreno de la ortodoxia protestante juntamente con los calvinistas, sacando el foco de ellos mismos y dirigiéndolo hacia la gloria y el amor de Dios revelados en Jesucristo.

Índice de nombres

Índice de temas